Benjamin Fondane

Les Étrangers de Paris

dans la collection

Les Roumains de Paris

dirigée par Basarab Nicolescu

- *Roumanie, capitale... Paris, guide du Paris des artistes et écrivains roumains*
  par Jean-Yves Conrad – 2003
- *Victor Brauner,*
  par Sarane Alexandrian – 2004
- *Cioran,*
  par Simona Modreanu – 2004
- *Mircea Eliade, romancier*
  par Eugen Simion – 2004
- *Benjamin Fondane,*
  par Olivier Salazar-Ferrer – 2004
- *Gherasim Luca,*
  par Petre Raileanu – 2004

12, place de la Bastille, 75011 Paris
ISBN : 2-84898-015-X

For Yvonne Robertson
en souvenir du
cours en
women's writing.

Olivier Salazar-Ferrer

Benjamin Fondane

OXUS

Remerciements

Je remercie Monique Jutrin, rédactrice en chef des *Cahiers Benjamin Fondane*, pour la communication de nombreux documents inédits, pour son aide constante dans la rédaction de cet ouvrage et sa relecture du manuscrit. Je remercie également ma femme Ramona Fotiade pour ses traductions du roumain, ses commentaires critiques et ses précieux conseils. Enfin mes remerciements s'adressent encore à Basarab Nicolescu et à tous ceux qui, de près ou de loin, m'ont aidé dans la rédaction de ce livre.

Introduction

L'œuvre de Benjamin Fondane (1898-1944) a longtemps souffert de l'oubli qui l'a affectée entre 1945 et 1980. Sa poésie, ses textes philosophiques, sa critique cinématographique, ses textes de poétique étaient non seulement introuvables, mais aussi divisés entre une œuvre en langue roumaine et une œuvre en langue française, qui, dans le contexte politique d'après-guerre, ne communiquèrent que difficilement. En France, il faudra attendre les années quatre-vingt avec les rééditions de Michel Carassou, puis tout le dynamisme de la Société Benjamin Fondane dirigée par Monique Jutrin à partir des années quatre-vingt-dix pour ramener au jour ce qui constitue une œuvre dont l'originalité peut enfin apparaître dans toute sa richesse aujourd'hui.

Du côté roumain, les efforts éditoriaux de Paul Daniel ont permis de rassembler l'œuvre poétique roumaine et les travaux critiques de Mircea Martin et de Ion Pop ont amplement aidé à la situer dans le paysage culturel roumain. Ce n'est que depuis une dizaine d'années que la collaboration étroite de nombreux chercheurs français et roumains a fait progresser de façon spectaculaire les études fondaniennes. Colloques, publications scientifiques, ouvrages généraux, films, spectacles poétiques ou théâtraux ont depuis jeté une vive lumière sur la personnalité et l'œuvre de Benjamin Fondane. À cet égard, ce livre aurait été impossible sans l'apport précieux des recherches biographiques et bibliographiques de Léon Volovici, de Remus Zăstroiu et d'Eric Freedman, des travaux critiques ou philosophiques de Monique Jutrin, Michel Carassou, Michaël Finkenthal, Claire Gruson, Dominique Guedj, Ricardo Nirenberg, Alain Virmaux, Ramona Fotiade et de bien d'autres spécialistes auxquels le lecteur pourra se référer pour approfondir tel ou tel aspect de l'œuvre.

Celle-ci s'inscrit, comme l'a montré Ramona Fotiade[1], dans le mouvement transgressif des révoltes en marge du dadaïsme et du surréalisme qui, avec Antonin Artaud, ou les membres du *Grand Jeu* comme Daumal ou Roger Gilbert-Lecomte, tentèrent de franchir au moyen d'expériences extrêmes les bornes que le rationalisme avait opposées à leur soif de liberté. Issu d'un milieu intellectuel juif brillant de Jassy, en Moldavie, Benjamin Fundoianu s'expatrie en 1923 dans le Paris cosmopolite des années vingt où tant de poètes et d'écrivains étrangers apportent le ferment des avant-gardes. Cotoyant Man Ray, Chagall, Artaud, Brancusi, Victor Brauner, Éluard, Bachelard, Maritain et bien d'autres, cette vie brûlante qui va d'une guerre mondiale à une autre est habitée par le pressentiment d'une catastrophe. Assassiné à Auschwitz en 1944, le poète laisse derrière lui des poèmes, des centaines d'articles littéraires en langue roumaine et française, des essais philosophiques, des films, des pièces de théâtre. Issue d'une enfance blessée par la première guerre mondiale, nourrie par les œuvres de Nietzsche, de Rimbaud, de Kierkegaard et de Baudelaire, conduite au cœur d'un exil métaphysique et historique, cette voix témoigne du désenchantement du monde par le rationalisme qui a aliéné ses mythes, sa magie et sa poésie. Solidaire de l'errance du peuple juif, cette voix est hantée par la déréalisation des individus, le « mal des fantômes », par le mépris, la misère, le racisme et toutes les négations des hommes par l'Histoire. Qu'elle s'exprime sous la forme d'une philosophie existentielle nourrie de l'irrationalisme religieux de Léon Chestov, par la poésie, par le cinéma d'avant-garde ou par le théâtre, ne s'agit-il pas toujours de réclamer un droit à exister pour tous les fantômes de l'Histoire ? La soif de réalité du « je errant » qui enflamme les grands poèmes d'exil métaphysique *Ulysse, Titanic, Le Mal des fantômes* ou *L'Exode* ne se dissocie pas de la révolte philosophique de *La Conscience malheureuse* (1936). Ne s'agit-il pas toujours de lutter et de résister ? C'est encore cette résistance métaphysique qui anime le *Lundi existentiel et le Dimanche de l'Histoire* (1945), œuvre jetée à l'avenir comme un testament pour défier le cauchemar de l'Histoire. Qu'il s'agisse de sauver l'individu ou de sauver Dieu, toute la puissance d'inquiétude de l'œuvre de Benjamin Fondane est dans cette attestation d'existence.

I.

Jeunesse

Lorsqu'on parcourt l'enfance de Benjamin Wechsler à Jassy, au nord de la Roumanie, la première impression saisissante est provoquée par sa précocité intellectuelle. À quatorze ans, il publie déjà ses premiers vers dans *Floare albastră* sous le pseudonyme de I. G. Ofir. À seize ans, ses poèmes paraissent dans la revue *Versuri şi proză* dirigée par Alfred Hefter, ami de la famille Wechsler. Il traduira bientôt la poésie allemande de Heine, de Schiller et de Goethe en roumain. Dans l'entourage familial, on parle l'allemand et le français, mais aussi l'anglais. L'intelligence incisive, la curiosité universelle, la sûreté de jugement du jeune Benjamin se nourrissent d'un milieu culturel très actif. Les frères de sa mère, Adela Schwarzfeld, Moses et Elias Schwarzfeld ont édité des périodiques juifs – Elias dirigeait la *Revue israélite* et *La Fraternité (Fraternitatea*) – et ont chacun laissé une importante œuvre d'historiens de la communauté juive[2]. Appartenant au mouvement des « Lumières » juives (*Haskala*), son grand-père, Benjamin Schwarzfeld, était à la fois un poète de langue hébraïque et le fondateur des premières écoles juives modernes de Moldavie[3]. Cette renaissance culturelle qui se traduit après la Grande guerre par une redécouverte du yiddish, un renouveau du théâtre juif et des études hébraïques et le développement du sionisme, ne pouvait que constituer un milieu fécond.

J'écris donc je suis

Dans le cercle immédiat de la famille Schwarzfeld, les poètes A. S. Rodion et Jacob Groper de même que l'écrivain A. L. Zissu, directeur de la revue sioniste *Mântuiera*, exercent une influence profonde sur le jeune Benjamin. À cela, il faut ajouter que la famille Wechsler est relativement aisée. Avant 1913, son père, Isaac, possède une fabrique de corsets, au 37, rue Lăpuşneanu, à Jassy. La sœur aînée de Benjamin, Lina, ira étudier à Vienne et se dirigera bientôt vers le théâtre. Les vacances de la famille les emportent au bord de la mer noire, à Mamaïa ou à Hertza, qui aura tant de place dans son imaginaire poétique.

La famille va au théâtre et la maison regorge de livres. Très vite tout un réseau d'amis entoure le jeune homme : le futur comédien Luca Gridu, F. Brunea Fox, I. Ross et son condisciple de classe Al. Philippide. Remus Zăstroiu a montré qu'il est proche d'Alfred Hefter et de I. M. Rascu, les directeurs de la revue *Versuri şi proză* à Jassy où il publie ses premiers poèmes et qui, dans le sillage des cercles de E. Lovinescu et de D. Densuşianu, réagissait au monopole exercé par la revue *Viața românească* [4].

Cet enveloppement intellectuel et affectif chaleureux laisse percevoir un enfant choyé. Il porte à ses sœurs Rodica et Lina, une affection qui ne se démentira jamais. Ses proches l'appellent du surnom affectueux de Mieluşon, c'est-à-dire

« petit agneau ». C'est dans le milieu familial que le jeune poète récite ses premiers poèmes, pastiches des poètes roumains, français ou allemands qu'il admire : Eminescu, Vlahuță, Alexandrescu, Coşbuc, Iosif, Heine, Creangă, Henri de Régnier ou Paul Verlaine, qu'il tient une correspondance assidue et néglige ses obligations scolaires. Car sa précocité s'accompagne probablement d'un ennui féroce en classe. Elève au Gymnase Alexandru cel Bun puis au Lycée National de Jassy, il répétera sa première année de lycée en étant renvoyé[5]. C'est au lycée Matei Bassarab de Bucarest qu'il passera en retard son baccalauréat. Cette désinvolture n'est que l'autre face d'une productivité assez extraordinaire dans les revues *Adevărul literar şi artistic*, *Cuvântul liber*, *Rampa, Hatikvah*, *Egalitatea, Hasmonaea, Absolutio*, *Lumea evree*, et bientôt dans *Mântuirea* éditée par A. Zissu. Ces textes littéraires, culturels ou politiques sont écrits d'une plume vigoureuse, impatiente et ironique, sous une vague de pseudonymes : Ofir, Ha-Shir, Alex Vilara, Wechslerescu, Diomède, Iaşanul, Dănoiu qui se réduiront bientôt à un seul : Benjamin Fundoianu[6]. Cette vivacité nerveuse, assortie d'une nette conscience de sa valeur, devient bientôt un style et se partagera entre création poétique et activité critique.

La culture familiale pratique la tradition judaïque, la culture allemande et la culture roumaine qu'il connaît avec une rare profondeur pour son âge. On devrait y ajouter la culture française puisqu'il lit aussi bien Balzac, Maupassant, Maeterlinck et Gide qu'Eminescu ou Heine. Parmi ses premiers textes publiés dans *Hatikvah*, « Apparitions dans la nuit » donne libre cours à son imaginaire biblique : « Des sons de harpes ramaient dans la nuit. [...] Et cette nuit-là, le chant jaillit comme un enfant forgé dans le marbre de la puissance, le chant douloureux que les ancêtres en esclavage avaient refusé sur les rivages de Babylone »[7]. En 1916, dans « Métempsychose », nourri du roman fantastique *Sărmanul Dionis* d'Eminescu, c'est une identification spirituelle à la vie du peuple hébreu à travers les siècles qui anime les visions du jeune Benjamin : « Et j'ai souffert sous les instruments de l'inquisition ; j'ai dormi dans les synagogues du Ghetto et j'ai pleuré sous les pogroms. J'ai regardé tout autour et je me suis vu innombrable comme la poussière, et tracassé comme le gibier, et incompris comme le ciel »[8]. Les influences les plus puissantes qui s'exercent alors sur lui sont celles du poète symboliste Ion Minulescu, de Tudor Arghezi et de Gala Galaction.

En 1916, il publie une série de « sonnets bibliques » dans *Hatikvah*, puis suivront de nombreuses pièces d'inspiration biblique : le « Psaume du lépreux », le « Monologue de Balthazar » dans *Lumea Evree* en 1920. Avec ce texte, matrice d'une pièce de théâtre qui accompagnera Fundoianu toute sa vie, c'est en fait une dramaturgie versifiée qui apparaît sous la forme du monologue-dialogue du roi Balthazar avec l'ombre du prophète Daniel. Le thème de la transgression blasphématoire de Balthazar qui va boire dans les vases sacrés se mêle à celui d'une puissance pleine de silence : « Ce silence là fait gonfler toute chose./Ce silence-là pousse des cris et parle./Pourquoi sont-ils tous partis m'abandonnant/seul avec mon ombre et avec le silence ? » Cette solitude royale se tient, pour ainsi dire, au seuil de Dieu. La mort éminente de Balthazar annonce la figure du désastre métaphysique qui resurgira dans toute l'œuvre fondanienne.

Il faut noter que ces thèmes judaïques n'excluent pas les thèmes chrétiens : son poème dramaturgique : *Le Reniement de Pierre* (*Tăgăduința lui Petru*) paraît en 1918 aux éditions Chemarea à Jassy. Si le jeune Benjamin peut écrire dans « Métempsychose » : « Et je pleurai dans les jardins de Gethsémani et je mourus sur la croix. Et je fus mort. », il ajoute malicieusement : « Et je ressuscitai non le troisième jour, mais dans les âmes de ceux qui m'avaient compris »[9].

Nos livres sont des cimetières

« Une forêt, c'est quelque chose fait de murmures et d'eaux, d'une odeur de brûlé et d'une odeur fraîche, de hêtres que l'on peut écorcher et d'un silence que l'on voudrait toucher » écrit Fundoianu à Hertza. C'est le soir. Il est revenu chez sa tante. Son père vient de mourir du typhus en mai 1917 dans un hôpital de Jassy. Il a vingt-trois ans. Il vient de revoir les forêts de son enfance. Sa tante jette une grande nappe blanche sur la table et allume la lampe au gaz de sa chambre. Puis elle pleure. Écrire, c'est déjà porter des fantômes : « Mauvais et tragique métier que celui d'écrivain. Un fossoyeur qui couvre de terre les morts, qui les déterre, ou qui protège bravement les noms contre l'usure. Nos livres sont des cimetières. »[10] Il y a sans doute beaucoup dans cet aveu. En 1929, « Mots sauvages », la préface à *Paysages*, sera encore pleine de l'odeur absurde de la mort.

La Roumanie est entré en guerre aux côtés des Alliés le 14 août 1916. Les armées allemandes et bulgares envahissent rapidement le pays, à l'exception d'une bande de territoire en Moldavie défendue par un contingent russe et la mission militaire du général Berthelot. Le 7 mai 1918, le Traité de Bucarest place la Roumanie face à une lourde capitulation. Les blessés sont revenus à Jassy, mutilés ou blessés. Le jeune poète regarde défiler les cohortes de soldats dans les rues de la ville. Le typhus est arrivé avec eux.

Hertza, c'est précisément le lieu des premiers poèmes de *Paysages* qui sont rédigés pour l'essentiel de 1917 à 1923. Ce village, situé aujourd'hui en Ukraine, à cent cinquante kilomètres au nord de Jassy, non loin de la ville de Cernăuți, est alors un *Stetl* juif typique, où la culture yiddish est très vivante. Le village qui regroupe à peu près 600 familles juives est peuplé d'artisans, de petits commerçants, mais aussi d'agriculteurs et de bergers[11]. Au carrefour des civilisations hasbourgeoise, ottomane et russe, la région est aussi proche du lieu de naissance d'Israël Baal Shem Tov, le fondateur du hassidisme.

Son pseudonyme littéraire : Fundoianu, ne reflète-t-il pas de façon consubstantielle le nom du domaine grand-paternel situé à une dizaine de kilomètres de Hertza, qu'il n'a probablement jamais vu, mais qui exerce sur lui une attraction mythique : Fundoaïa? On pourrait s'attendre à ce que ce lieu d'enfance réchauffe son âme de ses rythmes rassurants, de ses traditions et de ses richesses bucoliques. Il n'en est rien. Si la maison flotte au-dessus du village comme dans les tableaux de Chagall, le bourg mugit, saisi d'effroi. Les délices du resouvenir sont menacées par la pesanteur invisible de la nuit. Les bœufs, les pluies, la boue des ruelles, les synagogues sont fatalement menacés par le sommeil aveugle et sourd de la terre. Si, dans le jour qui accueille les amants, « le pas de Dieu bat le briquet dans l'œil de l'instant »[12], loin d'engendrer des possibles, le présent tend vers une immobilité inéluctable. La chair ardente de l'amante, sa beauté, l'éclat et la fraîcheur des fruits contiennent aussi leur décomposition. Mais, comme le soulignera Mircea Martin[13], cette présence de la mort est bien différente du macabre des poèmes de G. Bacovia. Nulle valeur n'imprègne cette tristesse et le vers : « L'automne bacovien gémit aux fenêtres : hélas – » sonne plutôt comme une subversion de cette mélancolie. Ici, absence et mutisme neutralisent le paysage. Assurément, nul éloge traditionaliste ne se cache dans ces poèmes. Nul romantisme. Nulle effusion sentimentale. Le détail agreste, la nostalgie de l'automne ou encore les forces dionysiaques qui fécondent la terre ne font que souligner que le corps lui aussi incline au sommeil définitif : « des porcs hideux s'en vont dormir hébétés dans une flaque –/pour qu'à nouveau le chaos envahisse le monde »[14].

Là où la poésie symboliste rencontrait un macrocosme de signes homogènes au cœur humain qui se retrouvait en lui, le déploiement de la nature est frappé d'extériorité. Certes, le corps du poète et la nature sont liés par une énergie vitale commune, mais cette participation aux puissances cycliques de la terre ne possède aucun sens à l'extérieur de sa manifestation. Lorsque le romantisme d'Eminescu se confronte à la labilité angoissante du temps, une idéalité amoureuse l'éclaire en laissant espérer une immortalité personnelle, fusse-t-elle celle du poème. La nostalgie réconcilie le poète avec les choses. La beauté, ou la splendeur du monde, répercutée dans le poème, sauve de la finitude.

Au contraire, dans *Paysages*, c'est l'éternité du présent qui est mortelle. Une immobilisation toute particulière du temps imprègne la description d'angoisse, et fait que, malgré ses composantes dionysiaques, la vie manifeste un être-là secrètement absurde qui se tient en deçà d'une catastrophe imminente et mystérieuse. La beauté de la nature s'est neutralisée. Dans cette immanence muette, le charme est menaçant. Cette nature est fondamentalement indifférente. Comme le remarque avec justesse Mircea Martin[15], c'est une expérience de la solitude et non de la communication que dépeint *Paysages*. Proche du *Spleen* baudelairien, mais dépouillée de tout regard vers l'idéal, cette inadhérence est une extériorité fondamentale du « je » au sein même de sa participation aux forces vitales. Ces éléments stylistiques, associés à un catastrophisme latent, rapprochent cette poésie de l'expressionnisme allemand, ainsi que l'a bien montré Ovid S. Crohmălniceanu[16]. Ce qui frappe le lecteur d'aujourd'hui, c'est une subversion du symbolisme et du romantisme dans leurs formes mêmes, qui implique déjà un anti-idéalisme féroce du regard : dans « Province », le Cupidon du parc est « tuberculeux et paralytique » ; dans « Comme il est simple », à l'enterrement d'une jeune fille, « la vie est là, inchangée, avec les claies et les porcs,/avec les cerisiers et les femmes aux mamelles taries » ; dans « Soir mystique », un taureau et une vache s'accouplent et « lancent à la lune des mugissements longs et stupides ».

Assurément, l'ombre de son père traverse *Paysages*. Ce silence, c'est bien aussi celui des fantômes. Dans « Le dernier jour » l'automne est « couleur de chevaux morts et de fruits ». Dans le poème « Mélancolie d'autrefois » le poète voudrait regarder et entendre rire près du pressoir, mais le père n'est pas là, ni la joie ; le ciel lui-même peut-être, s'interroge-t-il, ne veut-il plus mûrir la vigne :

Mon père et moi nous en retournions pensifs.
Mon père se taisait. Je me taisais. Et l'automne seul
Poussait des soupirs mouillés, de ses feuilles soyeuses.
Nous arrivions couverts de silence et de frimas.
[...]
Et dis-moi : entends-tu rire près du pressoir ?
Je le voudrais tant ; mais – bien sûr – mon père n'est pas là[17].

En visitant le cimetière de Jassy, le poète constate qu'il a là lui aussi quelqu'un : « Je regarde, et je ne comprends pas pourquoi ce silence est tombé. Je regarde, et je ne comprends pas pourquoi les bœufs labourent comme d'habitude pour que la vie se reproduise » (*Lumea evree*, 14 février 1920). Le poème *Cimetière* évoque encore avec des tonalités romantiques un orphelin à la recherche d'un tombeau pour pleurer, errant sous le soleil de midi parmi les signes d'un orient lointain, écoutant tandis qu'un « sourd murmure de psaumes est porté par le vent »[18].

Le judaïsme est une finalité vitale

Lorsqu'en 1918, l'oncle Adolphe, c'est-à-dire le poète Avram Steuerman-Rodion, se suicide au retour de la guerre, c'est en quelque sorte un redoublement de la mort du père qui jette sur la ville un voile sinistre : « Province laide et oubliée comme une vieille étoffe. Les pavés agonisent. Des échoppes avec des juifs – et des estaminets avec des bouteilles. Les fiacres avancent comme des disques noirs »[19] écrit-il dans son article nécrologique. À cette tristesse se mêle le sentiment d'une impossible adaptation qui fait écho à la lutte perpétuelle que les communautés juives mènent à cette époque pour garantir leur sécurité et leurs activités. Un des premiers articles de Fondane en 1915 est consacré à la mort de son oncle Elias Schwarzfeld (1855-1915), qui avait été expulsé en 1885 en France, « un pays qui sait reconnaître l'universel droit de vivre ». Le fils d'Elias, né en France, portera significativement le nom d'« Exil ».

De gauche à droite, I. Ross, B. Fundoianu, sa sœur Rodica, F. Brunea Fox et L. Krakauer (Jassy, 1916-1917).

Il ne faut pas oublier que les communautés juives de Moldavie et de Bucovine eurent à subir de nombreux pogroms antisémites au début du siècle. Après le pogrom de 1903 qui avait ravagé Chişinău, capitale de la Bessarabie, province roumaine de l'Empire russe, déclenché par des accusations de « meurtre rituel », une vague de pogroms s'était propagée en Valachie et en Moldavie en mars 1907, dévastant en particulier une trentaine de villages juifs du Nord de la Moldavie, non loin de Hertza. La propagande antisémite avait été activée par le journal *Neamul Românesc* (*La Nation roumaine*), édité par A. C. Cuza et N. Iorga[20]. Nul doute que ces événements, auxquels feront bientôt écho l'affaire Mendel Beilis à Kiev en 1911-1913 et les persécutions déclenchées par l'ultranationaliste Petliura en Ukraine de 1917 à 1921, n'aient fortement marqué la conscience politique du jeune

Fundoianu qui va bientôt s'affirmer comme journaliste, avec, par exemple, un entretien publié dans *Mântuirea* le 30 mars 1919 sur la situation des juifs d'Ukraine face au bolchevisme avec Arnold Margoline, le vice-ministre des affaires étrangères de l'éphémère République d'Ukraine.

Les premiers articles politiques de Fundoianu se préoccupent de l'évolution du sionisme et des différents débats qui animent la presse juive, sur la possibilité d'un État socialiste en Palestine, autour des thèses d'Otto Warburg (1859-1938) ou d'Israël Zangwill (1864-1926). Dès le début, les positions du jeune Fundoianu s'inscrivent contre un socialisme d'État, et s'orientent de façon très indépendante dans ces débats relativement aux idéaux territorialistes. Il découvre l'œuvre de Jacob Groper au centre Toynbeehall à Jassy dont il traduit les poèmes, et qui l'aide à traduire ceux de Bialik, de Reisen, de Schneyur ou de Frug. Dans une série d'articles publiés dans *Măntuirea* en 1919, il examine l'opposition entre *hellénisme et judaïsme*, à travers une compilation assez hétéroclite ; ce qui lui donne l'occasion d'explorer la mystique juive et les thèses de *De l'Esprit du Judaïsme* (*Vom Geist des Judentums*, Leipzig, 1916) de Buber qui aura probablement un impact important sur la conception que l'adolescent va se former du judaïsme. Il souligne que l'esthétisme caractérise l'hellénisme, extérieur à la liberté de conscience et tributaire du destin, tandis que l'éthique caractérise le judaïsme puisque « le Dieu juif se trouve tout entier dans la justice absolue avec laquelle on pèse les vertus de Job souffrant jusqu'aux pustules et croyant jusqu'au bout »[21].

À juste titre, on a souligné le rôle paternel de Jacob Groper dont Fondane a évoqué lui-même le rôle formateur : « C'était l'époque où je cherchais ma voie, surpris de ne découvrir derrière moi aucun passé ; de par mon tempérament, je recherchais une tradition. J'avais besoin d'une rive rocailleuse et accidentée d'où lever l'ancre. J'avais besoin d'un père, d'une tradition, d'une hérédité [...] Je suis revenu immédiatement non au sionisme mais au judaïsme »[22].

La distinction est importante, et ne cessera de s'affirmer au fur et à mesure que les options théoriques fondaniennes représenteront pour lui une quintescence du judaïsme spirituel.

Dans cet article de 1919, Fundoianu souligne que « le sionisme est une finalité politique. Le judaïsme une finalité vitale ». Lorsqu'il traduira et préfacera les *Confessions d'un candélabre* (Paris, Picart, 1928) de L. Zissu, il précisera cette différence. Ayant noté que ce dernier « ne fait pas partie de la littérature roumaine », mais appartient à une mission spécifiquement juive illustrée par l'exemple des Esséniens, du Christ, des cabbalistes, de « la joie pure des Kassidims » et de Rabbi Siméon Iochaï, il ajoute : « Des sans-patries, pourquoi pas ? Mais parce qu'ils n'ont pas de patrie. Parce que la patrie matérielle sans support moral ni fonction messianique, qu'est-ce ? À quoi répond-elle ? Par quoi nous fortifie-t-elle ? ». Cette volonté de transcender les particularismes folkloriques juifs pour définir une visée métaphysique du judaïsme traversera toute l'œuvre. Elle sera définie comme « un déclassement des valeurs, une décristallisation, une réaction morale ». Comprenons par là un anti-dogmatisme vitaliste d'essence religieuse qui affirme déjà le droit *moral* de l'individu sans jamais recourir à sa pétrification formelle dans la Loi. Cette mission à portée universelle, transnationale, transgéographique et transhistorique sera plus tard identifiée à l'inquiétude de Léon Chestov, « le philosophe juif par excellence »[23]. Mais cette « dédicace obscure » impliquera aussi une confrontation tragique avec les antinomies humaines, et en premier lieu avec la rationalisation du monde ; cette lutte spirituelle deviendra bientôt le centre même de l'œuvre fondanienne.

II.

L'île

À l'Université populaire de Bucarest, rue Mircea Vodă, dirigée par Henri Stenberg, on peut retrouver Fundoianu vers 1919, avec F. Brunea, Iosif Ross, Saşa Pană, Mihail Cosma (Claude Sernet) et Ion Călugăru. Si on ajoute à cette liste Ilarie Voronca, Ion Vinea et Marcel Iancu, nous avons là les futurs acteurs de l'avant-garde littéraire roumaine. Pour le groupe d'amis qui se rassemblent dans la chambre de Ross, Fondoianu, avec sa culture encyclopédique et la fermeté de ses convictions littéraires, apparaît rapidement comme une figure à la fois initiatrice et fraternelle.

« La vérité était que tous avait été découverts par ce jeune homme »[24] avoue Saşa Pană. Comment ne pas l'admirer? Le jeune Fundoianu « avec sa mèche indolente sur le front, le sourire aigu, ironiquement amusé sous le nez traçant un signe d'exclamation sur le visage interrogateur, et les yeux clairs comme deux dragées de noce »[25], semble avoir tout lu ; il publie dans plus d'une trentaine de revues littéraires, dont *Rampa* dont il devient rédacteur, et *Mântuirea* où il fait paraître ses traductions de Heine, de Bialik, de Jacob Groper, de A. Reisen. Il écrit sur les œuvres d'Ibsen, de Dumas, de Knut Hamsun, de d'Annunzio, de Verlaine, d'Oscar Wilde, de Georges Sorel, d'Arghezi, de Gide, de Francis Jammes et de Julien Benda. Ses articles, impatients et combatifs, réclament une littérature sans concession au goût du public. Cette critique véhémente prend déjà à partie les auteurs, cherchant toujours l'homme derrière l'œuvre. Entre 1912 et 1923, il aura publié près de 550 articles et poèmes dans les revues roumaines[26].

Les articles rassemblés et publiés sous le titre d'*Images et Livres de France* en 1922 ne donnent qu'une idée partielle de cette activité débordante. Cet ouvrage aborde les problèmes de l'esthétique à travers les positions de Rémy de Gourmont, de Mallarmé, de Charles Maurras et de Gide. Fundoianu fait ses délices du Parnasse finissant, de Théophile Gautier à Villiers de l'Isle-Adam. Il découvre la bohème littéraire, saluant le Paris de Baudelaire et de Villon plutôt que celui de Victor Hugo. À travers le *Mercure de France* qui tapisse sa chambre, il connaît déjà toutes les subtilités de la vie littéraire française.

Un voyage littéraire : *Images et Livres de France*

La préface d'*Images et Livres de France* (1922) en affirmant que la littérature roumaine n'est qu'une « colonie de la culture française » cultivant une « forme de parasitisme » exprime certainement beaucoup de la propre sensibilité de Fondane, chez lequel la littérature française, selon ses propres termes, a été non seulement connue mais aussi « vécue ». Scandaleuse au moment où la Roumanie construit son identité nationale et fixe ses frontières, cette thèse iconoclaste, qui blessera certains de ses contemporains, appartient à un style polémique qui ne cessera de s'affirmer. L'ironie et la verve de cette préface répercute aussi le style de Nietzsche, de Gide et de Jules de Gaultier qui l'encourage à faire exploser les fausses représentations sociales conçues comme des formes de bovarysme. Enfin, ne comprendrait-on pas mieux cette provocation en la rapportant à un pôle nationaliste de la culture roumaine de cette époque ? Par dessus tout, c'est un appel au désenclavement mental qui recouvre cette invitation à prendre « le Paris-Bucarest ». Si son point de vue est déjà européen, comme le sera celui d'Elias Canetti dans la communauté juive de Bulgarie, seule la langue française peut lui ouvrir le paysage du monde.

Ses admirations pour Francis Jammes, Verhaeren, Claudel, Rémy de Gourmont n'empêchent pas Fondane de refuser Maurras et Barrès et de lui préférer Gide le protestant qui est son premier maître avec Jules de Gaultier. De fait, la structure du livre s'apparente aux *Prétextes* de Gide : « J'y ai appris une discipline »[27] avoue Fondane. Ses analyses, familières comme une causerie, aigües dans leurs intuitions, d'une rare maîtrise critique ont gardé une fraîcheur intacte. Dépourvue de tout didactisme, de toute pédanterie, l'exégèse critique montre par sa sûreté que son auteur a tout lu avec la plus grande attention. Elle constitue une promenade littéraire et devient parfois portrait poétique avec l'évocation de Verhaeren : « Sa maison regardait les champs, comme elle aurait regardé la mer. Il y avait des champs, toujours des champs. Sur la plaine, des herbes hautes, salées, telles des bardanes de mer [...] à travers les granges, pleines de vide, le vent du nord hurlait. Et le vent tirait dans les clochers, monotones, les cloches de Flandres.[28] » À propos d'une conférence sur Paul Claudel, c'est une invitation poétique : « Les vaisseaux arrivent. Viens. Les voir entrer au port. Viens écouter les vers de Claudel... Tais-toi. Regarde les feuilles de la forêt, oreilles pour lesquelles le bruit est silence sourd et le silence d'or, une agonie... » Elle condense en une métaphore l'esprit d'un poète : « Un poète du blé, voilà Francis Jammes ».

Le Reniement de Pierre (*Tăgăduința lui Petru*)
de B. Fundoianu, Jassy, 1918

La désinvolture tendre et passionnée de ces pages tracent bien une autobiographie du goût de Fundoianu. On peut y reconnaître des lignes de force : d'une part, la critique s'éclaire déjà du dépassement de la morale chez Baudelaire : « Comme la puanteur d'une charogne est belle dans l'image de Baudelaire » s'exclame le jeune critique en ajoutant ailleurs : « ... débarrassons-nous de la sensibilité éthique ». Le bovarysme de Jules de Gaultier, parti de l'analyse de l'illusion réflexive et idéaliste dans l'œuvre de Flaubert, avait élargi ses analyses à une véritable métaphysique de la connaissance, en plaçant au cœur de la civilisation l'illusion de la conscience de soi. Son œuvre conduisait à une attitude « spectaculaire » du philosophe. Face à lui, le bergsonisme ou le nietzschéisme tombent dans le piège de la vie qui fait perdurer « la farce métaphysique de l'existence ». Libre jeu de la connaissance, esthétique de la contemplation critique, le bovarysme fascine le jeune Fundoianu comme issu de la plus pure tradition française, « dilettante et épicurienne », de Voltaire, de Bayle, de Rivarol et de Stendhal. N'oublions pas pourtant que ce jeune homme de vingt-trois ans traverse les pensées sans s'y identifier. Le délicieux voyage d'*Images et livres de France* ne s'arrête pas en chemin. Curieusement, Fundoianu écrit aussi une série de chroniques sur *Les Révélations de la mort* d'un autre philosophe : Léon Chestov, dans *Adevărul literar şi artistic* entre le 5 août et le 9 septembre 1923. Quelques années plus tard, le chestovisme remplacera le bovarysme. Les germes de la philosophie existentielle du futur Fondane sont déjà présents.

Insula : une pensée magique

Mais c'est surtout le théâtre qui l'intéresse, ou plutôt un théâtre poétique car « Une pièce de théâtre qui n'est pas un poème – elle peut être n'importe quoi – ne relève pas de l'art »[29]. *Tête d'or* ou *L'Annonce faite à Marie* de Claudel lui montrent que la poésie peut devenir dramaturgique; *Intérieur* de Maeterlinck lui révèle un théâtre du geste et du silence dont les figures symboliques servent de moyens pour une dramaturgie métaphysique. Le thème central du théâtre n'est pas l'action, mais « le conflit entre vie et poème – entre vie et art »[30]. Ce thème wildien annonce déjà le souci de vivre une œuvre jusqu'au bout : « Tout drame doit être la tragédie de Manole »[31], du nom du personnage de la *Ballade de Manole* du folklore des Balkans qui doit emmurer sa femme dans la pierre d'un monastère.

N'oublions pas enfin que c'est à Jassy qu'Abraham Goldfaden (1840-1906) avait créé avec une troupe ambulante, les *Broder Singers*, *L'Arbre vert*, un des premiers théâtres yiddish du monde qui fascinera Kafka. D'autre part, les journaux rendent compte des représentations de la pièce de Shalom An-ski, *Le Dibouk*, par la compagnie moscovite de langue hébraïque ou Yiddish *Habimah* (*La Scène*), dont Fondane va publier une traduction dans *Hasmonea* de

Bucarest au cours des années 1922 et 1923. Il est intéressant de constater que *Le Dibouk* qui est représenté à Moscou en hébreu en 1922 avec la musique de Joel Engel sur une mise en scène de caractère expressionniste de Vakhtangov, est perçu par la presse allemande de l'époque comme lié au courant primitiviste : pour le critique Julius Bab, *Le Dibouk* est « un paganisme archaïque et sauvage »[32]. Cette pièce exercera une puissante influence sur ses contemporains : Joseph Roth y percevra un rappel des « bacchantes grecques » et des gestes comparables à « un rituel, ou à la folie ». Arnold Zweig « des scènes d'exorcisme primitif » et des acteurs « sortant tout droit des tableaux de Chagall »[33]. Les attributs magiques et sacrés de ce théâtre juif ne sont pas éloignés des caractères du théâtre de Fondane, et particulièrement du *Festin de Balthazar*.

Enfin, Fondane est un admirateur des théories scénographiques de Gordon Craig qui insiste sur l'unité du langage dramatique confié au seul régisseur qui transpose en signes visuels ou sonores les virtualités du texte, et limite le rôle de l'acteur à celui d'une « super-marionnette », simple signe parmi les signes, sans expressivité sociale ou psychologique, notamment dans son ouvrage *The Actor and the Übermarionette* (1907). Le rôle de l'artiste est de mettre à jour le résultat de ses incursions dans les régions inconnues du psychisme. La logique du symbolisme est de supprimer la scène, le corps de l'acteur, la matérialité du décor au profit de l'immatérialité de l'âme et de l'esprit. Cette perspective éloigne Fondane du théâtre psychologique axé sur les valeurs de divertissement et de surprise. Le vaudeville et la comédie légère le consternent : « Quand est-ce que le public se décidera par respect pour le public à ne plus aller au théâtre ? » s'interroge-t-il dans *Contimporanul* du 15-29 octobre 1922.

Nous allons retrouver ces exigences dans le petit théâtre créé par Fondane et un groupe d'amis fervents. Il s'appelle *Insula :* l'île. Il s'installe dans un salon de la Maison d'art de Margareta Miller-Verghi, un hôtel particulier situé aujourd'hui au n° 3 de la rue Gabriel Péri à Bucarest. Le théâtre ne peut offrir qu'une centaine de places. Fondane galvanise de son énergie toute la troupe avec Armand Pascal, acteur et mime qui avait fait partie de la troupe du Vieux Colombier de Jacques Copeau. Dans le manifeste programme d'Insula, le théâtre n'est pas défini comme un métier, mais comme une vocation qui engage totalement l'acteur qui doit apprendre la totalité du texte de l'œuvre jouée. Constatant que « le public est devenu le seul éducateur du théâtre », Fondane refuse un « théâtre fait par le public pour le public ». Le respect du texte est essentiel et le décor d'une simplicité rustique cherche à le mettre en valeur. La pauvreté du décor fait partie d'une intention de purification du théâtre déjà très moderne probablement inspirée de la conception de la mise en scène de Jacques Copeau. Le travail artisanal des décorateurs, des électriciens ou des costumiers est placé au même plan que le travail de l'acteur.

Le 26 décembre 1922, le théâtre s'ouvre avec *La Légende de la suie* (*Legenda funigeilor*) de Ştefan Octavian Iosif (1875-1913) et D. Anghel précédée du *Prologue de la comète* dit par Armand Pascal[34]. Un deuxième spectacle aurait aussi présenté *Devant les portes d'or* de Lord Dunsany, et une pièce de Molière : le *Docteur volant*[35]. D'autres sources mentionnent *La Mort de Tintagile* de Maeterlinck, les *Fourberies de Scapin* et *Le Médecin malgré lui* de Molière avec Sandu Eliade dans le rôle de Valère[36]. Quoi qu'il en soit, le programme d'Insula avait annoncé un programme ambitieux avec les *Fourberies de Scapin* de Molière, *L'Amour capricieux* de Goethe, *Les Oliviers (Las aceitunas,* 1548) de Lope de Rueda, *La Nuit* de Maurice Maeterlinck, des œuvres de Bernard Shaw, de Lord Dunsany (1878-1957), le maître irlandais du merveilleux fantastique, d'Anton Tchekhov et d'Anatole France.

Un critique de *Rampa* du 29 décembre 1922 note que « Dans un cadre fait de toiles simples, avec des lumières bien agencées, les acteurs ont voulu intéresser, impressionner, bouleverser parfois par l'harmonie et le rythme des attitudes et des mouvements, par la chaleur et l'expression du verbe »[37]. Sandu Eliade rappelle en 1929 à la mort d'Armand Pascal qu'Insula « n'a pas été un théâtre, il a été une pensée magique, un jeu d'enfants heureux, un rêve forgé avec du sang, des illusions et de la jeunesse. Une petite chambre de maison de Boyard, petite et chaude, avec une petite scène improvisée comme une boite, avec un réflecteur qui fonctionnait lorsqu'on n'en avait pas besoin, des cordes que l'on voyait, des poutres et des cartons qui n'étaient pas masqués, et pourtant les trois spectacles joués ont été des moments d'art pur » [38]. L'onirisme et les jeux de la *commedia dell'arte* semblent avoir transfiguré les spectacles. On retrouve déjà dans la scénographie du jeune Fundoianu une part d'enfance qui ressurgira plus tard sous la forme de la nostalgie d'un paradis perdu : « Le décor, le costume, le débit des phrases devaient donc avoir un seul ton ; leur manque de spontanéité et d'harmonie devait avoir quelque chose de la disharmonie gracieuse et naïve avec laquelle les enfants façonnent leurs poupées à partir de couleurs et de chiffons – cela était un travail difficile jusqu'à ce qu'on arrive à créer avec des acteurs qui n'étaient pas encore formés des marionnettes chantantes et mécaniques, d'un grotesque idylique, ainsi que Gordon Craig les a rêvés dans son livre sur les acteurs » explique Fondane dans le programme du théâtre[39]. Bien plus tard, nous retrouverons cet espoir fou envers le théâtre adressé à Antonin Artaud au nom de Craig, de Tairoff, du théâtre Habima et de Jacques Copeau[40].

Une soirée mémorable présente le 23 janvier 1923 « Une anthologie de Conachi à Adrian Maniu » avec, entre autres, des poèmes d'Arghezi, de Fundoianu, de Claudia Millian, d'Aderca, de Pillat, de Vinea… lus par les acteurs du théâtre : Ciprian, Armand Pascal, Marieta Sadoveanu, Ion Morțun, Finți, etc. Pourtant, l'entreprise théâtrale touche déjà à sa fin avec deux ou trois spectacles. Insula aura vécu deux ou trois mois. Des difficultés financières, et probablement un climat hostile de nature antisémite contribue à désamorcer l'entreprise : « Nous nous trouvions dans un océan de malveillance »[41] se souvient Claude-Émile Rosen. Si les droits civiques et nationaux sont accordés aux juifs pendant cette période, cela ne désamorce guère les tensions nationalistes et antisémites. Significativement, le thème de la dernière conférence que Fondane donne le soir du 10 février 1923 a pour thème : « Pourquoi l'art actuel n'a pas de public ? » La petite troupe finalement se disperse. Fondane n'aura pas eu le temps de monter sur scène ses propres textes dont, dès 1922, les ébauches du *Festin de Balthazar* annonçaient la forme : un théâtre hiératique et religieux.

III.

Ce soir je te traverse en étranger, Auteuil…

Bucarest-Paris : fin décembre 1923, le poète traverse l'Autriche enneigée avec un arrêt dans le Tyrol suite à un déraillement de train dont le poème *Nature morte* garde la trace. Dans une auberge le poète sent que son départ est irréversible et qu'un monde est révolu : « Tout mon passé est là dont je n'ai que faire/son sang troue la neige ». Il a vingt-cinq ans. La fille de l'aubergiste le trouble : « ne veux-tu pas venir avec moi à Montmartre/c'est toujours un Tyrol pour touristes anglais/viens nous y ouvrirons un bar américain »[42]…

Arrivé à Paris, il s'installe avec une vague fonction de bibliothécaire dans l'appartement de Rémy de Gourmont et, après une période de bohème, entrera à la compagnie d'assurances *L'Abeille* pour gagner son pain. Sans doute va-t-il solliciter André Gide et Jules de Gaultier auxquels il voue une vive admiration. N'est-il pas au cœur de la capitale européenne des lettres ? N'est-il pas chargé de la bibliothèque de l'écrivain tant admiré auquel il avait consacré de fulgurants articles dans les revues roumaines ? « Ce soir, je te traverse en étranger, Auteuil ! »[43] chante le poète dans « Exercice de français », son premier poème écrit en français dédié à Vinea. Le fantôme de Vienne se mêle encore aux rues nocturnes de Paris. Mais déjà, ce sont des images marines qui envahissent le poème S.O.S. pour qu'il aille jusqu'au bout : « Chantons jusqu'où la vie crie au secours s'enfonce/tais-toi chanson de l'homme qui renonce/si la beauté se meurt qu'elle se meure d'art. »[44]

Pourtant, cette expatriation est très éloignée d'une rupture. D'une part, parce que Benjamin qui répondra désormais au nom de « Fondane », sera suivi au printemps 1924 par sa sœur Line et son mari Armand Pascal, le compagnon d'Insula, qui travaille avec Gaston Baty. Ces présences vont recréer un microcosme roumain au cœur de Paris. Il y retrouvera aussi ses compatriotes Ilarie Voronca, le comédien Luca Gridu rebaptisé Gridoux, l'ami d'enfance qui participera au tournage du film *Rapt* en 1936, Claude Sernet, Constantin Brancusi qui sera son témoin lors de son mariage avec Geneviève Tissier en 1931, ou encore Victor Brauner qui peindra son portrait et celui de sa mère. D'autre part, parce qu'il continuera à collaborer de façon substantielle aux revues roumaines, adoptant le rôle d'envoyé spécial chargé d'observer les mutations les plus récentes de la littérature française en publiant dans les revues *Contimporanul*, *Rampa* ou *Integral* des comptes rendus ou des poèmes qui s'intègreront à *Privelişti* en 1930. Si ses anciens amis F. Aderca et E. Lovinescu, par exemple, jugent durement cette métamorphose, de nombreux amis, tels que S. Roll, I. Minulescu, F. Brunea ou I. Călugăru lui restent fidèles, correspondent avec lui, l'informent de la vie littéraire roumaine ou placent ses livres dans les librairies.

Pourtant, fait révélateur : il publie déjà ses articles d'*Integral* en français. La publication d'*Exercice de français* dans *Contimporanul* en 1925 annonce l'abandon de la langue roumaine comme langue poétique. C'est un poème d'errance qui évoque la traversée de Vienne, dont se souvient celui qui marche le soir dans Auteuil en étranger. C'est déjà un poème d'exil métaphysique qui annonce le mouvement perpétuel des grands poèmes *Ulysse, Le Mal des fantômes, L'Exode* ou *Titanic*. Le mouvement est donné : des bribes de ces premiers poèmes français viendront s'insérer dans *Ulysse* (1933). En plein Paris, c'est déjà le bateau de tous les départs qui obsède le poète : « Les fanaux ont crié dans le sang des trottoirs/tant pis ! tans pis ! pour le bateau qui se détache. »

En 1929, dans « Mots sauvages », sa préface à *Privelişti,* Fondane dramatisera la rupture : « le présent volume appartient à un poète mort en 1923 à l'âge de 24 ans [...] Pendant quatre ans, je me suis tu, comme un muet, mutilé de guerre à cent pour cent. »[45] Comment interpréter cette crise poétique ? En écrivant une préface explosive à sa propre œuvre poétique, Fondane annonce qu'il est déjà beaucoup plus loin que l'expressionnisme anxieux et vitaliste de la terre. Pourquoi alors republier en 1929 une poésie dont la nature même est reniée ? Pour l'assassiner une seconde fois, affirme t-il. Comprenons que l'exil installe au cœur même de l'acte poétique un danger. Le poète avoue qu'il a partagé l'illusion d'une autonomie ontologique du poème : « Dans le poème seulement, produit difficile de calculs et du hasard, le hasard se résorbait comme un fil dans une plaie. L'homme se dévêtait du hasard, du capricieux de la génération spontanée et projetait hors de lui un monde *sub specie aeterni*. Le paradis terrestre était dans l'Idée. »[46] Ce thème annonce la poétique existentielle du *Faux Traité d'esthétique* (1938) : tout poème, par sa puissance de beauté formelle, menace de détournement le réel. La clôture sémiotique du poème fabrique une illusion ontologique : « Le poème n'était qu'un masque, le plus beau, sur un visage laid et troué, le visage de l'ultime idéal. » Le poème *Parade* formule exactement la même question : « peut-être me suis-je trompé, Seigneur, en te chantant la nature/paisible et pure comme le paradis ancien ».

À coups de dynamite

Lorsque Fondane fait le procès d'une autonomie de ses propres signifiants poétiques, ce n'est pas sans réserves qu'il faut accepter cette interprétation par lui-même. L'accusation d'idéalisme qui vise *Paysages* s'appliquerait en fait avec bien plus de pertinence à la poésie néo-symboliste de sa jeunesse. Car le monde rural de *Paysages,* qu'il qualifie de « paradis ancien », est en fait un monde charnel, violent, aveugle et sourdement voué à la catastrophe. Ce n'est pas donc l'idéalité qui le caractérise, mais l'exclusion de l'histoire et, nous l'avons vu, une sorte d'indifférence ontologique aux manifestations de la vie. Nous pouvons donc comprendre que l'acte d'écrire ce monde naturel cyclique, enfermé dans ses rythmes agraires, met entre parenthèses le monde historique et le mal qui lui appartient. Le poète regardait, écrit-il, « affluer derrière les carreaux les armées grises et les tambours battant la mort; il imaginait un univers pacifique où il créait, inventait, tantôt des paysages de labour, tantôt l'exaltation mystique de la mort dans le pain »[47].

Dans *Paysages*, le monde fermé du village moldave exclut la temporalité cahotique de la grande ville. Dans les grands poèmes de l'expatriation, la ville ouverte remplacera le village. Fourmillante, confuse, mobile, la grande ville qui avait déjà été chantée par Walt Whitman dans *Leaves of grass*, par Verhaeren dans *Les Villes tentaculaires* et par Apollinaire dans *Alcools* fascine Fondane comme le lieu des départs perpétuels. Ports, gares, routes, rails ouvrent la ville sur la totalité de la terre qui devient désormais l'espace de la voix. Dès lors la migration n'est pas le changement d'un lieu pour un autre, mais un mouvement illimité, l'acte même de la vie. Le sourd désespoir qui habitait le présent de la campagne moldave évoluait dans une durée finie : « la grand-route de Hertza ne conduit qu'à Fundoaïa » avait écrit le poète dans « C'est le dernier jour » (1917) en référence au mourir agissant en chaque fruit, en chaque bête ou en chaque automne, obligeant le poète à un consentement à la finitude.

Pourtant, certains poèmes de *Paysages* laissent déjà entrevoir une violente tentation de départ : « Je suis dans la chambre comme dans un train » écrit le poète dans « L'heure de visite » avec à la main son « malheureux passeport de voyage ». Et le poème « À Ion Călugăru » (1921) est déjà une injonction au voyage : « Pars ! La vie t'attend, du sang sur les roues. [...] la main est verdie par les siècles sur la poignée [...] ta vocation profonde est d'être au-delà, et plus loin encore ».

Cette impatience explose dans le poème introductif « Parade ». S'il reprend trois stophes de « Biblie »[48] daté de 1918, qui contient une sourde impatience de dépassement face à l'engloutissement d'un paysage de neige, c'est pour les modifier et les intégrer à un poème tout différent qui évoque une ville et « des péninsules dont les coudes commencent à s'user ». Les sources rimbaldiennes et la métamorphose avant-gardiste du langage commencent à faire exploser un temps cyclique refermé sur lui-même. *Parade* balaie le monde de *Paysages* avec la vitesse des derniers poèmes des *Illuminations*, appelant au déluge, à la catastrophe pour multiplier le moi et l'élargir à la dimension du monde. Désormais la poésie ne chantera plus, elle agira avec violence. La parole poétique sera une parole dangereuse. Au lieu de bâtir une demeure, un refuge, un château d'éternité, elle accompagnera l'exil métaphysique. Ce ne sera plus la terre nourricière et féconde qui hantera le poème, mais la mer, même en plein Paris. À cet égard « Parade » ne fait qu'illustrer la préface de 1929 qui conclut avec des échos nietzschéens : « L'homme est un animal que la poésie pétrit dans l'argile, ou qu'elle fait sauter à coups de dynamite. »

Faux concepts de l'art classique

Qui est ce jeune poète roumain qui vient d'arriver à Paris ? Célèbre à Bucarest, il est devenu un étranger en France. Si en Roumanie, le connaisseur hors-pair de la littérature de

Valéry, de Gide, de Rémy de Gourmont, de Francis Jammes et de Jacques Rivière possédait déjà une réputation établie, il n'en va pas de même à Paris. N'est-il pas un juif étranger dont les maigres ressources seront vites épuisées? S'il est capable d'écrire en langue française presque sans faute, comment garder sa passion pour le classicisme français dans le Paris de Georges Braque, des cubistes et de Picasso? On aurait tort d'imaginer un poète adoptant sans réserves l'art nouveau. Certes, dans un essai intitulé *Faux concepts de l'art classique*[49] (1924), il attaque le classicisme passéiste de Charles Maurras. À propos de Paul Valéry : « sa peur du prosaïque, sa peur égale pour tout ce qui est déraisonnable dans l'homme, le font négliger l'essentiel ». La forme deviendra classique si elle exprime son époque. Voilà qui est encore bien sage! C'est André Gide avec son immoralisme sulfureux qui concentre les espoirs de Fondane. Ne vient-il pas de choisir le diable?

En réalité, *Faux concepts de l'art classique* appartient encore au jeune critique roumain d'*Images et Livres de France* qui avait déjà pris le parti de Gide contre les critiques d'Henri Massis et de Charles Maurras. L'année 1923, les tensions entre l'Action Française, antisémite et anti-protestante, épaulée par les Camelots du Roi et la gauche s'étaient dramatisées. Pour venger les morts de Jaurès et d'Almereyda, l'anarchiste père de Jean Vigo, Germaine Berton avait assassiné à son bureau Marius Plateau, responsable des Camelots du Roi. Ceux-ci avaient riposté en massacrant les imprimeries des journaux de gauche : *L'œuvre* et *L'Ère nouvelle*. Néanmoins, Maurras avait échoué lors de sa candidature à l'Académie française. Tandis que des écrivains comme Bernanos et Maritain sont encore proches de l'Action française, Gide incarne la résistance ironique et libre de l'individualisme face à l'hypocrisie bourgeoise, en publiant en 1924 *Corydon* et *Si le grain ne meurt* qui révèlent au grand jour son homosexualité.

Aussi le ralliement à Gide n'est-il pas étonnant. Mais le manifeste de Fondane est encore mesuré; s'il cite

Nietzsche : « Tout art renforce ou affaiblit », il se rallie à la formule de Gide : « l'art naît de contraintes, vit de luttes et meurt de liberté ». Pour l'instant, Fondane cherche à intégrer aux formes classiques un nouveau contenu, par exemple l'essentiel de Dostoïevski, un domaine « trouble et vague et vaste et dangereux ». Dangereux ! le mot est prononcé. C'est le fil à suivre pour traverser les années vingt et parvenir à l'esthétique du risque qui s'exprimera dans le *Faux Traité d'esthétique* en 1938. Au-delà des querelles entre les partisans de Rimbaud et ceux de Mallarmé, c'est déjà Baudelaire, au regard de Fondane, qui ajuste la forme à la puissance et, pour reprendre les termes de son essai, « la digue stable à l'océan en congé ».

IV.

Funambule des avant-gardes

Un an plus tard, Fondane se jette à la mer. Paris bouillonne de pensées nouvelles, de manifestes en tous genres : cubisme, constructivisme, synthétisme, dadaïsme, surréalisme. Fondane y rencontre son compatriote Ilarie Voronca, fondateur du synthétisme, lui aussi correspondant de la revue d'avant-garde *Integral,* et son ami, le peintre Victor Brauner qui peint son portrait, la tête souriante et décapitée, flottant dans l'espace. Il peut aussi rencontrer les surréalistes dans les cafés de Montmartre ou à la Coupole à Montparnasse. L'année 1925 voit le jeune poète se jeter dans les mouvements d'avant-garde qui s'expriment simultanément dans toute l'Europe. Mais c'est le dadaïsme qui apporte avec lui la charge explosive nécessaire. Le roumain Tristan Tzara, arrivé en 1920 à Paris, s'était installé chez Francis Picabia et venait d'importer de Zurich le mouvement Dada qui avait réagi à la Première Guerre mondiale en fracassant l'idéalisme occidental par l'absurde, l'insulte et la dérision. Fondane arrive à Paris trois ans après la rencontre de Tzara et de Breton en janvier 1920. Tout au long de l'année 1920 le groupe dadaïste auquel s'était joint André Breton et ses camarades de la revue *Littérature* avaient fait scandale. Apparemment, aucun mouvement ne pouvait mieux convenir au tempérament frondeur de Fondane.

L'explosion Dada

Car c'est le doute et l'acte de destruction qui l'intéressent. Alors que le futurisme de Marinetti ne fait que substituer à l'ancien les valeurs spirituelles et le lyrisme effréné contenus dans le machinisme contemporain, alors que le cubisme lui-même se limite aux arts plastiques, le dadaïsme apparaît comme le révélateur d'une gigantesque crise du réel qui ébranle toute l'Europe. « En fait, en 1918, la guerre sur le point de finir, la terre toute ventre sur le billard des hôpitaux, pour extraction d'obus, il s'agissait bien d'art pour ces jeunes gens impatients, cruels, désespérés, dépaysés, à qui le vieux monde écroulé, pourri à leurs pieds, venait de montrer tous les trucages; à qui l'avenir ne pouvait rien promettre qui ne fut répétition d'une farce grotesque » écrit Fondane dans *Signification de Dada*[50]. Dans ce texte, qui porte sans doute déjà la marque du chestovisme, la crise dadaïste s'intègre à une crise ontologique. Le réel vacille si le mensonge logique s'effondre, ne laissant subsister que l'affectivité et le substrat individuel, contingent et périssable. Dada apparaît finalement comme une révolte de l'individu souffrant contre l'idéalisme meurtrier de l'*homo faber*.

L'acte dadaïste, face au désespoir métaphysique, ne promet plus aucun but et détruit toute idée de moyen, en devenant le lieu « d'une solution impossible » : « Dada explose en 1918, comme une immense volonté de puissance, se coupait l'œil au rasoir, en avouant que sur son terrain, celui du doute, ou plutôt celui de la joie du doute, il était *impossible absolument de créer* quoi que ce fut »[51]. Ce faisant, il implique à son état naissant un amoralisme et l'absence de tout message politique. Le dadaïsme fonctionne comme un facteur brutal de discontinuité sociale et épistémologique, inaugurant ce que Fondane nommera « le catastrophique ». C'est dans ce creuset que Fondane jettera l'esprit iconoclaste de Léon Chestov dont il adoptera la philosophie à partir de 1929 et la révolte d'Arthur Rimbaud qui lui apparaît déjà comme de même nature que ce dadaïsme subversif.

Après plus d'un an de manifestations dadaïstes, Tzara et Breton s'étaient éloignés puis séparés. Le congrès projeté par Breton en janvier 1922 pour « la détermination des directives et la défense de l'esprit moderne » n'avait pas eu lieu. Tzara avait refusé d'y participer. Fondane est du côté de Tzara. André Breton, affirme-t-il, « n'avait rien compris à Dada lorsqu'il voulait réunir un congrès de différents représentants des écoles d'art modernistes [...] alors que Tzara voulait qu'à ce congrès on laissât à chaque représentant d'école artistique le soin absolu de se rendre ridicule... »[52]

Pour l'heure, le style de Fondane commence à se charger vers 1927 de métaphores stupéfiantes que le hasard fait surgir, comme chez ses amis de l'avant-garde roumaine auxquels il adresse à l'été 1927 une anthologie de la poésie française pour le numéro 13-14 de la revue *Integral* de F. Brunea et de Ion Călugăru :

> Avant que d'incendier les villes, nous nous brûlerons bel et bien les doigts ; avant de mettre la vitesse sous verre, nous nous ferons bien des fois sauter. Un poète ça doit sentir le souffre, ça doit souffrir. On reconnaît un poète à son odeur de brûlé, d'ange brûlé, de chiffons brûlés [...] Un poète ça vend des livres d'art pour s'acheter des bretelles extra-souples, ça donne par charité son Kant au premier mendiant dans la rue.

Comme pour la plupart des avant-gardes des années trente, la vitesse, l'éphémère, l'acte immédiat, le choc dominent sur le culte du monument, de l'œuvre acquise, de l'érudition ou de la perfection d'art. Cette introduction à ce que Fondane nomme « le grand ballet de la poésie française » réclame un acte de piraterie qui accélèrera « la contradiction qui ronge le siècle ». Il fait déjà l'apologie de la déraison : « C'est à l'honneur de la poésie d'avoir la première signalé aux hommes la vertu de leur folie et qu'il la leur fallait cultiver; le suicide et l'automatisme sont autant de portes de secours. » Ce texte d'inspiration dadaïste est important puisqu'il annonce la nouvelle vision de la poésie française que Fondane envoie à ses compatriotes roumains.

Ce ton subversif et iconoclaste ne se sépare pas de celui des revues roumaines d'avant-garde auxquelles il collabore : *75 HP* (1922), *Punct* (1924-1925), *Integral* (1925-1928), *Unu* (1928-1932), *Alge* (1930-1931). Dans *Unu,* en 1931, Geo Bogza se déclare « affilié à la famille des grands hallucinés Lautréamont, Jarry, Rimbaud, Dostoïevski, Gide, Nietzsche »[53]. Dans *Punct*[54] Ilarie Voronca affirme en 1925 que « la logique est parfaitement indifférente à la création artistique ». Dans l'unique numéro de *75 HP* de 1922, Mihail Cosma a lancé son fameux : « La littérature, le meilleur papier hygiénique du siècle ». Ces revues d'avant-garde multiplient les déclarations fracassantes. *Contimporanul* est constructiviste. *Punct* et *Integral* se rallient à l'intégralisme et au synthétisme. *Unu* de Saşa Pană, illustrée par Victor Brauner, va se rallier au surréalisme d'André Breton en ouvrant les portes du rêve. C'est contre l'art et la tradition que se focalisent les attaques, avec une insolence et une violence destinées à briser les vieilles idoles. Mais l'éloge de la technique présent dans les revues constructivistes sera bientôt très éloigné des préoccupations fondaniennes. Dans son numéro 3 du 12 avril 1927, *Integral* avait publié une nouvelle traduction des onze points du *Manifeste du Futurisme* de Marinetti. La politique littéraire d'*Integral,* définie par Mihail Cosma (le futur Claude Sernet) dans l'entretien avec Luigi Pirandello du numéro 8 de 1925, n'annonce-t-elle pas une « synthèse scientifique et objective de tous les efforts esthétiques accomplis juqu'à présent (futurisme, expressionnisme, cubisme, surréalisme, etc.) sur des bases constructivistes, en cherchant à refléter la vie intense et grandiose de notre siècle travaillé par les vitesses mécaniques, la froide intelligence de l'ingénieur et le sain triomphe du sportsman » ?

Paris, balcon de l'Europe

Pour l'heure, Fondane mène donc une double vie, avec une énergie prodigieuse, à cheval sur la vie littéraire roumaine, échangeant des correspondances avec ses amis restés à Jassy ou à Bucarest. Le titre de son premier article écrit en langue française dans une revue roumaine : « Fenêtre sur l'Europe : *Entr'acte* ou le cinéma autonome » dans le premier numéro d'*Integral* (1er mars 1925) explicite sa position : il est au cœur de l'Europe intellectuelle et artistique : à Paris, la ville de Diaghilev, de Max Jacob, de Satie, de Picabia, de Picasso et de Blaise Cendrars.

Il va donc interviewer Jean Cocteau, rue d'Anjou, livrant un portrait aigu, tourbillonnant et frivole de l'auteur des *Mariés de la Tour Eiffel* qui se livre à un éloge du *Mouchoir de nuages* de Tzara, « le seul écrivain d'aujourd'hui qui sache écrire le français ». Il admire Picabia, René Clair et Man Ray qui illustrera d'un portrait de Fondane ses *Trois scenarii* en 1928[55]. Il écrit désormais sur Delteil, Aragon, Éluard et Pierre Reverdy; il dédicace son poème « S.O.S. » à la peintre Sonia Delaunay qui en 1924 défraye la chronique mondaine en présentant ses robes simultanées au Claridge avec Joseph Delteil et qui ouvre en 1925 sa boutique à l'*Exposition Internationale des Arts décoratifs*. Entre peinture, urbanisme, cinéma, poésie, danse, musique, les procédés créatifs s'échangent et les clôtures du système des arts explosent sous la pression des nouvelles techniques. Le style de Fondane va rejoindre l'audace métaphorique de

Joseph Delteil qui vient de stupéfier Paris avec ses romans poétiques : *Sur le fleuve Amour* et *Choléra*.

La description du film *Entr'acte* de René Clair par Fondane appartient déjà à une poésie en liberté : « Les arbres enlisaient leurs racines dans le ciel, les hommes délestés de pesanteur couraient comme la pluie, les rails du train se touchaient, les feuillages étaient des algues, les algues étaient de l'eau, la Seine était du brouillard ». Vitesse, insolence, iconoclastie participent à la grande fête parisienne où le jazz, le fox-trot et le tango font fureur. Joseph Delteil, ami de Chagall et de Delaunay, passionné de cinéma, ne peut que réjouir Fondane qui écrit à propos de sa *Jeanne d'Arc* : « ce à quoi obéit Delteil c'est à l'esthétique du jazz : beaucoup de bonne musique noyée dans du vacarme ; du cocasse et du trivial tirés d'instruments réputés nobles ; plus d'improvisations que d'imprévu ; du nègre dans beaucoup d'anglais »[56] !

Les critiques que Fondane envoie à *Integral* ne sont jamais de simples comptes rendus des œuvres ; elles sondent les faiblesses et les puissances d'un style, départageant déjà ce qui relève d'une complaisance à l'époque et ce qui appartient à la nécessité intérieure de l'écrivain ; elles constituent déjà une remise en question existentielle, jetant ses lignes vers l'avenir. S'agit-il de définir en 1927 le jeune Louis Aragon qui vient d'écrire *Le Paysan de Paris* ? « Grand écrivain pur sang, gréé pour un long raid-record, sa performance splendide ne le destine, hélas ! qu'à une carrière de grand écrivain de France – car il est fait pour plaire. »[57] S'agit-il d'Eluard qui vient de publier *Capitale de la douleur*, la critique devient poème : « Poète de seins de nacre, Éluard peut peindre avec grâce des rocs en rouge, déranger l'ordre des planètes, peigner les cheveux des rivières, enfoncer la machoire du bonheur et craindre seulement qu'un mot le touchât de trop près »[58]. Éluard est sans doute le poète du groupe surréaliste avec lequel Fondane entretient la plus étroite connivence et qui lui restera fidèle durant les années noires de l'Occupation.

Pierre Reverdy ? « un grand poète maladroit », solitaire dont l'apparente fragilité et les défaillances appartiennent à la substance même de la poésie menacée. Ce portrait lui permet d'interroger encore l'acte de poésie, source de rupture et de discontinuité avec l'univers rationnel qui tire son authenticité de son échec : « il est urgent de ne pas réussir, mais seulement après avoir tout risqué, tout exposé pour que l'effort réussît »[59]. Tzara enfin, le père de Dada, est un voyant lyrique qui interroge le hasard dans le poème, lui donnant l'occasion de contrer l'idéal de maîtrise rationnelle du poème de Paul Valéry.

Ces portraits que Fundoianu devenu Fondane envoie à ses compatriotes roumains sont eux-mêmes des poèmes : « Tristan Tzara dépouille sa voix devant vous. Oxydable, il s'offre à tous les carrefours, à tous les points cardinaux, à la rose des vents, au hâle. Et c'est sa rouille, rouille des heures, des clous enfoncés dans les fruits, des serrures vives, des ennuis stupides, qu'il offre à tout venant… ».[60] Le genre n'est pas exceptionnel : tous les surréalistes tracent entre eux de tels portraits. Au-delà des années trente, cette prose poétique se scindera, d'un côté en une prose critique de plus en plus abstraite, imprégnée de la métaphysique de Léon Chestov, et de l'autre en une voix poétique distincte de la prose. Pourtant, l'ensemble des textes qui parviennent à *Integral* ou à *Unu* de Saşa Pană ne sera accompagné que d'un petit nombre de poèmes en français portant la marque de l'avant-garde. L'ancien Fundoianu et le parisien Fondane continuent de cohabiter en deux langues. Passé et présent se chevauchent. Si les poèmes roumains de *Paysages* s'égrènent encore dans les revues *Integral*, *Puntea de fildeş* et *Unu*, ils alternent avec d'autres poèmes plus audacieux écrits en français qui prennent déjà la route d'*Ulysse* dont un premier fragment est publié par *Unu* en 1930[61].

Le poème S.O.S., envoyé à *Integral* en 1927, est une bribe du futur poème *Ulysse* (1933). Il appartient bien à la collusion catastrophique des métaphores de l'avant-garde : « la reine de ses mains pourra tuer le renne/le sang gifle en passant le chaos primitif/je hais les glaces qui me retiennent captif… ». Quelques autres suivront : *À Madame Sonia*

Delaunay, dans *Integral* en 1927, *Nature morte*, dans *Unu* en 1929, et la même année *Parade* dans *Opinia publică*. Ce n'est qu'en 1928 que paraît à Bruxelles, illustrée d'une photographie de Man Ray, son œuvre la plus ouvertement avant-gardiste : *Trois scenarii : ciné-poèmes.* Pour le reste, de son arrivée en France à 1930, on ne peut qu'être impressionné par ces six années de quasi silence d'un poète déjà connu en son propre pays. De fait, jusqu'en 1930, seulement deux ou trois brefs poèmes de Fondane seront publiés en France, dans de petites revues presque confidentielles. Il marche sur le fil des avant-gardes en ne s'identifiant réellement à aucune école, cherchant une expression philosophique pour sa révolte, qu'il ne trouvera que dans l'œuvre de Léon Chestov.

V.

Le plus grand poète moderne écrit en cinéma

Dans les années vingt, une véritable Chaplinomania fait rage dans les milieux d'avant-garde. Les articles de surréalistes tels que Desnos, Soupault ou Aragon ou encore *Die chaplinade* (1920) d'Ivan Goll, les conférences de Blaise Cendrars sur le cinéma et le *Charlot cubiste* (1924) de Fernand Léger portent aux nues le petit vagabond : « Bien qu'elle ait "découvert" Charlot quatre ou cinq ans après l'homme du peuple, notre avant-garde en a fait sa chose », déclare Desnos dans *Documents* en 1929. Fondane n'échappe pas à cette admiration : « Si le plus grand poète moderne écrit en cinéma, pourquoi pas demain le grand poète dans les machines à coudre, ou dans le journal lumineux, etc. » s'interroge-t-il dans *Integral* en 1927[62]. Pour lui, l'auteur de *L'Émigrant* et de *Charlot noctambule* est un grand poète d'inspiration dadaïste. Mais il admire aussi *Symphonie d'une grande ville* (1927) de Walter Ruttmann et *La Foule* de King Vidor. Tout est désormais susceptible d'être poétique ; mais c'est la magie du film muet qui concentre tous les espoirs. Sa puissance évocatoire, sa capacité à rassembler des millions de spectateurs sont sans équivalent.

En projetant au théâtre des Champs-Élysées – dans le cadre des Ballets suédois de Rolf de Maré – le film *Entr'acte* dans le ballet *Relâche* de Francis Picabia le 5 décembre 1924, sur une musique d'Erik Satie, René Clair a enthousiasmé Fondane qui voit en lui le « Rimbaud du cinéma ». Dans un enchaîné vertigineux, le film accélère des séquences fusionnées, avec des ralentis et des accélérations burlesques où la logique et toutes les conventions bourgeoises sont tournées en dérision avec désinvolture et virtuosité, jusqu'à une séquence finale où un chasseur devenu magicien supprime d'un coup de baguette magique chaque personnage de l'écran, avant de se faire disparaître lui-même. Empruntons un essai de description d'un extrait à Jean Mitry :

> Des gants de boxe en action (blancs sur fond noir) deviennent les lumières d'une capitale à minuit. Les lumières scintillent, vacillent, puis se fondent en un amas de cigarettes enflammées dans les cheveux d'un monsieur qui se gratte la tête. Lequel monsieur joue aux échecs avec un partenaire sur la terrasse du théâtre des Champs-Élysées. Les cigarettes deviennent les colonnes d'un temple grec puis d'un silo, tandis que l'échiquier laisse transparaître la place de la Concorde bientôt fouettée par la pluie. Un jet d'eau tombe sur l'échiquier et disperse les joueurs tandis qu'un petit bateau en papier vogue sur les toits parmi des récifs de cheminée et des vagues de fumée[63].

Cette description montre que l'écriture du scénario (dont Picabia a tracé les grandes lignes) d'un tel film serait déjà proche du poème surréaliste et n'est pas éloignée – hormis la classification en séquences – du ciné-poème. Mais ses auteurs en ont-ils vraiment conscience? « *Entr'acte* ne croit pas à grand chose, au plaisir de la vie peut-être; il croit au plaisir d'inventer, il ne respecte rien si ce n'est le désir d'éclater de rire, car rire, penser, travailler ont une même valeur et sont indispensables l'un à l'autre... [64] » écrivent Picabia et René Clair. C'est pour sa fonction libératoire qu'*Entr'acte* va occuper dans l'anti-esthétique de Fondane le rôle de paradigme cinématographique. C'est que le film muet, dans son développement silencieux, participe d'un voyage intérieur enfin libéré des contraintes rationnelles de la syntaxe et de la logique : il réalise enfin le catastrophique en supprimant « toute logique qui étaye la parole et toute conception de l'humain qui étaye la logique » écrit Fondane dans *Du muet au parlant : grandeur et décadence du cinéma*[65] en 1930. Il est vrai que cet espoir avait été formulé par René Clair dès 1925 : « Les phrases ne pourraient longtemps porter l'illogisme en leur sein sans travailler à leur propre mort. Mais cette suite d'images à laquelle aucun sens absolu ne s'attache et que ne lient pas les vieilles ficelles de la pensée, pourquoi s'embarrasserait-elle d'une logique? »[66] Le muet, délivré de la parole aliénante du social ne va-t-il donc pas libérer le rêve et forcer les portes mystérieuses de la raison?

Le ciné-poème en liberté

À vrai dire, toute l'avant-garde surréaliste partage cet espoir fou dans le cinéma. Les surréalistes se ruent dans les salles obscures, voir les films de Stroheim, des Marx Brothers, de Pabst, de Murnau ou de simples productions populaires, au hasard des salles de cinéma, sans regarder les affiches. Man Ray débarqué de New York tourne *Retour à la raison* (1923), *Emak Bakia* (1926) avec la légendaire Kiki de Montparnasse, *L'Étoile de mer* (1929), longue vision irréelle développée en surimpression sur un poème de Robert Desnos. Ces films, plus convainquants que les essais purement expérimentaux de Fernand Léger tel que

Ballet mécanique (1925) ou que ceux des Allemands Viking Eggeling, Hans Richter ou Walter Ruttmann, se caractérisent tous par une violente perturbation de la rationalité. S'ils ne sont plus de pures œuvres dadaïstes, ils apparaissent comme d'inquiétantes fractures dans le quotidien, des visions surgies de l'inconscient ou du rêve. Pourtant, il est hors de question de désamorcer comme simples rêves ces œuvres d'avant-garde. Artaud s'opposera violemment à ce que *La Coquille et le Clergyman* (1928) réalisé par Germaine Dulac d'après son scénario porte un tel titre. Car le grand espoir que partagent beaucoup est bien d'ordre métaphysique : la poésie est une révolte qui doit transformer le réel. Artaud déclarera dans la *Nouvelle Revue Française* que *Monkey Business* des Marx Brothers représente « un hymne à l'anarchie et à la révolte Intégrale »[67]. C'est ce même espoir de subversion qui anime les différents écrits que Fondane consacre au cinéma à cette époque.

Si au début, la publication des scénarios en revues est un moyen pour attirer des réalisateurs, elle constitue rapidement chez nombre de surréalistes un genre poétique autonome. Si le cinéma montre matériellement ce que la poésie fait voir intérieurement, pourquoi ne pas écrire des scénarios-poèmes, qui, publiés, seraient vus par l'esprit lui-même? La forme du ciné-poème pourrait réclamer du lecteur une lecture « cinématographique ». C'est dans cet esprit que Fondane publie à Bruxelles en 1928 dans les *Documents internationaux de l'esprit nouveau* ses *Trois Scenarii* accompagnés d'une photographie de lui par Man Ray[68]. Le projet, par ailleurs, est simultanément revendiqué par Picabia qui demande à ses lecteurs de tourner pour eux-mêmes « sur l'écran de leur imagination » le scénario de *La Loi d'accomodation chez les borgnes – « Sursum corda »*. Fondane est donc loin de posséder l'exclusivité du ciné-poème. On retrouve de tels scénarios poétiques chez les surréalistes Desnos, Benjamin Péret, Georges Neveux, Georges Ribemont-Dessaignes.

Il ne faut donc pas s'étonner si Fondane, scénariste-poète besognant à la Paramount, publie un véritable manifeste sous la forme d'une introduction à ces ciné-poèmes. Ces derniers seront destinés « à collaborer à la création d'un état provisoire de l'esprit que la mémoire consume avec l'acte de lire ». Nul doute que ces faux-vrais scénarios, bien que numérotés et découpés, ne constituent par leur irrationnalité souvent délirante, leur fantaisie rythmée à la manière des sketchs de Mack Sennett, de Buster Keaton ou des Marx Brothers, un défi ironique aux lois trop contraignantes du cinéma commercial contre lequel Fondane entre en guerre à la suite de René Clair en réclamant un « film pur » ou absolu. Les poètes, eux aussi après tout, pourront avoir leur cinéma en liberté.

Enseignes lumineuses, quais de la Seine, têtes dissociées de leurs corps, femmes mannequins, animaux prodigieux, autobus et jolies femmes valsent en plein Paris dans ces scénarios-poèmes. Avec leur succession très rapide d'images, ils possèdent une poésie assez proche de celle d'un *Chien andalou* de Bunuel. Métamorphoses, flous, multiplication de l'image, décomposition dansante des objets, réitération obsessionnelle d'une image angoissante brisent les principes de continuité et d'identité du réel objectif. Ouvrons au hasard le poème *Barre fixe* :

> 109 une jolie femme s'avance dans l'allée
> 110 une cage vide s'y ouvre
> 111 sa terreur de voir une femme se promener libre dans Paris
> 112 courageusement il se dévêt
> 113 oblige la femme à entrer à coups de cravaches dans la cage
> 114 heureux il la contemple – lui offre un flacon de parfum
> 115 qu'elle respire ; elle lui tend les lèvres
> 116 il s'y risque avec difficulté
> 117 un long baiser

Soudain des procédés plus audacieux brisent la linéarité de l'histoire :

129 il ouvre les draps
130 une bouche qui crie
131 de la bouche sortent de petits zéros de plus en plus nombreux grossissants
132 elle sur une chemise-banknote s'étire
133 l'image de la chambre surimpressionnée par le mot : l'amour en petits caractères qui grossissent à vue d'œil couvrent le champ
134 assis sur la bordure du trottoir les jambes dans la rue le jeune homme pleure
135 en surimpression sur lui les roues des autos les autobus les jambes humaines
136 il se voit les yeux ouverts couvert par un troupeau de vaches…

Dans ces ciné-poèmes, l'image fait appel au quotidien le plus ordinaire avec une plongée dans un absurde qui accroche au passage le cléricalisme et le régime parlementaire français. Mais loin de constituer une nouvelle esthétique, ces scénarios sont conçus comme des percées métaphysiques vers une autre dimension du réel.

On peut affirmer d'eux ce que Fondane déclare des films purs en juillet 1929 à Buenos Aires : « Ce sont de nouveaux moyens de connaissance et dans leur désœuvrement manifeste, leur difformité, leur nu, le sentiment tragique humain s'ébauche devant vous, il s'exprime par des images dont l'intolérance n'est qu'apparente – il se réclame de l'humour dont il relève »[69]. Là encore, le rêve d'un « cinéma pur » participe largement à sa dimension muette. À l'opposé du théâtre, du divertissement et de l'anecdotique, il offre une échappée hors du logique induit par la syntaxe verbale ; libéré du scénario ou de l'adaptation, le film pur commence selon l'expression de René Clair « dès qu'une sensation est produite sur le spectateur à l'aide de moyens purement visuels »[70].

À Buenos Aires, l'originalité de Fondane consiste à reprendre la notion de film pur pour l'insérer dans le contexte d'une véritable crise de la culture européenne. C'est une furieuse attaque contre la raison, « la main qui triche » qui déréalise le concret et fausse le sens profond du réel par l'idéalisme. Les nouvelles expériences cinématographiques participent d'une pensée libérée des catégories, une pensée à l'état brut. Ainsi, l'humour tragique de Chaplin « le grand tragique de notre temps, le mime frugal et gueux » acquiert-il la valeur d'une libération existentielle. C'est donc déjà une lutte contre la finitude humaine qui se profile dans l'imaginaire débridé du cinéma, dans ses possibilités infinies de bouffonneries, d'humour, d'enfance et de subversion. Mais c'est aussi une lutte désespérée qui s'annonce car « plus au lasso, on chassera la vie en liberté, plus l'automatisme de la raison de notre raison humaine, rejaillira de toutes parts, le débordera de toutes parts, angoissant, carré, immense ».

La magie est-elle finie ?

En 1928, un coup de tonnerre éclate dans le ciel du cinéma : le parlant arrive en Europe à partir des États-Unis. On sait la révolution que cette innovation technique entraîna auprès des grands acteurs du muet dont les voix n'avaient souvent ni la séduction ni l'accent requis pour apparaître à l'écran. Ce sont les doutes du grand Chaplin lui-même qui symbolisent la crise. Pour Fondane, l'usage du sous-titre explicatif entre les séquences du film muet est déjà une chute dans le logique, un appauvrissement du rêve. L'apparition du dialogue rapproche soudain cet art mystérieux, hypnotique et silencieux qu'est le cinéma muet du théâtre, du music-hall et de l'opérette. « Tout était devenu paroles ; la guerre, née et bercée dans les paroles, avait fini par en percer la nocivité [...] les mots avaient fini par rendre tout dérisoire : l'amour, l'espoir, l'aventure, le sublime »[71] écrit Fondane dans la revue *Sur* en 1931. En bref, la sémiotique visuelle propre au cinéma muet qui possédait son autonomie retombe dans le piège d'une logique triviale du dialogue, appauvrissant ses moyens propres d'expression : « Une grande partie du poème est sur le seuil du suicide » affirme t-il dans *Bifur* en 1930[72].

Ne nous trompons pas : c'est la réaction de toute une génération : pour René Clair le parlant est un « monstre redoutable, création contre nature ». Il est à craindre, écrit-il que « la précision de l'expression verbale ne chasse la poésie de l'écran comme elle en chasse l'atmosphère du rêve. Les paroles imaginaires que nous prêtions à ces êtres muets seront toujours plus belles que toutes les phrases réelles. *Les héros de l'écran parlaient à l'imagination avec la complicité du silence*. Demain ils diront à nos oreilles des sottises que nous ne pourrons ne pas entendre »[73]. Alexandre Arnoux rédacteur en chef de *Pour vous* assistant à la projection de l'un des premiers films parlants à Londres dénonce « une sauvage invention » qui relègue la parole, « ce vieil esclavage humain », loin de l'art merveilleux du muet[74]. Quant à André Breton, estimant en 1930 qu'il s'agit d'une « régression désolante vers le théâtre » et de l'abandon d'un art « merveilleusement universel », d'un « effort pour ruiner chez le spectateur toute possibilité de recueillement », il ajoute : « je n'ai aucune envie de connaître la voix de Charlie Chaplin »[75].

La magie est-elle donc finie? Ne va-t-on pas définitivement désenchanter le rêve éveillé que représente le film muet? Le cinéma par excellence, c'est toujours le « film pur », celui de l'avant-garde surréaliste représentée par Man Ray et Buñuel. Les multiples prises de position de Fondane, dans les *Cahiers de l'Étoile*, *Bifur*, *L'Intransigeant*, *Sur* ou les *Cahiers jaunes*, déplorent la vénalité du cinéma commercial et les règles de l'industrie cinématographique qui semblent condamner le nouvel art[76]. Reste Chaplin et le rêve d'une poésie visuelle. Dans *Du muet au parlant : grandeur et décadence du cinéma* (1930), il entrevoit un usage différent du parlant : ni mimétique, ni explicative, la parole serait une surimpression de l'image, l'enrichissant de son pouvoir évocatoire et réintroduisant dans le film la puissance de la surprise et du hasard. Retrouvant par contraste de nouvelles possibilités de silence, le film parlant retrouverait ainsi son « pouvoir hypnotique ».

Fondane, loin de se maintenir dans une position passéiste, tente donc d'envisager une synthèse des richesses sémiotiques du cinéma muet et des nouvelles possibilités poétiques du cinéma parlant comme le fera René Clair dans son film *Sous les toits de Paris*. Ses intuitions sur le décalage entre l'image et le son anticipent sur certains films de Marguerite Duras ou de Wim Wenders.

L'expérience de *Rapt*

Le dilemne muet-parlant n'est pas seulement théorique. Fondane est entré comme scénariste aux Studios Paramount de Joinville-le-Pont en 1930, voué à un travail de routine qui est fort loin de correspondre à sa conception du cinéma. Mais s'il a écrit – assure-t-il – plus de cent scénarios de films de commande, il peut fréquenter par là-même le monde des acteurs et des actrices ; il peut probablement aussi assister à la vie des studios, à certains tournages, au montage des films et rencontrer des réalisateurs. Le grand espoir de faire de la poésie en cinéma ne l'abandonne pas.

En 1933, la chance se présente. Le réalisateur d'origine estonienne Dimitri Kirsanoff – de son vrai nom David Kaplan – entreprend de réaliser le film *Rapt* d'après le roman *La Séparation des races* de l'écrivain suisse C. F. Ramuz. Fondane en rédige l'adaptation en collaboration avec le Dr Stéphane Markus. Le tournage du film, produit par la société Mentor Film, est amorcé en septembre 1933 dans les Alpes suisses, près du village de Lens, à 1 250 m d'altitude, à Loèche et à la Gemni et durera jusqu'à l'automne.

L'intrigue relate la lutte âpre et violente que se livrent les villages de deux vallées ennemies. Firmin enlève une fille dans le camp des Bernois, provoquant un affrontement avec les valaisans qui se termine par un incendie que Manu, l'idiot du village a allumé et la mort tragique des amants. La distribution du film avec Dita Parlo (Elsi, fiancée de Hans), Vital (le fermier valaisan), et Dyk Rudens (Hans), Auguste Bovério (le colporteur), Luca Gridoux (Manu, le fou du village), Nadia Sibirskaia (Jeanne, fiancée de Firmin) engage des acteurs déjà connus et expérimentés. La musique est confiée à Arthur Honegger.

B. Fondane et C. F. Ramuz
lors du tournage du film « Rapt » (1933).

Le film fut tourné dans une ambiance joyeuse et enthousiaste par une équipe escaladant les alpages. Fondane, bien qu'en principe seulement scénariste, accompagne de bout en bout le tournage, conseillant, aidant, observant à loisir les procédés techniques utilisés. De nombreuses photographies de tournage le montrent en élégant costume de golf, mêlé aux acteurs, aux côtés de Kirsanoff, portant la caméra, participant avec une évidente allégresse. Ramuz lui-même, dont le roman a subi des modifications substantielles, vient assister au tournage avec sa fille Marianne et y joue même un rôle de figurant.

Mais Kirsanoff, venant du cinéma muet, imprime au film une expressivité et un rythme saccadé au montage du film qui, s'il épouse l'âpreté du roman de Ramuz, ne répondra guère aux attentes des spectateurs. Les dialogues, extrêmement réduits, sont remplacés par une atmosphère sonore dramatique. La musique d'Honegger amplifie le caractère tragique de cette lutte paysanne et la puissance des éléments naturels. Enfin, les figurants choisis parmi les paysans du village apportent un caractère brut supplémentaire au film.

Il serait sans doute exagéré de chercher une trace de l'univers poétique de Fondane dans *Rapt*. Le monde tellurique et instinctuel de Ramuz lui est propre. Si ce dernier avait rêvé d'un film différent, imprégné de vues aériennes montrant la puissance écrasante et déterminante de la montagne[77], il présenta à plusieurs reprises le film en Suisse. Pourtant, les nombreux entretiens donnés à la presse de l'époque attestent que Fondane s'appropria quasiment la paternité du film, avouant être intervenu dans le choix des acteurs, et « avoir fait un peu l'assistant ». Ces entretiens donnés par le jeune théoricien de cinéma provoquèrent une vive réaction d'impatience de la part de Kirsanoff qui lui demanda de publier une rectification dans les journaux. Cette dissension – momentanée – montre surtout que Fondane espérait prendre appui sur l'aventure de *Rapt* pour consolider sa carrière cinématographique.

Lors de la projection du film en avant-première à Lausanne, puis le 28 décembre 1934 à Paris au Ciné-Panthéon, et l'année suivante à Londres et Zurich, ces audaces déconcertèrent le public. La maison de production fit faillite et le film ne reçut qu'un succès d'estime auprès du public spécialisé en tant que film d'art, qui le rapprochèrent des œuvres de Jean Vigo ou de Grémillon. Avec la montée du nazisme et les tensions de la politique internationale, un tel film répondait assez peu au genre de divertissement attendu par le grand public[78]. Le thème d'une « séparation des races » lui-même faisait écho à l'agressivité nationaliste et à l'antisémitisme allemand, bien que ses concepteurs, au témoignage de Fondane, aient tout fait pour en atténuer les effets. D'autre part, l'expressivité pathétique des acteurs ne semble-t-elle pas encore appartenir au cinéma muet ? Kirsanoff et Fondane, en pariant sur un cinéma sonore plutôt que parlant, ne s'étaient-ils pas trompés ? Alors que les films de Pagnol, qui s'était fait le champion du cinéma parlant, triomphaient en France, le grand public ne pouvait que bouder ce qu'il devait ressentir comme appartenant déjà au cinéma de l'ancienne génération.

VI.

Sur les rives de l'Ilissus

En 1924, à Paris, dans le salon de Jules de Gaultier, le théoricien du bovarysme, Benjamin Fondane est présenté à un grand homme sec, ironique et souriant : c'est le philosophe russe Léon Chestov. L'homme ne lui est pas entièrement inconnu puisqu'en Roumanie, sans savoir s'il était encore en vie, il avait consacré une série de chroniques à ses *Révélations de la mort* (Plon, 1923). Il faudra quatre ans pour qu'un simple coup de foudre d'amitié devienne une véritable conversion, au sens platonicien. Quatre années pour que la révolte du dadaïsme, avec sa puissance destructrice et sa passion de l'absurde, fusionne avec la révolte chestovienne.

La conversion philosophique

Au début de 1927, Fondane qui « traverse pieds nus la crise morale de ce siècle » hésite encore « avec une peur pleine de délices » à suivre le maître[79]. Car cela n'implique-t-il pas qu'il accepte d'entrer dans une zone tragique de l'existence ? « Quel est l'homme qui, par amour de la vérité, oserait se souhaiter, à lui-même, de tels désastres ? Qui, de plein gré, accepterait d'être son disciple ? »[80] Mais bientôt sa révolte va épouser la défense passionnée de l'existence contre les puissances négatrices du spéculatif. Peu à peu, va s'imposer sa conviction profonde que la rationalité a déréalisé l'existence, subverti le langage, inversé le monde des concepts et le monde réel, nié la personne avec ses contingences, son irrationalité, sa soif d'infini et en quelque sorte tué rationnellement le Dieu de la Bible. Suivre Chestov, c'est donc à la fois entrer dans une violente lutte pour restaurer les droits de l'existence perdue et réhabiliter une dimension religieuse fort étrangère au dadaïsme.

Peu à peu, et parmi ses multiples activités cinématographiques, poétiques et littéraires, Fondane se rend au domicile du maître rue de l'Abbé-Grégoire, et de plus en plus assidûment :

> Inoubliable après-midi ! À peine étais-je arrivé, Chestov préparait le thé, et, je ne sais comment, les premières banalités échangées, les événements du jour exfoliés, le crépuscule nous trouvait en pleine marée, en plein dialogue philosophique ! Dialogue ? Je me flatte ! c'était un monologue, un soliloque, j'étais à peine présent, un véritable dialogue de l'âme avec elle-même ![81]

Conversion : le mot n'est pas trop fort pour la transformation d'un poète en un philosophe qui polémiquera avec Jean Wahl, Jacques Maritain, Husserl, Albert Camus, Jean Grenier et Rachel Bespaloff. Cette conversion implique davantage que des connaissances : une compréhension intime des questions et une transformation de l'âme. La pensée de Chestov, mobile, inquiète, prompte à se hasarder aux confins du pensable s'appuie sur les textes allemands, grecs, latins des auteurs classiques pour mettre en question l'existence de celui qui pense. Avant tout quelle est la valeur d'une philosophie non vécue? L'injonction ici encore est socratique; elle traversera toute la philosophie existentielle de Fondane, et imprègnera son style, sa polémique, sa dialectique serrée, impliquant jusqu'au bout, comme chez le philosophe d'Athènes, une fidélité ironique de sa vie à l'égard de sa pensée.

À cette époque, d'autres groupes d'avant-garde cherchent à étayer leur révolte soit sur la philosophie indienne comme René Daumal et Rolland de Renéville du Grand Jeu, soit comme le poète Joë Bousquet et Carlo Suarès sur un cocktail combinant l'hégélianisme et le spiritualisme de Krishnamurti! Au moment où Fondane rédige ses essais sur Brancusi, Chagall ou Le Corbusier, il travaille aussi à un *Faux Traité d'esthétique* dont les premières versions manquent d'assises théoriques. Comment penser ontologiquement les grandes révoltes poétiques de Rimbaud et de Baudelaire? Il est hors de question de se tourner vers Hegel et le matérialisme dialectique de Marx comme les surréalistes. Rien ne répugne plus à Fondane que cette rationalisation de l'irrationnel. Il faut à sa révolte une théorie de la subversion qui puisse couler, comme le dadaïsme l'avait tenté par l'anti-art, le navire de l'humanisme occidental, « un acte de piraterie métaphysique » comme l'écrira Fondane dans son introduction à *La Conscience malheureuse* (1936). Or, cette subversion, Chestov l'accomplissait de livre en livre, dans une solitude quasi totale. Dès lors la conversion était possible : « Il me fit comprendre que la bonne voie n'était pas celle que j'avais suivie : dédaigner la spéculation; qu'il fallait, tout au contraire, aller aux sources du conflit, provoquer le Minotaure *chez lui*. Il parlait... et tout à coup, le Musée Grévin poussiéreux qui, jusque là, avait figuré l'histoire de la philosophie, se réveilla de façon hallucinante. »[82]

Fondane, qui n'a lu avec quelque solidité que les penseurs juifs, Nietzsche, Jules de Gaultier et probablement aussi du Bergson, dévore une bibliothèque de philosophie, attaque Platon, Kant et Spinoza, découvre les philosophes existentiels des années trente : Max Scheler, Gabriel Marcel, Jaspers, Heidegger. La tâche n'est pas mince : il va s'agir de combattre Husserl, Heidegger, Wahl, Freud et surtout le système hégélien qui fera bientôt fureur à Paris avec les leçons de Kojève sur la *Phénoménologie de l'esprit*.

Tant que la mort est là…

Né à Kiev le 13 février 1866, Léon Chestov avait fait des études de mathématiques et de droit à Moscou, avant de se tourner en autodidacte vers la philosophie. Ses livres avaient été édités en russe avant la guerre de 14-18, tandis qu'il menait une vie errante à travers l'Europe en Italie, en Suisse et en Allemagne. Rentré à Moscou de 1914 à 1920 sous le pouvoir soviétique, il reprend l'exil pour s'installer à Paris où il donne des cours de philosophie à l'Institut d'Études slaves. En 1929, il n'est nullement inconnu en France. Depuis 1920, les éditeurs Plon, Grasset ou Gallimard publient ses livres, traduits par le musicologue Boris de Schloezer. Son livre sur Pascal : *La Nuit de Gethsemani* (Grasset, 1923) et un volume de *Pages choisies* (Gallimard, 1931) ont rendu accessible sa pensée.

Dans ces œuvres, l'herméneutique littéraire (Tchekhov, Shakespeare, Dostoïevski) et philosophique (Pascal, Nietzsche, Kierkegaard) sert de base de questionnement pour desceller progressivement les fondements de la rationalité. Le doute chestovien déconstruit le rationalisme des systèmes philosophiques de Descartes, Kant, Leibniz, Hegel ou Husserl en luttant contre l'hégémonie spéculative dans une existence concrète : celle de Dostoïevski, de Pascal, de Luther, de Nietzsche ou plus tard, de Kierkegaard. Cette stratégie subversive, exprimée dans un style d'une grande élégance, offrait peu de prise au débat philosophique lui-même puisqu'il mêlait des arguments « bibliques » à l'exégèse philosophique. Car sa finalité ultime – ce que Chestov appelle *to Timiotaton* (le plus important) est religieuse. Le royaume de Dieu s'obtient par la violence ; il s'agit de dégager peu à peu la possibilité de Dieu dans un Occident qui a, au cours de ce que l'on a appelé la révolution galiléenne, désacralisé l'univers.

Dans l'œuvre de Chestov, la rationalité, tant dans la vie empirique que dans la conscience réflexive, édifie une vaste prison. La raison est une Méduse qui pétrifie ceux qui la regardent, une Circé, ou encore une sirène dont les chants sont mortels pour celui qui les écoute. La plupart des systèmes philosophiques ont tous plus ou moins tenté d'édifier leurs épistémologies sur un socle rationnel commun. De là, plus où moins, s'ensuit une attitude commune vis-à-vis de l'éthique : dans la tradition de la *phronesis* grecque, la philosophie implique d'Aristote à Kant une acceptation de la finitude humaine.

Or la révolte chestovienne commence précisément ici, lorsque la finitude humaine est en question : « Ce n'est que lorsque l'homme veut l'impossible qu'il se tourne vers Dieu. Pour obtenir le possible, il s'adresse à ses semblables » écrit-il dans les *Exercitia spiritualia*[83]. L'impossible : c'est-à-dire en premier lieu l'irrévocabilité de la mort : « Comment t'eussè-je édifié une sagesse, une connaissance, une métaphysique – tant que la mort est là et que nous ne sommes pas des dieux ? » s'exclame Fondane dans une prière fervente au *Deus absconditus* dans *Sur les rives de l'Ilissus*[84].

Mais cet espoir vers l'impossible se nourrit aussi de la nostalgie du paradis perdu, de l'immédiateté et de la plénitude originelle d'avant la chute spéculative. Des fulgurations brisent à de rares moments l'enchantement du monde, opposant à la logique « le tonnerre », en ce qui ressemble, il faut bien le reconnaître, à des moments de folie sacrée. Ces coups de sonde dans une autre dimension de la pensée, Chestov en retrouve les indices voilés dans les œuvres de Tchekhov, de Dostoïevski, de Nietzsche ou de Pascal. Cette position sceptique n'a rien de confortable puisqu'en coupant peu à peu la branche logique sur laquelle il est assis, le philosophe chestovien est sans cesse menacé par l'auto-contradiction performative ou par le silence. Enfin, cette critique des évidences ne risque-t-elle pas de déraciner les principes rationnels de l'éthique ?

Aussi une telle herméneutique religieuse n'est-elle pas sans rencontrer de puissantes résistances dans le paysage philosophique des années trente. Nombreux sont ceux qui s'en s'éloignent avec effroi dès qu'ils en comprennent le risque de nihilisme. Si Jacques Maritain, Jean Grenier, Berdiaev, Rachel Bespaloff, Gabriel Marcel, Albert Camus ou Emmanuel Mounier admirent ses livres, c'est pour reculer la plupart du temps devant son irrationalisme désespéré. Car en libérant son concept de Dieu des perfections divines et de la théorie des vérités éternelles de la théodicée classique, le Dieu de Chestov se retrouve situé au-delà du bien et du mal, capable d'arbitraire et d'absurde. N'est-ce pas là un dieu barbare, incompréhensible, éloigné de toute médiation possible avec l'homme ?

N'oublions pas que les doctrines fascistes qui font le jeu des nationalismes sont assimilées à cette époque aux valeurs irrationnelles de la terre, du peuple, de la race ou de l'instinct, privilégiant la force sur les droits de l'homme. Un marxiste comme Garaudy, un néo-thomiste comme Maritain, mais aussi les tenants de l'humanisme traditionnel comme Jean Grenier ou Albert Camus condamneront sans appel le Dieu arbitraire et incompréhensible de Chestov.

Pourtant, cette lutte s'enracine dans une défense passionnée pour la dignité de l'existant. C'est une révolte contre le mal qui le conduit à nier l'irrévocabilité du malheur pour accuser la raison, qui, par un péché originel de la connaissance logique, aurait occulté les pouvoirs réels de l'homme. Défendre une éthique vivante en déconstruisant le fondement rationnel de éthique : telle sera l'ambiguité permanente du discours chestovien et peut-être sa tragédie.

Guerrier dans l'arène des lettres

À partir de 1934, Fondane, trouvant le vieux maître « dans une solitude terrifiante », entreprend de noter avec ferveur ses entretiens avec lui. Ce témoignage unique deviendra la matière des *Rencontres avec Léon Chestov* (1982). Au cours des années trente, il devient donc une sorte d'ambassadeur de Chestov, donnant à Buenos Aires en 1929 un exposé de la doctrine, la propageant sous forme d'essais dans de grandes revues françaises : la *Revue philosophique* que dirige Lévy-Bruhl, *Europe*, et bientôt les *Cahiers du Sud* que Jean Ballard dirige à Marseille, et qui bénéficient d'un prestige comparable à la *Nouvelle Revue Française* dans les années trente. Le poète Joë Bousquet, paralysé dans sa chambre à Carcassonne, a recommandé à Ballard l'impétueux Fondane. S'imposant immédiatement par la publication de son essai : *Martin Heidegger : sur les routes de Dostoievski* (1932), il va tenir en quelques années la rubrique : « la philosophie vivante » aux *Cahiers du Sud*. Cela lui assurera jusqu'en 1940 une audience considérable, bien que toujours insuffisante à son gré. Si Jean Ballard se réjouit de la plume véhémente, ironique et musclée de son chroniqueur, il semble ne pas avoir décelé toute la portée subversive du discours existentiel qui ne s'affirmera dans toute sa radicalité qu'à l'approche de la guerre.

En outre, une amitié chaleureuse, dont témoigne une abondante correspondance, ne tarde pas à naître avec le directeur des *Cahiers du Sud*. Ballard n'hésite pas à lancer une souscription pour rassembler les fonds nécessaires à la nationalisation de l'étranger qu'est toujours Fondane en 1938. Si, au comité de rédaction des *Cahiers du Sud*, sa poésie, avec ses disharmonies expressionnistes et ses violences, déconcerte René Berthelé, Léon Gabriel Gros et Ballard, sa philosophie s'intègre aux philosophies existentielles en vogue : celles de Karl Jaspers, de Kierkegaard, d'Heidegger et de Jean Wahl.

Benjamin Fondane accompagné d'un enfant.

Mais comment Fondane, toujours bouillant d'idées nouvelles, pourrait-il accepter le rôle d'un simple vulgarisateur de la pensée chestovienne ? Dès 1927, il propose au maître « de l'intéresser à Rimbaud »[85]. Si Chestov avait développé ce que nous pouvons appeler une *herméneutique existentielle* des textes littéraires, appliquée à Tchekhov ou Dostoïevski, il n'avait jamais pensé l'appliquer – à l'exception de quelques notes sur la poésie de Pouchkine dans *Le Pouvoir des clefs* – à la poésie, et encore moins en tirer une *poétique existentielle*, une anti-esthétique qui aurait été l'équivalent de l'anti-philosophie chestovienne. Ainsi, c'est la mise en contact de l'esprit des avant-gardes avec la philosophie chestovienne qui va permettre la rédaction de *Rimbaud le voyou* (1933) et du *Faux Traité d'esthétique* (1938).

VII.

Nuages d'Amérique

Dans le Paris foisonnant des années trente, une belle et riche sud-américaine débarque en 1929, impatiente de rencontrer les écrivains et les poètes qui défrayent la vie mondaine. Elle s'appelle Victoria Ocampo. Mécène, polyglotte, cultivée, celle qui deviendra la grande dame des lettres argentines a à cœur de participer à la vie intellectuelle française et de nouer des liens culturels avec la vieille Europe. Le comte de Keyserling lui avait conseillé de faire la connaissance de Léon Chestov. C'est chez lui qu'elle rencontra Fondane accompagnée du philosophe espagnol Ortega y Gasset : « Comme nous entrions dans l'ascenseur, un homme jeune, coiffé d'un béret et portant des gants et une écharpe de laine de couleurs criardes (vert ou orange) nous suivit. Il avait des yeux légèrement obliques, une allure désinvolte [...] Quand la porte de l'appartement s'ouvrit, Chestov nous présenta l'inconnu presque sur le seuil : Benjamin Fondane »[86]. Leur première discussion porte sur le tango argentin – « J'étais une argentine habillée par Chanel qui s'y connaissait en tangos, point c'est tout » dira modestement Victoria. C'est elle qui prendra soin du manuscrit des *Rencontres avec Léon Chestov* après la guerre.

Une amitié commence. N'est-elle pas sud-américaine, riche, intelligente et ironique, bref une mécène capable d'ouvrir des horizons nouveaux? Fondane se joint fréquemment à ses amis rue d'Artois à Paris, discutant âprement avec Drieu La Rochelle qui est devenu l'amant de Victoria. Elle se souviendra de Fondane la raccompagnant à la gare du Nord en compagnie de Drieu et du jeune Jacques Lacan[87]. Lorsque Victoria décide en 1929 d'organiser des conférences à Buenos Aires sous les auspices de la société *Amigos del Arte*, elle invite Fondane à venir à son tour en Argentine pour y faire des conférences et y présenter des films d'avant-garde. En juillet 1929, Fondane s'embarque à Marseille sur le *Mendoza* à destination de Buenos Aires.

L'Argentine en 1929, c'est un mythe qui associe la pampa des films, le tango – Carlos Gardel vient de triompher à Paris – au mythe des grandes fortunes. C'est encore un pays prospère, juste avant l'effondrement économique qui suivra le crack boursier d'octobre 1929, et le renversement du président Yrigoyen par le coup d'État militaire en septembre 1930. C'est aussi un pays peuplé par près de six millions d'espagnols, d'italiens et d'émigrants d'Europe centrale. À cette époque, le voyage est encore une véritable odyssée : escales à Dakar et Rio de Janeiro. Trois semaines de navigation. On imagine combien ce voyage pouvait marquer un poète hanté depuis longtemps par la figure d'Ulysse. Le voyage éveille soudain en lui les figures ancestrales de la diaspora juive et le replonge dans une mobilité perpétuelle : « J'entre dans le mouvement qui me fuit, et j'ai peur,/mes mains, mes mains et ce qu'elles tiennent du monde./ Dans le passé sanglote une bouche ouverte, ce n'est qu'une chanson pour le pays des ombres… » écrit-t-il à bord du Mendoza le 30 juillet 1929[88]. N'est-il pas lui aussi un émigrant, un juif errant ?

> Et, que cela ne mène qu'aux terres inhumaines,
> qu'aux ports désaccordés comme de vieux pianos
> et qu'il faille carder, sur des métiers nouveaux
> la trame usée du même…
> Qu'il ferait bon téter ton lait sauvage, ô vie,
> que des clous seraient bons pour raviver le sang
> qu'une tempête serait bienvenue, violente,
> une tempête, une émeute.
> J'ai soif de toi, échevelée,
> pendant que mon œil fuit
> le blanc vol de mouettes
> douces comme un sanglot irréel de la chair[89].

Il commence à écrire en pleine mer le grand poème *Ulysse* (1933). Le navire qui fend les vagues dans la nuit ne donne-t-il pas la forme mystérieuse de toute existence humaine ? Tous les poèmes de Benjamin Fondane sont des traversées métaphoriques de l'existence. À cet égard, il appartient à une lignée de marins métaphysiques qui rassemblerait entre autres Herman Melville, Joseph Conrad, Blaise Cendrars, Saint-John Perse, Witold Gombrowicz et Henri Michaux dont les traversées affrontent les tempêtes des passions humaines, le sens de l'exil ou l'absurde du monde. Ce n'est pas un hasard si la voix du poète reprendra son vol en pleine mer, au cours d'un second voyage en Argentine, en 1936, pour écrire *Titanic* (1937).

Un nouveau visage de Dieu

Accueilli par Victoria Ocampo à Buenos Aires, Fondane donne une présentation de films d'avant-garde, probablement *L'Étoile de mer* (1928) de Man Ray sur un poème de Robert Desnos, *La Coquille et le Clergyman* (1928) de Germaine

Dulac sur un scénario d'Artaud et *Entr'acte* de René Clair. Le texte en sera publié en espagnol dans le numéro 3 de la revue *Síntesis* en septembre 1929 sous le titre « Présentation de films purs ». Mais le 12 septembre, lorsqu'il prend la parole à l'Université de lettres de Buenos Aires, c'est de la philosophie de Léon Chestov qu'il parle sous le titre : « Un nouveau visage de Dieu, Léon Chestov mystique russe »[90]. Fort de ses deux articles qui viennent de paraître dans *Europe* : en janvier « Un philosophe tragique : Léon Chestov » et en juin « Edmond Husserl et l'œuf de Colomb du réel », il peut présenter aux étudiants argentins la « lutte serrée, âpre, violente » de Chestov contre les évidences. Existe-t-il un lien entre le jeune représentant de l'avant-garde cinématographique et le vibrant plaidoyer en faveur de la philosophie de la tragédie du maître russe ?

« Si l'escalier sans issue menait vraiment quelque part ? »[91] interroge le poète. C'est la fonction « catastrophiste » du concept d'absurde qui va lier le dadaïsme et le chestovisme. La valorisation de l'absurde, le surgissement de l'irrationnel dans l'acte poétique post-dadaïste constituait à la fois un acte de subversion pure et un immense espoir de liberté. Mais l'horizon religieux en était quasiment absent. Il ne faut donc nous étonner si Fondane réalise peu à peu de 1924 à 1929 une jonction entre la poétique de la révolte et l'irrationalisme chestovien. Cette fusion va progressivement coïncider avec le constat d'une *crise de réalité* au sein de la culture occidentale. La rationalité déréalise l'individu par ses abstractions logiques, mais elle déréalise aussi son rapport à Dieu : « Cette philosophie impossible et cette épreuve douloureuse, cette recherche, Chestov veut bien l'appeler Dieu. Mais il a soin auparavant de dénombrer les mobiles pour lesquels nous avons tué Dieu... »[92] Dès lors, l'absurde est devenu une voie métaphysique et religieuse conduisant à « un nouveau visage de Dieu ».

Un pays de chevaux libres...

Lorsque Benjamin Fondane revient en France en octobre 1929, l'aventure sud-américaine n'est pas terminée. À peine arrivé, il écrit une lettre lyrique à la gloire de la belle mécène : « Victoria des êtres purs et lisses. Victoria des feux follets de l'esprit. Victoria des lampes douces du sang, Victoria des parcs frais comme des cuisses d'ange, Victoria des rires fortifiants et des silences pour plus tard... ». Lui envoya-t-il ce qui ressemble fort à une déclaration amoureuse? Il envisage même de lui dédicacer une première version de *Rimbaud le voyou;* ce qu'elle refusera. Entre ses voyages en Europe, Victoria Ocampo a créé la prestigieuse revue *Sur* à Buenos Aires et le cinéaste-poète-philosophe s'empresse d'y publier ses essais philosophiques qui y paraîtront régulièrement en traduction de 1931 à 1940[93].

À cette période, la montée du nazisme, l'antisémitisme en Europe et les menaces de guerre le poussent à envisager un nouvel exil en Argentine. Il possède des contacts avec les sud-américains à Paris, Delia del Carril, la comtesse Isabelle de Dato, Edmont de Narval, directeur de *La Revue argentine* à Paris où il publiera quelques poèmes. Le premier numéro de *Sur* (été 1931) contient un article de Fondane : « El cinema en el atolladero » (« le cinéma dans l'impasse »). En mai 1934, il envisage d'adapter au cinéma le roman de Ricardo Guiraldes *Don Segundo Sombra* pour réaliser un grand film argentin, une « ode à la pampa », et propose une collaboration à Victoria. Le projet est même publié dans *La Revue Argentine* en novembre 1934 : « Il y a là comme un secret, comme un trésor enfoui, qui n'attend que la pelle d'un chercheur. »[94] Mais, faute d'argent et des autorisations nécessaires, ce film « de la pauvreté absolue » ne sera jamais réalisé. Il faut attendre 1936 pour que Fondane retourne en Argentine pour tourner *Tararira*. Dans *La Revue Argentine*, Fondane n'avait-il pas écrit :

je suis un étranger je le sais
je n'ai pas de patrie attachée à mes pieds
plus rien qui me retienne à quelques quais du vide
puisses-tu me mener en laisse par la main
puisses-tu émouvoir mon pauvre cœur d'Asie
n'es-tu pas une terre absurde, une oasis
un pays de chevaux libres de toute bride ?

oubli de tout, de rien, nuages d'Amérique –[95]

VIII.

Je porte plainte en escroquerie contre André Breton...

Le 14 février 1930, André Breton suivi de Char, Aragon et Éluard et de quelques autres surréalistes entrent au bar Maldoror à Montparnasse et déclenchent une bagarre pour protester contre la récupération commerciale du comte de Lautréamont. Fondane est présent dans la salle et le raconte à Claude Sernet : « Breton, Aragon, Thirion, etc. sont entrés dedans en coup de vent ; on en est vite venus aux poings ; je me trouvais dans la salle ; les femmes, sur les tables, jetaient des assiettes et des bouteilles tant sur les agresseurs que sur les défenseurs, dont j'étais... je me suis battu contre Breton, personnellement. Il était entré en disant, après force coups échangés : « je suis invité par le comte de Lautréamont, cette maison nous appartient ». Cette bagarre illustre une longue série de conflits avec le surréalisme.

Les surréalistes n'ont-ils pas trahi la révolte de l'esprit dadaïste en adhérant au Parti communiste français au début de l'année 1927 ? André Breton, Benjamin Péret, Pierre Unik, Éluard et Louis Aragon se sont en effet inscrits au P.C.F., non sans peine et non sans ambiguités. Depuis 1925, le groupe s'était rapproché du journal communiste *Clarté*, en réaction à la guerre coloniale au Maroc, dite guerre du Rif. Car ils ne cessent de proclamer qu'ils veulent la révolution, mais l'Internationale communiste est hostile aux avant-gardes et le fait savoir, en premier lieu par la voix d'Henri Barbusse qui assume la direction littéraire de *L'Humanité*. Quant aux Soviétiques, ils n'ont que méfiance envers la nouvelle littérature, source d'anarchisme politique et culturel, et lui préfèrent une « littérature prolétarienne ».

L'ambiguité politique du surréalisme

Les événements s'étaient accélérés lorsqu'en décembre 1926, Breton avait publié le pamphlet *Légitime défense* dans le numéro 8 de *La Révolution surréaliste.* Ce texte réagissait à la politique culturelle d'Henri Barbusse, directeur de la page littéraire de *L'Humanité*, qui, dans ses chroniques de septembre 1926, avait volontairement placé les espoirs du Parti en la génération, « digne d'être qualifiée de révolutionnaire », de Jules Supervielle, Claudel, Paul Morand, Giraudoux, et Jean Cocteau… ! Le texte de Breton répondait aussi à la brochure de Pierre Naville (caché sous la signature A. D.) : *La Révolution et les intellectuels. Que peuvent faire les surréalistes ?* diffusée au cours de l'été 1926. Le passage d'une révolte anarchisante à une reconstruction du monde, sur des bases marxistes, s'y avérait inévitable.

La situation entre les surréalistes et le parti communiste est alors vécue par Breton comme un échec et une incompréhension ; la revue *La Guerre civile*, un moment envisagée avec une collaboration des surréalistes, a été mise en échec par le bureau politique du Parti. Pourtant, cela ne décourage pas le groupe surréaliste qui adhère après de longues tergiversations. Pourtant le malentendu était profond et durable : le progressisme, le réalisme social, le message idéologique, le moralisme et l'attachement du Parti aux formes littéraires de la nouvelle et du roman ne pouvaient que le séparer de la grande insurrection des avant-gardes. La brochure de Pierre Naville posait de façon aigüe la question du passage d'une révolte de l'esprit à une révolution sociale et politique. Suffisait-il d'en appeler, comme Breton, au merveilleux, pour dissiper les antagonismes entre le monde de l'esprit et le monde matériel, entre le rêve et la réalité ?

C'est précisément ce qui pousse Fondane à publier dans le numéro 12 d'*Integral* en avril 1927 une prise de position intitulée *Les surréalistes et la révolution*, dont on s'étonne qu'elle ne soit pas devenue partie prenante dans le débat public. Comment la transformation d'une suppression de la réalité euclidienne par le rêve en une « métaphysique intéressée » préoccupée du matérialisme historique et de dictature du prolétariat a-t-elle pu s'effectuer ? Fondane allait plus loin en notant que Breton en appelait à la « nécessité réalisée », proclamant au nom de Baudelaire et de Rimbaud que « seule la réalisation de la nécessité est d'ordre révolutionnaire »[96]. Fondane dénonce la contradiction entre l'idée d'une autonomie de l'esprit et celle de surdétermination de l'esprit par ses conditions historiques et économiques dans le marxisme : « Dictature du prolétariat par la raison, obligée de vaincre à chaque pas l'arbitraire, le ballet de l'homme et sa propre liberté, comment acceptera-t-elle l'irrationnel que nous proposons à la vie ? »[97].

Si on parcourt à nouveau la longue série de malentendus qui ont séparé le projet communiste et le projet surréaliste, et au-delà, la répression de l'imaginaire dans les années sanglantes du stalinisme, on ne peut que reconnaître la lucidité de cette mise en garde. Restait à infliger à Breton le coup de grâce : quelle était l'avant-garde qui convenait le mieux au socialisme soviétique ? Non pas le surréalisme, définitivement marqué par un « désespoir inguérissable », mais son rival, le futurisme : « adaptation spontanée à une nouvelle forme de culture mécanique qui n'a cure d'accepter l'héritage morbide de l'intellect, ses crises d'hystérie, ses réductions à l'absurde, ses données inconciliables »[98].

C'est dire si je sais me battre…

André Breton ne répondra pas. Fondane continuera d'évoluer dans la marge du surréalisme aux côtés des dissidents. De fait, ses préoccupations spirituelles le rapprochaient bien davantage des orientations spirituelles d'Artaud que du surréalisme ou même de Dada[99]. Significativement, Breton n'avait-il pas écrit contre Artaud en mai 1927 dans *Au grand jour* : « Il y a longtemps que nous voulions le confondre, persuadés qu'une véritable bestialité l'animait. Qu'il ne voulait voir dans la Révolution qu'une métamorphose des conditions intérieures de l'âme, ce qui est le propre des débiles mentaux, des impuissants et des lâches » ! Le ton est donné.

Lorsque le 9 juin 1928, les surréalistes tentèrent de perturber *Le Songe de Strindberg* mis en scène par Antonin Artaud, au Théâtre Alfred Jarry, Fondane est encore présent dans la bagarre : « C'est dire si je sais me battre pour une cause, tout seul ou avec des compagnons de fortune, avec ou contre les surréalistes, avec ou contre les flics »[100] écrit-il à Artaud en 1930 à propos de sa brochure : *Le Théâtre Alfred Jarry et l'hostilité publique*.

L'offensive contre Breton n'est pas terminée. En 1930, Desnos promet à Fondane des exemplaires du pamphlet *Un cadavre* qui reprend férocement le titre que Breton avait donné à son propre pamphlet dirigé contre Anatole France en 1924 et que Ribemont-Dessaignes, Desnos, Vitrac, Prévert avaient envoyé à Breton. Enfin, en 1931 éclate l'affaire Aragon. Partis en URSS au Congrès de Kharkov avec Georges Sadoul, ils ont signé une autocritique reniant des positions du *Second manifeste du surréalisme*. À son retour d'Union soviétique, animé par son enthousiasme révolutionnaire, Aragon a achevé son poème *Front rouge* à la gloire du Guépéou qui paraît en juillet 1931 dans *Littérature de la révolution mondiale :* « Mort à ceux qui mettent en danger les conquêtes d'octobre/Mort aux saboteurs du Plan quinquennal » écrit Aragon. La réaction ne tarde pas : le 16 janvier 1932, il est inculpé « pour incitation de militaires à la désobéissance et provocation au meurtre dans un but de propagande anarchiste ».

Il faut laisser faire le parquet

Lorsque Fondane reçoit une pétition à signer en faveur d'Aragon, en février 1932 dans laquelle Breton s'efforce de désamorcer l'inculpation en réduisant la portée de *Front rouge* à un sens poétique, il s'empresse de dénoncer la peur des surréalistes qui refusent d'assumer les conséquences de leurs prétentions révolutionnaires. Fondane refuse donc de signer en concluant : « Il faut laisser faire le parquet ». L'affaire Aragon montre toute l'ambiguité de l'engagement politique d'un poète en tant que poète :

> Dans votre appel au meurtre, à la désertion, à l'insurrection, vous avez délibérément mis de côté le plan poétique et tout mis – jusqu'à vos métaphores – « au service de la révolution ». Depuis dix ans vous êtes seuls à ne pas vouloir convenir que votre activité ne soit pas de l'art poétique et refusez violemment la sorte d'immunité que la société bourgeoise n'a cessé de vous accorder comme poète et comme fou... [...] De tout temps il a été enjoint au poète de payer d'une véritable désertion morale le droit aux jouissances qu'on sait – mais les fous n'ont pas manqué qui ont préféré la prison et toutes sortes de vexations, à l'aliénation de leur droit à la liberté[101].

Fondane ne fut certes pas le seul à mettre en évidence la contradiction de l'appel surréaliste et à refuser de signer. Jules

Romains ou André Gide en soulignèrent aussi l'ambiguité. En réponse à ces attaques, Breton rédigea *Misère de la poésie* fin février 1932 : « Le principal grief auquel nous nous trouvons avoir affaire et qui s'exprime avec une virulence variable dans certaines lettres que nous avons reçues porte sur le fait que l'on prête l'intention, à la première menace de répression grave qui pèse sur l'un de nous, de fuir la responsabilité de nos actes et de chercher je ne sais quel surprenant refuge dans l'art. On feint de s'étonner, dans ces conditions que nous ayons pu prétendre à l'honneur de mener la lutte révolutionnaire aux côtés du prolétariat et de courir tous les risques de cette lutte. Soudain nous nous serions disqualifiés nous-mêmes ».[102] La position de Breton est d'autant plus délicate qu'il ne partageait ni la facture circonstancielle de *Front rouge* ni la position politique d'Aragon. La rupture de Breton avec Aragon ne résoudra cependant pas l'ambiguité de son flirt avec le Parti communiste. Il faut attendre 1933 pour que le malentendu définitif éclate : le « camarade Breton » sera exclu de l'A.E.A.R. pour attitude « contre-révolutionnaire » et les surréalistes s'éloigneront alors définitivement des communistes au cours des années 1934-1936.

Aux côtés des dissidents du surréalisme

La question de l'engagement idéologique de l'écrivain qui commence à se faire de plus en plus pressante avec la montée du fascisme en 1932 et qui conduira aux discussions des Congrès pour la Défense de la Culture en 1935, dissimule cependant un autre problème plus fondamental : celui de la rationalisation de l'irrationnel poétique. Les deux *Manifestes du surréalisme* s'efforçaient, à grand renfort de dialectique hégélienne, de marxisme et de psychananalyse, de théoriser le surréel et d'en offrir une approche quasi-scientifique. Or pour Fondane, l'acte poétique doit être maintenu à l'état de « miracle naturel » ; il est essentiellement vécu comme une révolte contre l'ordre logique, contre le langage, « ce dépotoir du vital » qu'il faut désapprendre, et contre la pensée sociale. Subversive, catastrophique, discontinue, la poésie doit être un bouleversement existentiel qui modifie immédiatement le poète lui-même, sans la médiation des idéologies politiques. Rejetant toute légitimation esthétique, refusant elle-même d'être classée comme « fait d'art », la poésie recèle une promesse de liberté située bien au-delà des idéaux politiques.

Fondane se retrouve donc du côté des dissidents du surréalisme : Antonin Artaud, Robert Desnos, René Daumal, Roger Gilbert-Lecomte, Joseph Delteil, Georges Ribemont-Dessaignes, Adamov, Monny de Boully, Tzara. Nombre d'entre eux ont refusé eux aussi la politisation de la révolution surréaliste. Au cours des années trente, Fondane entre en contact avec une constellation de petites revues littéraires plus ou moins éphèmères : le groupe *Discontinuité* d'Arthur Adamov et de Claude Sernet qui ne publiera qu'un seul numéro de la revue du même nom en juin 1928, la revue d'avant-garde *14, Rue du Dragon* de Christian Zervos, ou encore *Raison d'être, Bifur, Delta, Le Phare de Neuilly,* les *Cahiers de l'Étoile*, *Cahier bleu* ou encore *Chantiers* dirigé par le poète Joë Bousquet et Carlo Suarès[103].

Ces petites revues appartiennent à ce que l'on peut appeler l'espace polémique des années trente qui rassemble les cafés, les restaurants, les librairies, les bureaux d'éditeurs, les imprimeries, le siège des éditeurs et quelquefois les domiciles des poètes. Pour Fondane, les lieux de discussion sont encore les librairies Vrin et Corti, quelques « salons », tel celui de Jules de Gaultier ou les soirées chez Léon Chestov, mais cette formule appartient déjà au XIXe siècle. L'esprit de la revue, plus durable que le quotidien, mais moins solennelle que le livre, convient à merveille au jaillissement poétique et à la bataille des idées. Mieux appropriée que le livre au mouvement perpétuel, à l'impatience, au doute créateur de la pensée fondanienne, la revue est aussi un lieu d'amitié, de rencontres, de propagation, permettant de décliner ses identités et ses affiliations littéraires.

Or Fondane pense et écrit en se situant contre des adversaires. La polémique intellectuelle est inhérente à sa personnalité. Elle ne sera jamais assez forte, assez engagée à son goût : « Dès qu'il s'agit d'idées, on ne comprend pas qu'il ne s'agit plus de sérénité, d'harmonie, d'apaisement, mais de lutte » écrit-il rageusement lorsque ses adversaires se dérobent[104]. À cet espace de publications et de rencontres se superpose celui des correspondances qui tissent un réseau polémique. À cet égard, les avant-gardes des années trente font exploser les catégories littéraires : les correspondances deviennent des manifestes ; les photographies et les brouillons que l'on griffonne sur les tables des cafés deviennent des poèmes. Pour un jeune écrivain étranger à Paris, le scandale est un puissant moteur publicitaire. Dès 1929, il songe à un essai sur Rimbaud qui, écrit-il à Claude Sernet, porterait plainte « en escroquerie et commerce au miracle » contre André Breton. Ce sera l'affaire Rimbaud.

IX.

La tempête Arthur Rimbaud

« Dada c'est le meneur de jeu de l'anarchie universelle, c'est l'apologie réfléchie et volontaire du vagabondage : son héros est Rimbaud » écrit Fondane vers 1925 dans le manuscrit d'une première version du *Faux Traité d'esthétique*[105]. La figure de Rimbaud est une figure clé des courants d'avant-garde autour des années 30. Sa révolte adolescente, iconoclaste et immorale, est épousée par toute une génération de révoltés. La poésie visionnaire d'*Une Saison en enfer*, sa seconde vie de trafiquant d'armes au Harrar, son silence, et enfin sa mort tragique à l'hôpital de la Conception à Marseille vont contribuer à l'édification de nombreux mythes dont témoigne le monumental ouvrage d'Étiemble, le *Mythe de Rimbaud* (1952-1967).

Lorsque *Rimbaud le voyou* de Fondane paraît chez Denoël et Steele en 1933, il est déjà au centre d'une pluralité d'interprétations en conflit. Autour de l'échiquier rimbaldien se trouvent notamment trois joueurs : le groupe du Grand Jeu avec Roger Gilbert-Lecomte, René Daumal et surtout André Rolland de Renéville qui vient de publier son *Rimbaud le voyant* (1929), Paul Claudel, partisan d'un Rimbaud catholique proche de la sainteté, et enfin André Breton défenseur d'un Rimbaud mage surréaliste et précurseur de l'engagement révolutionnaire du poète.

L'échec du poète voyant

Premier joueur : Rolland de Renéville, avocat stagiaire et futur magistrat, membre du Grand Jeu. Il s'oppose violemment à l'interprétation catholique de Claudel, proposant un Rimbaud ésotérique empreint d'un syncrétisme orientaliste qui aurait unifié les sagesses indiennes des *Upanishad*, la tradition orphique et platonicienne, le bouddhisme et les mystiques chrétiennes. Anticlérical, provocateur, para-surréaliste, adepte d'un retour à un primitivisme dirigé contre la culture bourgeoise, le *Grand Jeu* présente une certaine parenté avec la poétique existentielle de Fondane : l'importance clé de l'œuvre de Rimbaud, la destruction de l'idéal scientiste, l'importance conférée à l'acte de révolte, mais il y ajoute une orientation orientaliste. Les membres du Grand Jeu ont évoqué la signification de Rimbaud dans le numéro 2 du *Grand Jeu* en 1929. René Daumal et Roger Gilbert-Lecomte ont insisté sur la possibilité d'une connaissance para-normale du poète selon certains passages de la *Lettre du voyant*. La préface aux essais sur Rimbaud publiée par le *Grand Jeu* annonçait : « Il s'agit simplement, ici, sur l'exemple de Rimbaud, de fixer un point essentiel de notre pensée. À savoir : qu'un homme peut, selon une certaine méthode dite mystique, atteindre à la perception immédiate d'un autre univers, incommensurable à ses sens et irréductible à son entendement »[106].

Sans doute, est-ce André Rolland de Renéville qui exprime le plus directement l'idée d'une connaissance ésotérique universelle véhiculée par des initiés dont Rimbaud serait l'un des représentants. La *Lettre du voyant* est interprétée comme révélant un initié théosophique : « La lettre du voyant est tout entière écrite sous le signe de la grande tradition orientale, qui parvint, à travers les mystères orphiques, jusqu'à la Grèce ancienne. Cette philosophie constitue la trame sur laquelle Rimbaud a tendu ses phrases »[107]. Ce faisant, les vieux idéaux syncrétistes réapparaissent : un mysticisme associé à l'union avec l'unité universelle dans l'Amour, une apologie de l'ascétisme comme condition du progrès spirituel. De ce point de vue, la poésie rejoint la tradition platonicienne. Or sur ces deux points apparaissent des divergences radicales avec Fondane.

D'une part, parce que sa poétique existentielle, issue de Chestov, loin de vouloir rétablir une autre connaissance, fut-elle mystique ou ésotérique, cherche à l'abolir complètement dans un non-savoir. Aussi la tradition cabbalistique, en s'efforçant de réduire l'inconnu par des techniques prophétiques, divinatoires ou magiques, lui apparaît-elle comme un prolongement de la visée rationaliste. Bref, elle fait toujours œuvre de raison : « Les cabbalistes et Rimbaud utilisent *la raison à chaud*, tout comme les sciences et la théologie l'utilisent *à froid* : c'est là la seule différence. Mais c'est toujours de la raison qu'il retourne, cette raison, qui, sans sortir d'elle-même, voudrait s'incorporer ce qui est étranger à son essence et faire main basse sur ce qui est *hors de son pouvoir.* »[108]

Notons que Fondane situe son point de vue dans la tradition judaïque. Le cabbaliste apparaît être un concurrent illégitime de Dieu, court-circuitant en quelque sorte son action miraculeuse, cherchant à posséder un pouvoir pour remplacer le pouvoir divin ou pour agir sur lui. Si Rimbaud s'encrapule, c'est qu'il participe à un usage illégitime de la raison, dans une lignée faustienne et romantique. Au lieu de cela, « On a fini par concevoir un héros arrivé à la suprême connaissance de ces signes, les maniant à l'envi, en disposant à son gré et qui, maître incontesté de ce mot croisé magique ose le retourner contre Dieu, mettre Dieu en échec par ses propres attributs »[109].

La révolte métaphysique ne saurait *remplacer* l'action divine, elle ne saurait au fond que la *provoquer*. Conformément au paradigme de Job, clé de l'herméneutique chestovienne, son moyen n'est pas une puissance de l'esprit, mais une impuissance de l'esprit. La connaissance, telle qu'elle ressurgit chez le voyant de Rolland de Renéville tombe toujours sous la catégorie du serpent de la connaissance chez Chestov, expression symbolique de l'occultation ou du meurtre de Dieu.

Naturellement, cette tentative rimbaldienne s'effondre avec *Une saison en enfer* puisque Rimbaud y avoue avoir été un de ces « mages ou anges dispensés de toute morale »[110]. Ici encore, c'est *l'échec* de Rimbaud qui est pourvu de sens dans la trame chestovienne des concepts qui servent à l'interprétation : « Furieux, il dénoncera ses pratiques, livrera le mécanisme de sa présomption et de sa chute, quittera l'écriture, fera vœu de silence : "plus de mots", et se retrouvera face à face avec le problème ancien, dont il pose à nouveau les termes insolubles dans sa *Saison en enfer* »[111]. Rimbaud, placé entre Dostoïevski et Kierkegaard, n'est donc pas un initié à un système occulte de connaissances, mais un existentiel tragique.

Le vil assaut de l'hydre

Deuxième adversaire sur l'échiquier rimbaldien : le Rimbaud mystique à l'état sauvage de Paul Claudel, de Jacques Rivière et d'Isabelle Rimbaud, sœur d'Arthur. Rimbaud s'est-il vraiment converti avant de mourir? C'est ce qu'affirment Isabelle Rimbaud dans son « Rimbaud mystique »[112] et Claudel dans sa *Préface* aux *Œuvres complètes* de Rimbaud (Mercure de France, 1924). N'oublions pas que l'interprétation catholique de Rimbaud en 1933 est chargée de conformisme moral, social et religieux, et a pour elle toute une fraction de la bourgeoisie française bien heureuse d'apprendre que ce poète blasphémateur et scandaleux n'est au fond qu'un enfant perdu. Cette récupération ne peut apparaître aux jeunes révoltés d'après-guerre que comme une trahison.

« La sœur et la mère [d'Arthur Rimbaud] bien qu'infiniments différentes, nous offrent un joli exemple de détrousseurs de morts » s'exclame Fondane[113]. Par ailleurs, Isabelle Rimbaud n'est-elle pas suspecte, de mensonge pieux pour avoir affirmé qu'elle ignorait l'existence de l'œuvre de son frère au moment de sa conversion[114] ? Ces doutes sarcastiques visent Paul Claudel, lequel symbolise, malgré ses grandes œuvres théâtrales – Fondane estimera en 1938 qu'il fait partie, avec Kafka, Jouve, Giono, des « récalcitrants de génie »[115] – l'alliance détestée entre la poésie, la boucherie de la Grande guerre et le catholicisme. Aussi, « M. Claudel se penche-t-il presque sur la bouche de Rimbaud pour recueillir les moindres miettes d'une foi obscure et sacrilège ; il garde la foi et met le reste sur le compte d'une folie providentielle. »[116] La bataille est déclarée !

La catégorie du voyou fait donc exploser le portrait moralisant de Claudel. Il est hors de question de récupérer Rimbaud. Il est un vrai voyou, compagnon de la « vierge folle » qu'est Verlaine, un poète cynique de mœurs crapuleuses. N'oublions pas que l'herméneutique existentielle s'intéresse toujours à la transgression éthique de ses anti-héros existentiels. Il est donc hors de question de juger moralement Rimbaud, que ce soit sous le rapport de l'accusation, de la justification ou du pardon. Réagissant à la lecture iconoclaste de Fondane, Claudel fulminera contre lui dans une lettre à Mme Yerta-Méléra du 26 décembre 1933 en l'assurant que « tout le venin éructé sous les crachats, toutes les interprétations ne prévalent pas contre la lecture d'*Une saison en enfer* », ajoutant que « C'est le vil assaut de l'hydre qui accueille les messagers de l'au-delà » !

Couverture de *Rimbaud le voyou* (1933).

Vis-à-vis de Claudel, les choses ne sont pourtant pas si simples car si Fondane n'accepte nullement l'idéalisation catholique d'un mystique à l'état sauvage, l'idée d'un malentendu de Rimbaud avec Dieu n'est pas exclue. N'écrit-il pas que « Dieu semble le solliciter » et qu'il « a l'air de ne pas vouloir échanger contre lui sa faculté la plus précieuse : la liberté »[117] ? Ce Rimbaud existentiel est donc lui aussi le centre d'une bataille religieuse. Néanmoins, l'analogie ne doit pas dissimuler le profond antagonisme entre les deux approches : la révolte de Rimbaud reste pour Fondane une subversion menée contre l'idéalisme, le rationalisme, et l'humanisme. D'autre part, dans l'herméneutique existentielle qui naît avec *Rimbaud le voyou*, la question de la foi n'apparaît jamais avec une valeur de signe pour la grâce ; foi et grâce sont remplacées par un manque, un vide sous-jacent à la rationalité. C'est seulement dans le doute, le déchirement, la prière et le cri que le sujet égaré par la raison peut accéder à la question de Dieu. Un des postulats de l'herméneutique chestovienne est que le monde qui apparaît à la conscience rationnelle n'est qu'un leurre, un vaste cauchemar qu'il faut dissiper. Ce pressentiment d'un vide ontologique se profile déjà dans la crise rimbaldienne : tel poème de Rimbaud est dit « n'être furieusement sensible qu'à la vacuité métaphysique du monde »[118].

Contre André Breton

Enfin, le dernier et principal adversaire de *Rimbaud le voyou* est André Breton. Ce dernier, rencontrant le poète anglais David Gascoyne qui tenait à la main le livre de Fondane s'exclama : « Ah ça ! C'est un livre dirigé tout à fait contre moi ! »[119] Rien n'est plus juste puisque l'ouvrage attaque vivement le *Second manifeste du surréalisme*, les différents textes issus de la *Révolution surréaliste* et du *Surréalisme au service de la révolution*, et enfin les *Vases communiquants* (1932). Au-delà de l'histoire des idées littéraires, cette offensive nous permet de mieux saisir, par contraste, l'originalité de la pensée existentielle.

On sait que *La lettre du voyant* était considérée par Breton comme un manifeste poétique anticipant sur l'écriture automatique. Mais, cette filiation ne se heurte-t-elle pas à l'apparente rétractation de Rimbaud condamnant ses « sophismes magiques » ?

Or Breton avait choisi de ne pas tenir compte de cette apparente rétractation :

> Que Rimbaud ait cru bon de s'excuser de ce qu'il appelle ses « sophismes », *nous n'en avons cure*; que cela, selon son expression, *se soit passé*, voilà qui n'a pas le moindre intérêt pour nous. Nous ne voyons là qu'une petite lâcheté très ordinaire, qui ne présume en rien du sort qu'une certaine sorte d'idées peuvent avoir. « *Je sais aujourd'hui saluer la beauté* » : Rimbaud est impardonnable d'avoir voulu nous faire croire de sa part à une seconde fuite alors qu'il retournait en prison.[120]

Au contraire, Fondane accepte ce désaveu : l'activité visionnaire du poète relève d'une tentative prométhéenne pour forcer le divin. Il faut souligner qu'il condamne avant tout la théorie du voyant comme technique poétique autonome. Le voyant relève de l'orgueil de la raison. Du point de vue existentiel, l'expérience du voyant est un échec. Car le poétique ne relève ni d'une maîtrise technique, ni d'une alchimie, et encore moins d'un dérèglement de tous les sens systématiquement pratiqué au moyen de drogues, comme chez Roger Gilbert-Lecomte.

Rimbaud et le non-savoir existentiel

Réinterprété selon les traits d'un personnage tragique, Rimbaud devient donc un personnage chestovien, révolté contre la nécessité, la raison et l'éthique, catégories de l'aliénation humaine. Comme *L'homme du souterrain* de Dostoïevski ou le Kierkegaard décrit par Chestov, Rimbaud lutte pour briser le mur des évidences et atteindre une liberté absolue. Sa tragédie consiste précisément à avoir voulu lutter en créant un enchantement poétique. Le poème lyrique est un leurre qu'il faut détruire. De cette destruction surgira peut-être un miracle ou l'épiphanie du divin.

Toute l'argumentation de *Rimbaud le voyou* tient donc dans une tension établie entre la *Lettre du voyant* et le reniement d'*Une saison en enfer*. Et déjà, sous la poétique existentielle s'amorce une ontologie négative : « L'univers n'est qu'un décor » s'exclame Fondane[121]. Ce procès du leurre poétique s'oppose directement à la conception du poème surréaliste forgée par Breton. Le poète visionnaire qui travaille à se rendre voyant n'est alors qu'un mauvais défi à la puissance divine : « La théorie du voyant fut sa tour de Babel »[122]. Dès lors toute poésie conçue comme connaissance semble compromise : « La poésie fait des efforts désespérés pour ne plus se retrouver… elle a peur de la vie, qu'elle prend pour un matériau antilyrique, tout juste bon pour être décrit, mais non créé et recréé. Elle veut n'être qu'une connaissance… De Mallarmé aux surréalistes, lentement le néant envahit le poème ; il n'a plus de chair que son propre vide »[123].

Une confirmation de cette lecture est fournie par le *Faux Traité d'esthétique* (1938) qui formulera plus précisément la thèse selon laquelle Rimbaud n'a tenté qu'une « poésie de la connaissance », tentative qui a provoqué sa chute dans le réel rugueux à étreindre. Mais que reste-t-il alors au poète, sinon le cri qui n'est pas encore médiatisé par le verbe ? S'inspirant du *Zohar*, Fondane rappelle dans une note du chapitre VII que la poésie, la prière et le cri constituent une hiérarchie d'actes s'efforçant de modifier le réel. Ainsi entendu, aux limites du dénuement humain, le cri pourrait provoquer le miracle. Une telle suggestion devait nécessairement rendre perplexes les lecteurs des années trente, même ceux qui étaient habitués aux coups de folie des avant-gardes.

Faut-il alors s'étonner que Fondane et Breton divergent sur la connaissance objective du rêve ? Dans les *Vases communiquants*, ce dernier écrit : « C'est en allant encore une fois, de l'abstrait au concret, du subjectif à l'objectif, en suivant cette route qui est la seule de la connaissance, qu'on est parvenu à arracher une partie du rêve à ses ténèbres et qu'on a pu entrevoir le moyen de le faire servir à une connaissance plus grande des aspirations fondamentales du rêveur en même temps qu'à une appréciation plus juste de ses moyens immédiats »[124]. Le récit surréaliste en analysant sur des bases freudiennes les interdépendances entre le rêve et la réalité quotidienne confère au poème le statut de document mental médiumnique. Pour Fondane, c'est là une trahison de la subversion par l'irrationnel poétique : « Le désaveu de Rimbaud écarté, les affirmations du Voyant furent mises sous verre, munies du saint sacrement de l'objectivité scientifique, investies de pouvoirs surnaturels, et rendues à la fois universelles et obligatoires »[125]. Les longues enquêtes des *Vases communiquants* adoptant le style du relevé psychiatrique ou psychanalytique, avec la surveillance de la faculté critique ne pouvait que s'inscrire contre le non-savoir existentiel. Dans une perspective chestovienne, cette volonté affichée des surréalistes de réconcilier subjectivité et objectivité n'est qu'une perpétuation de l'aliénation de l'homme par la raison.

Un cri insignifiant de souffrance personnelle

La conception révolutionnaire que le surréalisme souligne chez Rimbaud s'oppose donc à la révolte métaphysique de Fondane. Sans nier un moment de révolte sociale chez lui, l'auteur de *Rimbaud le voyou* s'applique à le minimiser. Toute la note L constitue une réfutation de la lecture révolutionnaire du poème « Vertige » de Rimbaud par Breton. Dans *Les Vases communiquants,* armé de sa conception révolutionnaire du poète, Breton avait en effet condamné les suicides de Maïakovski et d'Essenine : « après avoir mis hautainement dans un plateau de la balance leur génie, leur foi tout entière et avec elle, et cela s'est vu, la foi de centaines de milliers d'hommes, à laisser tomber misérablement dans l'autre un cri insignifiant de souffrance personnelle »[126].

Le chapitre III des *Vases communiquants* consacré à l'opposition entre l'action et la passivité religieuse du

« cloître » insiste sur le fait que le rêve ne doit pas devenir un refuge dispensant de l'action révolutionnaire. Les suicides de Maïakovski et d'Essenine sont rapportés à une subjectivité excessive : « Les lois générales du mouvement de ce qui existe se trouvent perdues de vue par le sujet qui n'arrive plus à se considérer comme un simple moment de ces lois »[127]. Ce langage emprunté à Marx et Engels vise chez Breton à faire amende honorable de certaines tentations de fuite dans le rêve qui s'exerceraient au détriment de l'action révolutionnaire, ménageant ainsi une voie de ralliement vers le parti communiste.

Il faut reconnaître que Fondane est dès cette époque sans illusions sur la nature totalitaire du régime soviétique. Bien avant André Gide dans son *Retour d'URSS* (1936), il a compris qu'il fonctionne comme un gigantesque laminage de la subjectivité créatrice. Aussi le chapitre XXV du *Rimbaud* reprend-il férocement l'attaque :

> On a fait bien des enquêtes sur le suicide ces dernières années. Il semble qu'elles n'aient pas été concluantes puisqu'André Breton est encore à se demander de quel droit un Maïakovski, un Essenine ont osé rompre la doctrine marxiste au bénéfice de leur « moi », de leur souffrance « personnelle » en se suicidant, alors qu'ils étaient plus à même que n'importe qui de savoir que le matérialisme dialectique a résolu l'antinomie individu-société, en supprimant l'individu ![128]

Fondane n'abandonnera jamais sa conviction que les réformes sociales ne modifient en rien les questions existentielles : « S'il faut faire des révolutions qui promettent non seulement un meilleur ajustement social, une plus grande justice, mais aussi la suppression de toutes les antinomies éthiques et métaphysiques qui habitent l'individu, pour qu'à la fin il y ait toujours au monde cette souffrance, ce moi haïssable, l'appel de l'inconnu et qui sait, Dieu peut-être, alors tout est à recommencer. »[129]

Ni sage cabbaliste, ni mystique chrétien à l'état sauvage, ni voyant, Rimbaud est donc devenu un anti-héros tragique, prenant sa place dans la sombre galerie chestovienne : Pascal, Dostoïevski, Kierkegaard, Tchekhov, Nietzsche. La révolte métaphysique de Rimbaud contre la nécessité, la logique, la mort, la morale, contre le dieu moral des bourgeois a pris la forme d'un saut de l'ange dans la poésie : « L'opération poétique est une thérapie de premier ordre ; elle protège le poète de son propre néant... » note Fondane[130]. Néant ? Nous commençons à voir apparaître l'idée d'un manque de réalité qui ne cessera de se renforcer dans l'œuvre poétique et philosophique de Fondane. L'anti-héros existentiel souffre d'un processus de déréalisation qui le nie. S'il se fait poète, c'est pour compenser ce défaut d'être par un monde de visions lyriques qui s'avère être illusoire. Bien avant le procès de l'image poétique mené par Yves Bonnefoy au nom de la « vraie présence », *Rimbaud le voyou* a ouvert la voie à une interrogation majeure sur la fonction ontologique de la poésie.

X.

Dans le château poétique de Joë Bousquet

« C'est un type qui me plaît beaucoup », confie Joë Bousquet à Carlo Suarès à propos de Fondane en décembre 1929[131]. L'auteur de *Connaissance du soir* vit paralysé dans sa petite chambre de Carcassonne après avoir été frappé d'une balle pendant la Première Guerre mondiale. Ami des surréalistes, très proche d'Eluard, grand collectionneur de tableaux, il tisse à cette époque un réseau littéraire qui demeura très influent jusqu'à la guerre. C'est par Carlo Suarès, directeur des *Cahiers de l'Étoile* à Paris où Fondane avait publié son essai sur Brancusi, qu'il entre en contact avec lui. Séduit, Bousquet publie en mars 1930 deux de ses poèmes dans le numéro 8 de la revue *Chantiers*, une revue d'avant-garde éditée par René Nelli.

Le poème : « Qui l'aura dit ? » manifeste déjà la voix d'une subjectivité errante qui résonnera plus tard dans *Ulysse*, *Le Titanic* et *L'Exode* :

> Les émigrants ne cessent d'escalader la nuit
> ils grimpent dans la nuit jusqu'à la fin du monde
> ils rompent comme frères leur lait et le partagent
> un sanglot fait le tour du monde…

« Tu pourrais t'adjoindre Fondane comme rédacteur. Ce qu'il écrit me séduit infiniment. Je crois qu'il est quelqu'un » écrit encore Bousquet à Carlo Suarès à propos de la revue *Chantiers* au début du mois de novembre 1929 en lui demandant de présenter à Fondane le manifeste du groupe[132]. Il s'agit de *Voie libre*, un manifeste présentiste inspiré de la doctrine de Krishnamurti, publié en 1930 au *Sans Pareil* à Paris. Sans doute Fondane déclina-t-il l'invitation. *Chantiers* cessera de paraître en 1930. Mais René Daumal et Joë Bousquet poursuivirent le projet avec Carlo Suarès sous la forme d'un dialogue philosophique à trois. Il s'agit d'interroger la nécessité d'une révolution psychologique pour accompagner la révolution sociale. Ce travail commun n'aboutit qu'à *La Comédie psychologique*, un ouvrage mal unifié rédigé par Carlo Suarès qui fut publié en 1932 chez Corti[133]. Cette impasse est néanmoins révélatrice : si Bousquet est fasciné par l'idéalisme hégélien, il l'est aussi par son contradicteur le plus radical : Léon Chestov, le maître de Fondane, auquel il veut adresser le *Rendez-vous d'un soir d'hiver*.

Dans les petites revues d'avant-garde

C'est pourquoi il ne faut pas s'étonner si les rapports de Bousquet et de Fondane continuent après 1930. Les indices qui nous restent, en l'absence de leur correspondance, témoignent d'une forte sympathie entre les deux poètes. Nous les retrouvons tous les deux en 1933 publiant dans la revue d'avant-garde dirigée à Paris par Christian Zervos, *14 Rue du Dragon*. Publiée par les *Cahiers d'Art*, cette revue est illustrée par *La Joconde amoureuse de Charlot* de Fernand Léger. Y collaborent aussi Pierre Guéguen, Jean Cassou, Jean Follain, Hans Arp. Ce cercle littéraire informel qui évolue autour de Joë Bousquet s'augmente de Yannette Delétang-Tardif, Georgette Camille, Thérèse Aubray et Audiberti. Fondane entre aussi en contact avec Jean Cassou, bientôt directeur de la revue *Europe*, Edmond Jaloux, Jean Paulhan et Albert Béguin. Ce sont eux qui possèdent les clefs du monde de l'édition. Bousquet, en jouant le rôle de conseiller littéraire auprès des *Cahiers du Sud* va introduire Fondane dans les lettres françaises.

En 1932, Bousquet fait en effet publier une étude de Fondane sur Heidegger : « Sur la route de Dostoïevski : Martin Heidegger »[134] puis joue le rôle de médiateur pour faire accepter par Denoël et Steele le premier livre de Fondane en langue française : *Rimbaud le voyou*. Malgré l'admiration que Bousquet avoue pour l'œuvre de Chestov, le maître de Fondane, leurs options philosophiques diffèrent sensiblement ; tandis qu'il négocie prudemment entre le surréalisme, ses affinités hégéliennes et le présentisme de Carlo Suarès pour s'orienter vers un idéalisme poétique, la pensée existentielle dénude la condition humaine pour la confronter avec Dieu. Aussi des divergences passionnées ne tarderont pas à séparer les deux poètes.

En novembre 1933, Bousquet écrit sur *Rimbaud le voyou* un article dans le *Cahier bleu* : « C'est un homme dont on ne peut se sentir rapprocher que dans une certaine idée de sa mort », écrit-il de Rimbaud[135]. Plus loin encore, il avoue en parlant cette fois de Fondane : « il faut être très fort et très désespéré, il faut vraiment n'avoir affaire plus qu'avec la mort pour savoir conserver aux *Illuminations* leur valeur de négation totale ». La vision panique du monde de Fondane rejoint-elle la catastrophe intime de Bousquet ? La poésie n'est-elle une transfiguration poétique de la mort ?

Mais le ton change soudain : « Dans ses efforts pour dresser une personnalité au centre de son univers moral et pour résorber en elle la philosophie des idées, Fondane s'est-il heurté à la pensée d'André Breton et a-t-il senti qu'elle constituait l'entrave la plus sérieuse au libre développement de la sienne ? » On se rappelle que Fondane avait effectivement attaqué Breton pour lequel la *Lettre du voyant* constituait une des références majeures du surréalisme. La navigation de Bousquet entre les surréalistes et Fondane est donc dangereuse. Sans être un surréaliste orthodoxe, il reproche à Fondane de n'avoir attaqué en Breton « que des mots ». Grief bientôt transformé en offensive directe : « Il n'y avait pas d'autre moyen de relever le défi littéraire d'un homme plein de talent, et qui n'a pas oublié la littérature et ses querelles alors qu'il entendait se tenir sur les confins de la vie ». Cette allusion à l'allégeance de Fondane envers Chestov, auteur de *Sur les confins de la vie*, ne pouvait que le blesser.

Dans une lumière ennemie de notre pensée

Pourtant, Joë Bousquet ne se trompe pas sur l'horizon métaphysique ouvert par la révolte que Fondane retrouve chez Rimbaud : une ouverture sur la divinité de l'homme, c'est-à-dire une nouvelle transcendance. Mais c'est pour la rejeter catégoriquement tout comme son irrationalisme radical :

> Fondane mettra dans le cœur de son héros une pensée assez grande pour ensevelir la totalité du monde en devenir; et à cette personnalité ainsi élargie il va donner un tuteur à sa mesure : la Sainteté, mais prise à l'état pur, envisagée comme une grâce, un don de l'irréel. J'aime mieux cette fureur tragique qui ne serait jamais l'erreur que d'un homme intact; mais tout de même! Rimbaud né pour la transcendance! Toute notre philosophie se hérisse afin de rejeter ces suppositions qui ne sont ni dans le Temps,

> ni dans l'Esprit, et qui peignent la figure du poète dans une lumière ennemie de notre pensée et développée contre son exigence de se produire. C'est une thèse de vaincu, l'œuvre de désespoir d'un homme qui ne nierait qu'au-dedans de lui-même, l'ordre social auquel il appartient[136].

« Une lumière ennemie de notre pensée et développée contre son exigence de se produire » : comprenons : opposée aux principes mêmes de toute pensée rationnelle. Telle est sans doute la clé du refus fondamental de Joë Bousquet. Le scepticisme de Chestov qui affleure sans cesse sous la lecture de Rimbaud par Fondane ne laissait en effet aucune chance à la pensée cartésienne. En refusant la raison, Chestov n'introduit-il pas une division tragique qui condamne toute pensée objective? La défaite de la raison ne conduit-t-elle pas l'homme dans une région glaciale qui ne laisse intacte aucune espérance? N'est-elle pas au fond « une thèse de vaincu, l'œuvre de désespoir d'un homme qui ne nierait *qu'au dedans de lui-même*, l'ordre social auquel il appartient »[137] ? Si Bousquet souligne ainsi la nature privée de cette révolte métaphysique, n'oublions pas que nous sommes à l'apogée des espoirs révolutionnaires de la poésie. Dans le contexte menaçant des fascismes européens, la révolution que l'on attache à l'acte poétique semble incompatible avec la démarche de Fondane.

L'attaque semblait interdire tout compromis. Ce dernier répliqua sans doute vivement aux coups de griffes de Bousquet qui se rangeait du côté des surréalistes. En réponse, celui-ci s'efforça de minimiser ses accusations : son article, regrette-t-il, n'a pas exprimé « son admiration pour Chestov, puisqu'il semble au contraire incriminer son idée du monde »[138]. À ses yeux, la lutte Hegel-Chestov exprime un conflit inhérent à sa propre personne, revêtant l'aspect mystérieux d'une maîtrise souveraine de la mort. Un projet d'article nous livre la contre-offensive de Fondane : « Bousquet affirme et regrette que mon livre peigne R.[imbaud] dans "une lumière ennemie de notre pensée". Mais la question est là – ennemie aussi de la pensée de Rimbaud lui-même ? »[139]

En réponse, Bousquet protestera, les voyant tous deux : « singulièrement proches dans le domaine moral et confondus dans la même immense admiration pour Chestov »[140]. En concentrant son attention sur l'échec tragique du verbe poétique, *Rimbaud le voyou* ne répond-il pas à sa propre expérience de la douleur? C'est ce dont semble témoigner cet étrange aveu : « Cet écrivain [Fondane] aurait pris dans mon cœur le désespoir dont Rimbaud est la voix? Il m'aurait donné la force qui m'a toujours manqué pour parler de l'œuvre la plus forte du monde »[141].

Sur le navire dévasté de l'existence

En 1945, Bousquet écrira un éreintement de quelques poèmes du *Mal des fantômes :* « Je dis non! Pourtant que j'aime Fondane et que j'admire son esprit, à peu près sûr, cependant, que son poème plaira, je le tiens pour un exemple de ce qu'il vaut mieux ne pas faire. Cette poésie spectaculaire est si éloignée du chant qu'elle semble extérieure à la voix humaine ». Que lui reprochait donc Bousquet ?[142] Etait-ce bien de ne « s'adresser qu'à sa conscience », d'être spéculative, ou bien plutôt de refuser tout enchantement poétique ? Il est significatif que le poème que Bousquet attaque dans son article est celui en lequel se refuse toute paix :

> Mais nous : « Quelle musique peut guérir
> le cœur captif, le mal de ce fantôme
> las toujours de renaître, pour périr ?[143]

Le poète de Carcassonne, avec une rare intuition psychologique, n'avait-il pas perçu que leur amitié se tendait au-dessus d'un abîme infranchissable ? « Nos différences, Fondane, il ne peut-être question d'en parler tant que chacun de nous n'est pas allé au bout de la connaissance de soi-même, tant que nous n'avons pas, l'un et l'autre, épuisé toute la douleur possible dans l'acte de nous connaître. »[144] Non, la poésie ne réconcilie pas ; elle est incapable de consoler du malheur de l'existence et de l'injustice de l'histoire qui tue les poètes. Fondane envisage la poésie comme l'expression d'un désarroi existentiel, hanté par la nostalgie de Dieu. Bousquet, lui, s'enchante par la pratique hallucinatoire – renforcée par l'usage des drogues – du langage poétique. Il ne restait donc plus à chacun d'eux qu'à vivre leur poésie, Bousquet dans le château poétique qui agrandissait sa vie et Fondane sur le navire dévasté de l'existence.

XI.

Le Je errant

Rimbaud le voyou concluait en 1933 à l'échec du poète voyant. Le poème visionnaire n'avait fabriqué qu'un leurre ontologique. Dépouillé de ses visions fastueuses, le poète n'était qu'un fantôme frappé d'irréalité. Or le poème *Ulysse* paraît simultanément en 1933 aux *Cahiers du Journal des poètes* à Bruxelles. La poésie est-elle donc encore possible ? Oui, car à bien des égards, *Ulysse* est un anti-poème dans lequel émerge, l'impossibilité du lyrisme poétique lui-même, ce qu'indiquent les deux premiers vers du poème : « J'étais un grand poète pour chanter la Joie/– mais je sanglote dans ma cabine ». Ce poème crie l'impuissance du poème pour devenir une attestation existentielle. Ce n'est pas un hasard si *Ulysse* commence par un poème sur la mort, en mars 1929, de son beau-frère, le comédien Armand Pascal, qui était venu le rejoindre à Paris en 1924 : « Armand ta cendre pèse si lourd dans ma valise... »[145]

Entends-tu l'océan pendant que tu es là ?
Tu es au moins aussi vivant que moi,
tu es mon rire et ma mémoire
je suis enceint de ta mort
je te porte plus haut que mon buste
je hais la mort, je hais la vie
J'ai si grand pitié des hommes
je me hais et je m'aime
pardonne-moi d'être vivant, d'écrire des poèmes,
je suis encore là mais je parle aux fantômes ![146]

Le mal des fantômes

C'est en juillet 1929, nous l'avons vu, à bord du Mendoza qui le conduit en Argentine que s'amorce l'écriture d'*Ulysse*. Du pont du *Mendoza*, les escales : Marseille, Alméria, Dakar, Bahia, Buenos Aires, deviennent des ancrages symboliques, des puissances figuratives qui interrogent le sens de la traversée existentielle. La dialectique de la dispersion et de la recentration par la mémoire est caractéristique de toute autobiographie poétique de l'errance. Chez Fondane, l'urgence de l'attestation existentielle contraste violemment avec la fragmentation du moi. Il est significatif qu'*Ulysse* cite un extrait d'*Exil* de Saint-John Perse : « Et c'est l'heure ô poète de décliner ta naissance, ton nom et ta race ». Cet exergue, ajouté au poème vers 1943, est significatif. Les deux poètes réclament tous deux une attestation dans l'exil. Mais celle de Fondane prendra la forme d'une révolte métaphysique tandis que celle de Perse empruntera la forme de l'éloge des princes de l'exil.

Si le poète évoque parfois dans son chant son enfance lointaine, un voyage en train avec son père en terre russe où, enfant, il a aperçu une femme violée et tuée par un cosaque, ces violents éclairs de passé surgissent dans un chant qui interroge la « fuite éperdue le long de l'histoire future » du peuple juif[147].

> Tu penses à ton jeune garçon que tu as emmené en voyage,
> qui est si gentil en marin, mais si bête pour son âge,
> il ne sait pas encore naviguer dans la mer des visages
> Il a un monde en lui-même et rarement quitte le fond
> pour respirer à la surface comme font les poissons,
> il ne comprend rien à ce meeting de fantômes...[148]

Peu à peu toute l'œuvre poétique et philosophique de Benjamin Fondane luttera contre une déréalisation à la fois ontologique et éthique du moi. D'*Ulysse* (1933) au *Mal des fantômes* (1943-1944), en passant par *Titanic* (1937), le poète interroge l'étrange inconsistance du monde[149]. Le fantôme désigne en un premier sens la temporalisation du moi, sous la forme du souvenir (de soi ou des autres) dans la mémoire des vivants. Il est une présence absente, telle celle d'Armand Pascal. Mais cette fantômisation phénoménologique est elle-même renforcée par le mépris qui redouble la néantisation inhérente à la temporalisation qui affecte les subjectivités humaines. Ce n'est pas seulement la réalité des hommes qui est altérée, mais aussi leur dignité. La « fantômisation » de la subjectivité correspond déjà au statut d'ombre de l'émigrant, de l'homme sans papiers. Ce sont les déportations, les pogroms, les errances de ville en ville, de pays en pays, le racisme ou la xénophobie qui provoquent la déréalisation des individus.

Mais gardons-nous de réduire ce concept de fantômisation à ses significations biographiques ou historiques, fussent-elles dramatiques. Car le fantôme reçoit dans les essais philosophiques une interprétation ontologique. Fondane attribue en effet au tissu de concepts et de catégories rationnelles gnoséologiques, esthétiques ou éthiques une fonction d'irréalité : une « emprise magique » de la connaissance sur l'existant. Si vraiment « Grâce à la noble et prométhéenne tentative du schizophrène spéculatif, l'absence de réalité est devenue totale »[150] alors le rôle du philosophe est de dénoncer cette déréalisation, et celui du poète d'affirmer ou d'attester l'existence au cœur de cette déréalisation : « le poète affirme, la poésie est une affirmation de la réalité »[151]. Ainsi, la dialectique de la déréalisation et de l'attestation traverse toute l'œuvre et lui donne sa cohérence fondamentale.

> Sur ce maigre bateau-fantôme
> qui est à lui-même son port
> quelle longue java que l'homme
> sur l'accordéon de la mort[152]

Fragmentation et attestation du moi

Pourquoi la figure d'Ulysse ? Monique Jutrin a consacré un ouvrage pionnier et fort suggestif à l'Ulysse juif revendiqué par Fondane : *Benjamin Fondane et le périple d'Ulysse* (1989). Le poème « Ulysse » (1933) tisse en effet ses poèmes en regard sur l'Ulysse grec. Elle a aussi mis en évidence avec Petro Boitani un rapport souterrain entre la figure d'Ulysse de *L'Enfer* de *La Divine comédie* de Dante et celle du poème de Fondane[153]. Ulysse, à la fin des années trente est d'ailleurs une figure littéraire fort répandue : James Joyce, Ilarie Voronca, Nikos Kazantzakis réinterprètent aussi à cette même époque le périple grec ou le prolongent – Nikos Kazantzakis en particulier puisqu'il inscrit son personnage d'Ulysse, comme Fondane, dans une perspective post-nietzschéenne.

« La Chanson du mal aimé » d'Apollinaire et « La Prose du Transsibérien » de Cendrars (1913) avaient déjà utilisé une forme poétique associant des rappels autobiographiques, des ancrages géographiques (Londres, Paris, l'Allemagne) et un questionnement métaphysique. Chez Fondane les poèmes de l'errance maritime sont des figures intérieures pour exprimer la crise de réalité, ou plus exactement la crise des catégories d'unité et de substantialité affectées au moi : « Je me penche sur mon passé – rien ; sur mon avenir – rien. »[154] Les réalités affectives, forces intensives, ne suffisent pas à étoffer cette

Benjamin Fondane (à droite) à côté de Jacques Maritain,
à bord du *Florida* (1936) à leur retour d'Argentine.

identité. Une fois détruit ce qui nous déréalise, le réel sauvage mis à nu se révèle contingent, discontinu et de nature affective. Il s'oppose à l'exploitation de structures narratives continues. Le « je » écrivant doit désormais affronter une redoutable discontinuité en lui-même.

Le voyage maritime fournit donc une forme poétique pour exprimer l'angoisse du poète face à la mobilité héraclitéenne du monde. Face à cet éclatement kaléidoscopique de la vision, le récit n'est plus un facteur d'identité ou d'unité signifiante. Le moi cherche à se fuir, il s'égare poussé par les soifs trop puissantes qui sont les siennes, et dépouillé de tout, se contente de subir un voyage aveugle. Dans le présent de l'attestation poétique, le « je » ne peut qu'interroger son identité : « je n'aime pas marcher, qui est-ce qui marche en moi ? »[155] Cette question est récurrente : qui en lui pense, agit, aime, désire ou meurt ?

un fleuve monte
un fleuve monte comme un couteau

est-ce moi qui monte en moi-même
plus fort que moi, plus vaste,
moi-même comme une eau qui inonde une plaine,
moi-même sur le monde [156]

Cette dissolution du moi est le corrolaire d'une ontologie du singulier et du discontinu que nous retrouverons dans *La Conscience malheureuse* (1936). Elle privilégie le soudain, la rupture et l'émergence irrationnelle, illustrant ce que nous pourrions appeler une *ontologie négative*. Nulle continuité narrative comme chez Homère : « Dans vos mains je lisais une ligne de vie/ longue et cent fois brisée » dit le poète des émigrants[157]. Ce « je » errant s'emplit de l'hétérogénéité d'un univers « hagard jeté sur le marché aux puces »[158]. Contingent, déraciné, multiple et trop humain, ce moi éclaté vit les déchirements de son affectivité sans pouvoir les intégrer à une logique narrative. L'obsession de la néantisation par la temporalité et la mort prend alors tout son sens et le poète peut complètement partager le sort des émigrants anonymes :

Votre sang fouette mon sang, votre paupière me soulève,
vous chevauchiez la nuit des temps
vous êtes ma soif permanente
je vous ai vus quittant les poches des provinces
traînant quelque vertèbres molles sous vos chemises
les pogroms de l'Ukraine vous ont chassés des villes
vous n'aviez que votre vie dans les valises
maigres et vifs comme bois roulés par les torrents... [159]

La structure discontinue du poème est elle-même un facteur de fragmentation biographique. Dans la trame symbolique du voyage maritime les poèmes se transforment en autant d'îles signifiantes. Chaque lecture est une escale.

Face à cette dispersion, l'attestation du « je suis » est plutôt une « ipséité » qu'une « mêmeté » pour utiliser la distinction de Paul Ricœur. Le « je » qui n'avait rencontré que l'insubstance de son moi se découvre puissance de désirs et d'insatisfactions. Sa soif excède continuellement le réel. « Plus grande ma soif que le monde/plus grande ma faim que le monde... »[160]. C'est pourquoi, paradoxalement, le « je » s'atteste sous la forme d'une violente révolte :

> Je ne demande plus quel est le sens du monde,
> je pose mon poing dur sur la table du monde,
> je suis de ceux qui n'ont rien, qui veulent tout
> - je ne saurais jamais me résigner[161].

Autant le moi ne peut se définir dans l'exil, autant il cherche à échapper à lui-même. La puissance de la multiplicité domine la subjectivité qui n'en retire que dégoût et lassitude. À cet égard, le poème de Fondane se meut dans une solitude presque complète. L'autre en tant que visage, sollicitude, attention, présence chaleureuse en est absent, sauf en de rares exceptions : celle d'Armand Pascal qui meurt brutalement en mars 1929 ou celle de Giuseppe Ungaretti avec lequel il s'arrête à Bahia au Brésil, si l'on en croit *Ulysse*[162]. Seules les dédicaces des poèmes franchissent ce silence. Le constat de finitude est aussi un constat de solitude. Comme dans la poésie de Rilke, de Dehmel, de Trakl et de Brecht, et chez bien d'autres poètes appartenant à la génération expressionniste allemande, la ville engloutit. Les villes noient les identités et les plongent dans le fleuve anonyme du monde :

> Comme si les têtards qui grouillaient dans la vase
> de ce port inhumain
> étaient des hommes et non des rescapés craintifs
> de vieux naufrages innommables,
> des déchets d'une fête ancienne, oubliée,
> des paquets d'appétits, de pus, de solitude,
> de choses grelottantes, ah ![163]

XII.

La subversion de l'*Odyssée*

Si *Ulysse* apporte la figure d'un errant, c'est pour subvertir le cycle homérique, non seulement en détruisant sa continuité narrative, mais aussi en l'ouvrant. Car l'ouverture métaphysique du voyage sans retour remplace le cercle grec. Le retour non seulement est impossible, mais il est refusé par le poète. La subversion de la figure temporelle cyclique rejoint la théorie de la subversion de la temporalité que le poète adopte dans *La Conscience malheureuse*. Sortir du temps par la suspension catastrophique du logique est au cœur de l'espoir existentiel. Aussi, dans *Ulysse*, aucune reconnaissance éthique, aucune justice humaine, aucune terre natale n'attendent le voyageur. Comme chez Tennyson, la reconnaissance fait place à la connaissance. Cet Ulysse juif cherche à affronter l'extrême révolte contre la raison, la nécessité et l'histoire. Il ne s'agit pas comme chez Homère de boucler un voyage existentiel et d'accepter la finitude, mais de provoquer l'infini :

> – À quoi sert-il de s'en aller
> déjà vaincu, avant d'avoir ouvert la bouche,
> dans des pays d'où l'on ne reviendra que vieux
> plein de sirènes que l'on n'a pas écoutées
> de victoires manquées
> et le cœur lourd d'avoir résisté à sa soif [164] ?

La subversion de l'ontologie homérique se manifeste dans une série de renversements. En premier lieu, Fondane subvertit la structure de l'Hadès en retournant son sens : c'est ici-bas que se meuvent les ombres. Dans les tristes cohortes de l'Histoire et non dans les prairies d'asphodèles au-delà du Léthé. Écho du chant XI de l'*Odyssée* où Ulysse descend en Hadès, l'ombre chez Fondane projette la déréalisation des morts de l'Hadès grec sur le monde historique :

> Dans le passé sanglote une bouche ouverte
> Ce n'est qu'une chanson pour le pays des ombres[165]

Il ne faut pas oublier à cet égard que toute l'œuvre de Fondane, y compris son herméneutique existentielle (*Baudelaire et l'expérience du gouffre*, 1947) et sa poétique existentielle (*Le Faux Traité d'esthétique*, 1938) appartient au mouvement de renversement post-nietzschéen de la hiérarchie établie par Platon entre l'être et l'apparence. Au livre III de la *République* de Platon, l'ombre faussement prise pour réelle par les esclaves de la caverne est affectée d'un coefficient d'irréalité. Leurre ontologique, elle illustre le degré le plus bas de l'être. Chez Fondane, c'est l'existant singulier à l'opposé de l'essence éternelle qui incarne l'être au sens absolu. Le poète renversera le rapport platonicien de l'être et de l'apparence, en attaquant l'essentialisme dans *La Conscience malheureuse* (1936) et le *Faux Traité d'esthétique* (1938). C'est donc parfaitement en accord avec sa démarche philosophique que ses poèmes réhabilitent la dignité des fantômes de l'Histoire, celle des hommes devenus des ombres à force d'être réprouvés, chassés ou privés de légitimité éthique, sociale ou historique.

Le voyage sans retour

C'est l'épisode des sirènes qui illustre le mieux le sens de la subversion du cercle homérique. Il est significatif que cet épisode du livre XII de l'*Odyssée* soit interprété faussement par Fondane comme impliquant un Ulysse *sourd* au chant des sirènes[166]. Comme si chez Homère, Ulysse ne voulait pas *entendre* le chant. C'est là un lapsus significatif : l'Ulysse de Fondane veut non seulement écouter leur voix perfide mais aussi les suivre jusqu'à la mort : « J'ai hâte d'écouter la chanson qui tue ». Ce dernier vers d'*Ulysse* s'oppose radicalement à la « chanson de l'homme qui renonce »[167], c'est-à-dire au retour du poème homérique. Face à cette transgression, le héros grec n'est plus qu'un « esprit vaincu »[168].

Ce refus de la finitude est déjà présent dans le poème « Ulysse » de Tennyson (1809-1892) : « Quel ennui de s'arrêter et de s'immobiliser à jamais,/De rouiller sans servir ni briller au combat ! »[169] écrit le poète anglais. Le chant des sirènes, dans la mythologie fondanienne, ouvre aussi sur le risque extrême d'une pensée révoltée. Pour le pirate métaphysique, la pleine mer coïncide avec une transgression de la logique, de l'esthétique idéalisante et de l'éthique. Et au-delà encore, elle représente un saut dans l'inconnu.

La subversion de l'*Odyssée* homérique ne serait pas complète sans une métamorphose du corps. Chez Homère, le corps peut toujours être régénéré par les dieux et sortir indemne des naufrages. Chez Fondane, la chair déchue et amaigrie, réduite à l'impudeur de ses appétits montre une déstructuration du corps classique dont nous retrouvons un équivalent pictural chez Egon Schiele :

Qui m'a poussé dans les chaudières,
le corps dégingandé, les cuisses maigres,
le sang brûlé de fièvres,
lourd de mes testicules lourds [170] ?

Cette parenté nous rappelle que les influences de Rimbaud, de Baudelaire, de Nietzsche et de Dostoïevski sont centrales pour toute la génération expressionniste allemande. Ces poètes plongent eux aussi indifféremment dans le bien et le mal dans un climat d'apocalypse et de révolte. Dans les douze poèmes de « Villes » de *Titanic*, les forces instinctuelles, les bas-fonds, la prostitution, la misère, le meurtre, la laideur s'intègrent au poème avec leurs dissonnances[171]. L'irruption des matières viles, l'exhibition d'une corporéité agressive, le cynisme grinçant, un répertoire populaire, tragique et burlesque achèvent la subversion des codes stylistiques du lyrisme amorcée par *Ulysse*. Le mélange de berceuses, de chansons et de récitatifs que l'on trouve dans les poèmes de Fondane existe aussi chez Brecht. Mais l'expression d'un idéal de fraternité et de lutte politique qui existe chez de nombreux expressionnistes n'existe pas dans la poésie de Fondane. Sa révolte est métaphysique. Guidé par une mystérieuse élection dans la catastrophe, il n'est pas seulement un témoin dans l'hiver de Dieu. Il porte avec lui la mission de subvertir toute pétrification de l'esprit : « Sommes-nous partis de l'Olt,/du Dniepr et de Crimée/afin de te porter Révolte,/jusqu'aux entrailles du Créé ? »[172]

La chanson du je errant

On reconnaît sans peine que l'odyssée fondanienne rejoint la légende du juif errant, dont les variantes narratives apparaissent principalement au XVIe et au XVIIe siècles. Loin de s'éteindre avec le romantisme, elle connaît un véritable engouement chez les écrivains du dix-neuvième siècle :

Béranger, Edgar Quinet, Dumas, Eugène Sue, évoquent le juif errant sous le nom d'Ahasverus ou d'Isaac Laquedem. La chanson avec Béranger, l'iconographie populaire avec Gustave Doré, l'opéra avec Gounod s'emparent de la figure devenue mythique[173]. Lautréamont dans les *Chants de Maldoror* et Apollinaire, dans « Le passant de Prague » de *L'Hérésiarque* l'ont aussi reprise. Les gravures d'Ephraïm Moses Lilien sont populaires au début du siècle. Au cinéma, Méliès (1904), Otto Kreisler (1920) puis Luitz-Morat (1926) ont chacun produit un *Juif errant*.

Malgré son origine chrétienne qui la charge d'ambiguité, c'est cette figure que reprend Fondane pour subvertir la trame homérique. Lorsqu'il choisira un pseudonyme durant l'Occupation allemande, ce sera le nom d'Isaac Laquedem. On le retrouve dans son poème « Épithaphe » qui l'évoque « recouvert de poèmes », et « ayant fait le tour de la terre »[174]. En réponse à l'envoi d'*Ulysse*, Chagall répondra en écho au dernier vers de la « Chanson de l'émigrant » qui condense peut-être tout l'esprit de la poésie de Fondane : « Ne vous découragez pas dans votre inquiétude. La route marche et ne finit pas »[175]. Marche infinie autour de la terre, solitude, dimension océanique et marine, parcours cosmique, chevauchement des temps, révolte, le poème ne cesse de décliner la figure du juif errant mêlée à celle de l'émigrant. Dans un texte destiné à un projet d'anthologie de la poésie de la résistance, Fondane se présente lui-même : « l'univers poétique de Fondane est de nature tragique; point de fuite pour l'homme; le personnage central en est l'émigrant; le flux des choses en fait la toile de fond; le chœur y articule toutes les soifs de l'être »[176] :

> Émigrants, diamants de la terre, sel sauvage,
> je suis de votre race,
> j'emporte comme vous ma vie dans ma valise,
> je mange comme vous le pain de mon angoisse,...[177]

Certes, les sources narratives qui subvertissent l'*Odyssée* sont bibliques : la vision d'un fleuve temporel jaillit des *Psaumes* et de *L'Exode* et l'épreuve du dénuement métaphysique vient du *Livre de Job* : « Juif, naturellement tu étais juif, Ulysse, » s'exclame le poète. C'est non seulement l'attachement à une terre qui devient problématique, mais également la substantialité de l'être : « notre terre c'est ce qui tangue / notre havre c'est le roulis »[178]. L'expérience judaïque acquiert donc une valeur universelle, plus large que celle d'un peuple historique. Le juif errant est devenu un « je » errant. La question du sens de l'errance métaphysique affecte des entités de plus en plus vastes : l'errance d'une vie, la diaspora juive, puis le voyage de toute vie humaine, et enfin la destination du mystérieux navire de l'humanité.

De l'*Odyssée* au *Titanic* : la catastrophe

Quelle est le sens de cette subversion de l'*Odyssée*? « ... quel dieu cueille au dedans de nous/cette prière - ou cette absence de prière? »[179] La nudité de l'errant, sous les éclairs irrationnels du malheur, ouvre sur l'inconnu religieux. « Tu avais une déesse à tes côtés Ulysse » s'exclame le poète. L'émigrant n'est plus accompagné par les dieux grecs qui protégeaient l'errance d'un héros, mais par l'absence de Dieu.

Le voyageur s'embarque donc vers l'inconnu comme chez Dante où Ulysse reprend la mer pour franchir les colonnes d'Hercule, « tournant trois fois sur lui-même » avant de sombrer. Chez Tennyson surtout, Ulysse n'affronte-t-il pas aussi l'inconnu, cherchant à « poursuivre la connaissance comme une étoile déclinante/Au delà des bornes de l'esprit humain »[180]? N'est-il pas frère d'un Ulysse existentiel, cet Ulysse de Tennyson déterminé « à lutter, à chercher, à trouver, sans jamais céder »[181]? Le cri que *Rimbaud le voyou* affirme comme supérieur au poème et à la prière, est déjà au-delà du poème. C'est l'usage de l'exclamation, de l'interrogation, de l'écriture en majuscules (rares en poésie française mais présentes dans la poésie anglaise, par exemple chez Coleridge[182]), que nous pourrions appeler une ponctuation « catastrophique », qui traduit le paroxysme silencieux de la révolte.

Le sens théologique du voyage est indissociablement lié au thème apocalyptique, qu'il prenne la forme de l'abandon aux sirènes (*Ulysse*), du naufrage (*Titanic*) ou du désastre historique (*L'Exode*) : « Veux-tu que l'on se jette à la mer – librement ? » interroge déjà *Ulysse*. Les naufrages du *Titanic* (1912) et du *Lusitania* (1915), de mémoire encore vive, vont s'imposer comme métaphores existentielles. Le périple d'Ulysse est devenu la traversée d'un paquebot fantôme errant sur une mer glacée. L'orchestre joue encore sur le pont, mais il prélude au naufrage. Toute la civilisation occidentale avance pareillement dans une nuit obscure. À l'opposé de l'exaltation des puissances techniques exhibées par le futurisme, la catastrophe maritime, dans l'imaginaire poétique de Benjamin Fondane, va devenir une métaphore centrale pour exprimer le naufrage de l'humanisme européen.

XIII.

Dans le débat existentiel

En 1936, Fondane publie *La Conscience malheureuse*. L'ouvrage qui remanie une série d'articles publiés en revues de 1929 à 1935[183] est offensif puisqu'il attaque les œuvres récentes de Gide, Bergson, de Freud, Husserl et Heidegger en s'appuyant sur Chestov et sur la filiation existentielle que ce dernier avait établi : Tertullien, Duns Scot, Pascal, Nietzsche et Kierkegaard.

Certes, les approches existentielles se multiplient dans les années 30. Elles se nourrissent des traductions récentes des œuvres de Kierkegaard, de Nietzsche et de Heidegger. En Allemagne, Karl Jaspers développe une pensée existentielle de l'englobant, Gabriel Marcel a publié *Être et avoir* (1933), Jean Wahl vient d'écrire *Vers le concret* (1932), et le personnalisme d'Emmanuel Mounier s'exprime dans la revue *Esprit* créée en 1932. Ces œuvres évoluent dans un climat commun : réhabilitation de la personne contre les abstractions, enracinement de la pensée dans une existence concrète, méfiance envers l'esprit de système, intuition de la transcendance dans une subjectivité. Beaucoup de ces approches existentielles sont des pensées religieuses : Gabriel Marcel et Emmanuel Mounier visent une réactualisation du christianisme. Karl Jaspers ouvre l'analyse de l'existant à une transcendance indéfinie qui polarise la liberté humaine. Le néo-thomisme, ressuscité par Jacques Maritain et Paul Gilson se conçoit aussi comme une philosophie de l'existence. Les théologiens protestants eux-mêmes, dont le plus illustre est Karl Barth, se saisissent du tournant existentiel. Mais le terme « existentiel » masque des différences considérables car ces orientations religieuses se confrontent déjà à l'agnosticisme heideggerien et seront bientôt submergées par l'existentialisme sartrien athée.

Contre Hegel

À partir de 1933, le séminaire d'Alexandre Kojève sur la philosophie de Hegel fascine l'intelligentia parisienne. Pendant six ans (1933-1939), ce séminaire sur la *Phénoménologie de l'esprit* sera fréquenté par Lacan, Queneau, Bataille, Éric Weil, André Breton et aura parfois une influence profonde sur leurs œuvres. Ainsi que le remarque Élisabeth Roudinesco : « Les auditeurs de Kojève ont l'impression de vivre une période de chaos qui les oblige à réfléchir sur le passé. L'idée d'une fin de l'Histoire chemine dans la tête de ces hommes qui ont trente ans au moment de la grande crise économique et quelques années de plus lors de l'avènement d'Hitler au pouvoir »[184]. Le cours de 1934-1935 porte précisément sur le chapitre IV de la *Phénoménologie* consacré à la conscience malheureuse. Or justement, l'approche kojévienne, imprégnée de marxisme, souligne le fait que le développement dialectique de la Raison dans l'Histoire conduit à un athéisme hégélien. L'ouvrage de Fondane ne pouvait manquer de s'inscrire contre le Hegel kojévien en opposant à Hegel une religiosité *contre* la Raison, puis une religiosité *contre* l'Histoire dans *Le Lundi existentiel et le Dimanche de l'Histoire* (1945).

S'il est un présupposé constant de la philosophie existentielle des années trente, c'est le constat qu'un malheur intime, division, séparation, duplicité ontologique, affecte la conscience de soi. Alors qu'en 1936 se construisent les premiers droits sociaux du monde du travail, les congés payés et l'esprit du Front populaire, et tandis que s'édifient les fascismes en Europe, Fondane n'entend rien céder aux urgences de l'histoire ; ce malheur n'est ni l'aliénation économique vécue dans un système capitaliste comme chez les marxistes, ni une aliénation politique. Par « malheur de la conscience », il signifie la situation d'une conscience qui souffre « de l'irréalité, de la contradiction, de l'impuissance, de la nécessité, de la mort – et par là de ce *Fatum* par lequel inexplicablement s'opère l'aliénation de l'homme. »[185]

Le malheur de la conscience est une aliénation déréalisante de l'individu par la raison. En effet, en se pensant dans la généralité logique d'un concept, l'existant subit une déréalisation et se retrouve incapable de récupérer la plénitude de son immédiateté. L'idée de cette crise serait incomplète si on n'ajoutait pas immédiatement que cette déréalisation affecte simultanément le rapport au Dieu vivant issu de la Bible dont la possibilité apparaît détruite par l'émergence totalitaire de la raison occidentale. Cette crise d'irréalité fait donc de l'existant un fantôme métaphysique. La conscience malheureuse n'est rien d'autre que le « mal des fantômes », titre sous lequel Fondane entend réunir son œuvre poétique.

Pourtant, de nombreux points communs rapprochent la conscience tragique hégélienne de la condition existentielle. Fondane le reconnaît lui-même : « Il a vu que la conscience était un appareil d'angoisse, un système artificiel de motifs et de raisons d'espérer, système dont la plus haute vertu est humilité, c'est-à-dire impuissance, dualité qui ne parvient pas à saisir son unité, effort de combler les séparations qui sont à l'intérieur d'elle-même, duplicité. »[186] Pourtant, ces analogies dissimulent de profondes différences. La conscience malheureuse hégélienne est inhérente à la dialectique maître-esclave par laquelle la conscience de soi a fait disparaître l'altérité radicale de l'autre présente dans le judaïsme en la transformant dans le christianisme en une conscience incarnée. Le dieu engendré par la conscience l'enfonce alors elle-même dans une culpabilité en intériorisant la relation domination-servitude. Une longue dialectique historique exige l'acceptation de ce que Hegel appelle « le travail, la douleur et la patience du négatif » puisque les étapes de la lutte de la subjectivité avec l'objectivité conduisent à une vaste réconciliation de l'Esprit avec lui-même. Les antagonismes sont intégrés dans le monisme abstrait d'une raison concrète.

Or, pour Fondane la philosophie existentielle s'inscrit dans la restitution d'un judaïsme perdu. L'analyse du judaïsme développée par Hegel dans le chapitre IV de la *Phénoménologie* le présente comme séparation irrémédiable de l'homme et de Dieu, du néant et de l'être dans une conscience malheureuse[187]. Placé entre le scepticisme et le christianisme, le judaïsme obéit avec eux à la dialectique du maître et de l'esclave en transformant la conscience juive en « esclave de son Dieu ».

Dans *La Conscience malheureuse*, Fondane commente presque littéralement *Le Malheur de la conscience dans la philosophie de Hegel* (1929) de Jean Wahl, consacré à la genèse des idées religieuses de Hegel. Or, la violence des expressions de ce dernier, rapportées par Jean Wahl qui est lui-même d'origine juive, ne pouvait manquer de frapper Fondane tout en faisant écho à l'antisémitisme allemand : le juif est « possédé du démon de la haine qui lui donne seul la force et l'unité… » ; il conserve « toujours en lui-même une âme d'esclave » ; « le peuple juif est le peuple pour lequel l'homme n'est pas » ; bref, la tragédie de cette « religion du malheur » ne peut pas éveiller la pitié ou la crainte comme pourrait le faire une tragédie grecque, mais « l'horreur »[188].

À cela s'ajoute l'idée que le dépassement hégélien entraîne la disparition de Dieu dans un « universel conciliateur » : « Le Dieu vivant, ni le Dieu mort n'existent plus ; ils ont été dépassés ; à leur place s'est installé l'universel conciliateur, l'Esprit : la religion est devenue raison et la raison est devenue religion. »[189] Cette disparition de Dieu s'accompagne de la négation de l'existant individuel intégré à la grande mécanique de la raison dans l'histoire. Le constat hégélien de la conscience malheureuse est correct, mais le diagnostic est faux. Jamais Fondane ne pourra consentir à intégrer la violence de l'histoire sur les individus comme moments dialectiques du processus de réconciliation de l'Esprit avec lui-même. En plein cœur du Paris occupé, alors que l'Europe est dévastée par la guerre, et que les rafles antisémites remplissent les trains de la déportation, *Le Lundi existentiel* poursuivra cette lutte contre Hegel en 1944 en l'accusant de légitimer le sacrifice des existants au nom du « sérieux » de l'Histoire.

Malaise dans la civilisation

La conscience est donc divisée entre la manifestation spontanée de son immédiateté vécue, naturelle et qualitative, et son activité rationnelle qui lui assigne les catégories de nécessité et de non-contradiction. Existence et savoir, vie et raison se trouvent engagés dans un conflit insoluble. Si la culture occidentale peut se régénérer, c'est au contact des cultures primitives. Le tournant rationnel de la culture occidentale a fait déchoir l'existant dans la finitude et l'immanence, le privant de ses droits et de ses pouvoirs transcendants. La chute de l'homme dans le rationnel a engendré une crise dans la civilisation.

Or Freud dans *Malaise dans la civilisation* (Denoël et Steele, 1932) diagnostiquait lui aussi une crise au sein de la culture, tout en orientant son anthropologie psychanalytique vers l'athéisme résolu de *L'Avenir d'une illusion* (Denoël et

Steele,1932). Ces deux constats répondent pourtant à des analyses opposées. Si Freud dénonce le coût psychique énorme du refoulement imposé à la libido par la civilisation qui la prive de la satisfaction de ses désirs au nom du principe de réalité, Fondane dénonce l'aliénation rationnelle qui déchire la conscience et nous éloigne du religieux.

La critique méthodologique du passage à une théorie de l'inconscient à une théorie anthropologique, la fragilité des concepts psychanalytiques, mais surtout l'appel à l'explication par le récit du meurtre du père primitif dans *L'Avenir d'une illusion* permet de déconstruire la scientificité apparente des analyses freudiennes comme celle de Bergson : « La même inauthenticité scientifique les accable »[190]. Sous le positivisme freudien présupposé par la déconstruction de la croyance religieuse, Fondane décèle encore une éthique de la résignation. C'est surtout vers une genèse ironique de l'homme « destructeur de Dieu » que s'oriente le discours existentiel devenu critique existentielle. Les assassins de Dieu répondent eux aussi à une structure œdipienne : « C'est mû par une haine œdipienne que l'homme de science tue son père symbolique avec rage »[191]. Ce schéma du « Meurtre du Père-Dieu-Autorité par amour de la Mère-Raison-Science » parodie l'anthropologie freudienne en montrant l'ambivalence de sa méthode et c'est avec la même ironie que la philosophie peut être finalement définie comme un « acte rituel des mangeurs de Dieu »[192].

Les masques d'André Gide

Pourquoi adjoindre au débat existentiel un débat sur l'autobiographie gidienne? En arrivant en France, le jeune Fundoianu était un fervent admirateur de l'auteur des *Nourritures terrestres* auquel il s'était probablement adressé en arrivant à Paris[193]. Entre 1929 et 1936, leurs relations vont s'inverser. Pourquoi? Gide est alors le représentant de la sincérité littéraire; son *Journal* paraît déjà dans *La Nouvelle*

Revue Française. L'engagement de l'artiste va apparaître comme une stratégie de compensation, soit morale soit psychologique soit sociale de l'activité de l'artiste. Au-delà de l'engagement politique de l'écrivain, c'est la dissolution du sujet rationnel présupposé par l'humanisme qui est en question.

Les prémisses de la philosophie existentielle de Chestov servent ici à défendre l'existence de l'autonomie de l'existentiel : l'irrationnel, la finitude, la mort, l'angoisse sont des constantes métaphysiques que les conditions économiques et sociales ne peuvent modifier. Fondane va démystifier le projet autobiographique de Gide en soulignant son aspect erratique. Tirant toutes les conséquences des aveux intimes, il défait son unité logique. L'identité de son autobiographie est artificielle. La trajectoire intellectuelle qui va de Nietzsche au communisme en passant par Montaigne et le christianisme ne possède qu'une pseudo-cohérence destinée à purger cette existence de ses facteurs irrationnels.

L'ontologie négative qui fait le fond des stratégies réfutatoires de Fondane apparaît alors : l'existence réelle de Gide est discontinue, « tremblante, oppressée, égarée » faite de « ruptures et de chocs ». Il incarne une illusion de rationalité existentielle qu'il entend démystifier en déconstruisant son moi fictionnel. Or, ce masque rationnel dissimule une stratégie de justification éthique. Ainsi, Gide « torturait les Évangiles pour y découvrir, avec une promesse de joie, la permission d'être ce que l'on est »[194]. C'est la pression sociale avec ses régulations éthiques et logiques qui conduit l'artiste à s'inventer une biographie intellectuelle et à revêtir des masques. Avec la dissolution du sujet rationnel, la vertu de sincérité avec soi-même se révèle illusoire : la « probité d'esprit » n'est-elle pas un obstacle qui empêche Gide de rouler « sous la table sainte » ? L'expression est trouvée dans le *Journal (1929-1932)* : « Il y a certains jours où, si seulement je me laissais aller, je roulerais tout droit sous la Table sainte. Ils croient que c'est l'orgueil qui me retient. Du tout, c'est la probité d'esprit »[195].

Où mène cette offensive ? « [...] ainsi j'étais moi-même Montaigne »[196] avait déclaré Gide. Mais le scepticisme mesuré, la confiance dans la nature humaine, mais surtout l'aptitude sensuelle au bonheur qui constituent la sagesse de Montaigne se heurtent irrémédiablement au malheur de la conscience. Pour l'auteur de *La Conscience malheureuse*, l'eudémonisme de Gide sonne comme une illusion : « Il prétend ne rechercher désormais que la *joie* ; mais chercher la joie c'est l'acte fondamental par lequel la conscience malheureuse témoigne qu'elle est malheureuse ! » conclut-il.[197] On notera que cette opposition s'exprimera aussi par la composition d'un *Philoctète*, pièce de théâtre qui s'oppose au *Philoctète* de Gide. Décidément, la sagesse de l'humanisme est devenue impossible. Elle ne convient plus aux fantômes de l'Histoire.

Le Dieu moral de Bergson

Dans son offensive contre le rationalisme, Fondane intègre les analyses bergsoniennes de la raison, géométrique, spatialisante, quantitative, à la critique chestovienne des évidences. La participation existentielle, qualitative et immédiate, n'est pas éloignée de l'intuition vitale de la durée. N'y avait-il pas dans l'intuitionisme bergsonien le moyen de fonder un concept de participation ? Bergson semblait un allié substantiel. Aussi, est-ce avec déception que Fondane récuse le chemin emprunté par les *Deux Sources de la morale et de la religion* (1932) qui conçoit la « faculté fabulatrice » comme une simple compensation des effets de « l'intelligence dissolvante »[198].

Les *Deux Sources* confrontent une morale close, produite par la coercicion de l'obligation sociale, relayée par l'intelligence, et une morale ouverte nourrie par des hommes exceptionnels, dynamisée par l'émotion morale et par les grands mystiques. Ainsi la morale ouverte se trouve-t-elle nourrie par la religion « dynamique ». Alors que la pensée existentielle s'efforce de franchir le bien et le mal, voilà que la pensée mystique est associée à la morale, et pas n'importe laquelle : une morale de l'austérité, du renoncement et de la résignation, protégeant les valeurs d'un ordre capitaliste.

L'interprétation éthique du mysticisme chez Bergson, qui serait acceptable vis-à-vis du prophétisme juif, n'est-elle pas aberrante vis-à-vis du mysticisme chrétien? Car la pensée existentielle fait du vide éthique la condition d'un rapprochement de Dieu, qui, nous l'avons vu n'a plus rien d'un Dieu moral : « *L'Histoire n'est qu'une absence totale de Dieu*, bien qu'elle ait été remplie et terrorisée par une morale que l'on mettait sur son compte »[199]. La philosophie de Bergson aboutit donc à un univers conçu comme « machine à faire des dieux », reléguant le religieux vers une fonction morale.

Au contraire, le Dieu méta-éthique, irrationnel et terrible de la pensée existentielle, situé dans le prolongement de Pascal, de Kierkegaard et de Luther, exclut radicalement l'alliance bergsonienne entre l'éthique et le religieux. Loin d'être un dieu de la sécurité, de l'amour et de la sérénité, il est un Dieu dangereux et violent. Toute conciliation avec le dernier bergsonisme s'avère impossible.

Le malentendu Heidegger

En 1932 paraissait le premier article de Fondane aux *Cahiers du Sud : Sur la route de Dostoïevski : Martin Heidegger*. Un lot de tirés-à-part, rarissimes aujourd'hui, en furent édités en octobre 1932 et adressés à quelques amis, dont le poète Joë Bousquet[200]. Cette étude sera immédiatement traduite en espagnol et publiée à la suite de la traduction en langue espagnole de *Qu'est-ce que la métaphysique?* de Heidegger par Raimundo Lida dans la revue argentine *Sur*. Les milieux d'avant-garde avaient déjà pris connaissance d'Heidegger en France grâce à la traduction de *Qu'est-ce que la métaphysique ?* par H. Corbin-Petithenry dans la revue *Bifur* (n° 8,1931, 5-27). À travers ses rencontres avec le philosophe Léon Chestov, ami de Husserl, Fondane avait donc eu l'écho des thèses heideggeriennes publiées en Allemagne, et disposait de l'édition de *Sein und Zeit* en allemand. Ses études sur Heidegger s'inspirent directement de l'analyse de Chestov qui l'avait rencontré chez Husserl en 1928, lui prédisant « l'explosion » de son système.

En 1932, Heidegger apparaît comme un violent destructeur de la tradition, héritier d'une tradition luthérienne et pascalienne, combattant la tradition onto-théologique de fondation de la métaphysique sur des concepts dogmatiques. L'analyse existentiale du *Dasein* révèle un néant qui, négation totale de l'étant, dépasse la négation logique pour la fonder. Ce thème heideggerien semblait pouvoir rejoindre la lutte contre les évidences de Chestov. D'autre part, l'analyse de l'angoisse comme expérience du néant semblait pouvoir être rattachée à la révolte contre la rationalité.

Cette lecture ne fera pas long feu. Rachel Bespaloff, une amie de Fondane et de Chestov, lui révélera son erreur. Lorsqu'elle reçut le tiré-à-part de 1932, elle venait d'écrire sa *Lettre sur Heidegger à Daniel Halévy* qui définissait les principaux concepts de *Sein und Zeit*. Elle écrivit donc immédiatement le 27 novembre 1932 une lettre à Fondane pour réfuter l'idée d'une proximité Heidegger-Chestov :

> Heidegger, même lorsqu'il surmonte la logique formelle dans ses analyses du néant, n'est point l'ennemi de la dialectique, mais il ne songe pas un instant à déposséder la raison, mais à lui assigner son rang […] Chestov, voyant et mystique, se sert de l'angoisse comme de dynamite pour faire sauter le monde que nous nous sommes fait. […] Pour Chestov, l'angoisse est une sortie sur l'absurde, un tremplin pour le bond dans l'impossible. Pour Heidegger, l'angoisse n'est nullement le pressentiment d'un orage où le temps vole en éclat, dans la fulguration d'une liberté incommensurable. Elle est au contraire le signe de notre durée finie[201].

Ces remarques seront décisives. Fondane les intègre directement à son texte et se transforme en adversaire de

Heidegger. Ce dernier, loin de vouloir détruire la finalité spéculative de la métaphysique, la rétablit au profit d'une connaissance générale de l'être. Il trahit donc la singularité de l'expérience individuelle de l'angoisse. Corrélativement, la liberté pour la mort est incompatible avec la liberté existentielle contre la mort revendiquée par Fondane. De plus, la culpabilité (*Schuld*) du *Dasein* réside dans la négativité appréhendée par le souci. Acceptant une finitude liée à sa contingence radicale d'exister, à son passé et à sa fin préexistante en lui, le *Dasein* est fondamentalement « en faute » en étant le fondement d'un être marqué par le néant. Cette conception ontologique de la faute s'oppose directement à la conception chestovienne du péché de la connaissance. Lorsque les deux philosophes parlent du néant, ils ne désignent donc pas la même chose : propriété du *Dasein* chez Heidegger, le néant est un coefficient d'illusion de la rationalité chez Fondane.

Plus grave : Heidegger « accepte l'événement, s'y résigne, le tient pour nécessaire »[202]. L'angoisse, « en liaison intime avec la sérénité et la douceur de la nostalgie créatrice », reconduit vers une sagesse de la consolation. Effectivement, chez Heidegger, il s'agit de réaliser l'être du *Dasein*, de le faire coïncider avec ce qu'il est dans l'authenticité de son être, et donc d'accepter un être-pour-la mort : « Nous ne sommes authentiques qu'en acceptant la liberté du devoir mourir »[203] note ironiquement Fondane en 1939. Bref, la résignation heideggerienne est l'inverse de la révolte existentielle.

Cette opposition entre passivité heideggerienne et révolte fondanienne correspond-elle à une opposition idéologique, à un jugement sur les implications politiques de la philosophie heideggerienne ? En 1933, le nazisme s'installe en Allemagne et Heidegger est devenu recteur de l'Université de Fribourg. Lorsque l'étude de Fondane paraît en 1932, il n'est pas encore recteur (21 avril 1933) et n'a pas encore adhéré au parti national-socialiste allemand (mai 1933). Rappelons qu'après son enthousiasme pour le national-socialisme et son fameux discours de rectorat (27 mai 1933) favorable au régime hitlérien, il démissionnera de son poste de recteur en février 1934. Deux ans plus tard, Fondane peut donc s'interroger sur son rôle dans la « destitution » de Husserl, ironisant tout autant sur sa réduction phénoménologique que sur le vocabulaire heideggerien :

> Il [le réel] arrachait Husserl à son socle de plus grand philosophe allemand actuel et en faisait un non-aryen que l'on destituait purement et simplement, non pour gagner une place à distribuer car il était déjà à la retraite, mais pour lui infliger ce que Heidegger appelle « la brutalité de l'interdiction » et « l'humiliation du refus ». Si je faisais état des « on-dit » – mais je m'y refuse – c'est Heidegger lui-même, élève et successeur de Husserl qui, en qualité de doyen de la Faculté de Friburg (sic) aurait revêtu de sa signature l'acte de destitution [204].

L'ironie est prudente. Mais la désillusion est consommée. Attentif à l'évolution de la philosophie heideggérienne, c'est en pleine Occupation, dans *Le Lundi existentiel* (1945), que Fondane en signalera les orientations nationalistes : « La poésie même deviendra le porte-voix du langage, du dialogue et finalement du "peuple" » à propos de *Hölderlin et l'essence de la poésie* [205]. Heidegger aura quitté depuis longtemps la route de Dostoïevski !

Husserl et la suspension de l'être

Autre adversaire : Edmond Husserl. Chestov avait publié en Russie *Memento mori,* une charge féroce contre Husserl en 1917 qu'il avait rencontré plus tard à Amsterdam. Les deux philosophes, désormais amis et adversaires, s'étaient souvent revus. L'irrationalisme théologique du premier avait affronté le plus amicalement du monde la phénoménologie du second. Le disciple de Husserl, Jean Hering, avait contre-attaqué dans « *Sub specie aeterni* » auquel Chestov avait répondu en 1927 dans « Qu'est-ce que la vérité ? ». Aussi, lorsque

Husserl a donné des cours à la Sorbonne, il a été invité à une soirée chez Chestov en mars 1929 où Fondane et Rachel Bespaloff, les deux disciples du maître, ont pu le rencontrer. C'est dans ce climat polémique que Fondane avait repris l'attaque contre l'auteur des *Méditations cartésiennes* dans son article « Husserl et l'œuf de Colomb du réel » (1929) que l'on retrouve remanié dans *La Conscience malheureuse*.

Fondane a parcouru *Les Recherches logiques* (1900-1901), *La Philosophie comme science rigoureuse* (1910) et lu les premiers commentateurs d'Husserl : J. Hering, E. Levinas et G. Gurvitch. Pour Husserl, « Le réel, voilà l'ennemi »[206] ! Les réductions transcendantales n'effectuent-elles pas un anéantissement du réel donné dans son immédiateté, malgré son apparente réintégration dans la définition intentionnelle de la conscience ? Ne dévaluent-elles pas la conscience naïve et la conscience psychologique ? À la démarche des *Méditations cartésiennes*, Fondane oppose le renversement de ses hypothèses en déclarant première l'immédiateté de l'expérience naïve. Sans elle la conscience intentionnelle n'est-elle pas vide ? Sans un substrat réel de l'acte de pensée, comment penser la réduction phénoménologique elle-même ? « Pendant que Husserl s'abstient de la position du réel, le réel à son tour cesse-t-il d'effectuer l'existence de Husserl ? » s'interroge-t-il ironiquement[207].

Face à ce nouveau rationalisme qui suspend méthodologiquement l'existence par des réductions successives pour décrire les structures transcendantales, Fondane durcit le ton : « Nous sommes la rebellion en puissance »[208]. Le rationalisme se charge de valeurs dictatoriales et oppressives. La forteresse husserlienne est le camp de ceux qui veulent « fusiller, mettre en prison, jeter à l'asile de fous les hérétiques, les anarchistes et les récalcitrants »[209]. À cette oppression, rapprochée de celle exercée sur les maranes au temps de l'inquisition espagnole, il oppose un état de siège mené par les pirates de la métaphysique que sont Nietzsche, Kierkegaard et Chestov.

Le navire husserlien coulera-t-il ? « Un seul trou, comme un verre d'eau, peut faire couler à pic le plus grand bateau du monde »[210].

Nieztsche et Kierkegaard : des alliés substantiels ?

Dans cette bataille contre le rationalisme existait-il des alliés ? Fondane se réclame d'une filiation qui rassemble entre autres Pascal, Nietzsche et Kierkegaard. L'idée d'une décadence socratique, la déconstruction des concepts du rationalisme kantien, la ruine de l'idéalisme, le dépassement de la morale et surtout la critique des arrière-mondes sur la base d'un féroce anti-platonisme, tout cela rapproche étroitement la pensée existentielle de Nietzsche[211].

Mais comment interpréter l'idée de la mort de Dieu avancée par Nietzsche ? L'ouvrage de Chestov : *L'idée du Bien chez Tolstoï et chez Nietzsche* (1925) soutient qu'il n'aurait réfuté qu'un Dieu moral. En somme, seul le Dieu dogmatisé et rationalisé par la culture. Grâce à cette solution, Nietzsche apparaît comme un élu chestovien, personnage tragique et contradictoire qui renverse l'idéalisme moral de Kant, luttant pour une foi qu'il se refuse à nommer, tout en exigeant un dépassement du bien et du mal. Mais d'un autre côté, Nietzsche n'est-il pas aussi un « anti-Pascal » ayant « suicidé sa foi », farouchement attaché à l'idée de probité intellectuelle[212] ? Pire : il prêche une résignation face à la nécessité tant détestée : « ma formule est *amor fati*... Il faut encore l'aimer »[213] ?

Kierkegaard est-il un allié moins paradoxal ? Tout entier porté par *Kierkegaard et la philosophie existentielle* (1936) de Chestov, Fondane trace le portrait d'un Kierkegaard révolté, exigeant un miracle à travers les paradoxes labyrinthiques du penseur subjectif. Déchiré par « l'écharde dans la chair », sa rupture avec Régine Olsen, l'auteur de *Crainte et tremblement* lutte pour obtenir la répétition de ce qui a été, en vertu de la puissance théologique de l'absurde. Kierkegaard offre une figure philosophique privilégiée pour incarner la rebellion contre la nécessité. Pour abolir le temps, pour revenir à sa condition originelle, il faut donc « violer l'esprit »[214], et faire exploser toutes les catégories logiques, dans une lutte spirituelle avec ou contre Dieu. L'existence de Kierkegaard réitère à nouveau le paradigme de Job : la perte absolue de tous les biens et de toutes les certitudes doit coïncider avec une restitution absolue. Don Quichotte métaphysique, Kierkegaard se bat lui aussi avec les moulins de l'absurde. Ennemi déclaré de l'hégélianisme et du christianisme dogmatique, ce Kierkegaard sollicite chez Fondane une expérience vécue : « La catégorie de la *réflexion* se trouve remplacée par celle de *l'épreuve* »[215]. Son drame devient un modèle pour toutes les révoltes du singulier devant le général.

Néanmoins, cet allié n'est pas sans faiblesses. La fonction kierkegaardienne de l'angoisse est âprement critiquée. Disposition fondamentale vers le péché, l'angoisse kierkegaardienne est « une puissance de résignation »[216], tandis que l'angoisse chestovienne, puissance de rupture ontologique, doit conduire à la transgression fondamentale du logique en révélant le néant de la rationalité. Kierkegaard ne partage pas non plus l'idée d'un péché originel de la connaissance lorsqu'il « définit l'homme d'avant le péché comme un être inachevé, voisin de l'animalité »[217]. Même reproche lorsque, fuyant sa solitude absolue, le dernier Kierkegaard retourne à la prédication contre ses contemporains, retombant dans l'éthique.

Fondane avait trouvé son maître dans une solitude terrifiante. Voilà les maigres alliés qui l'accompagnent dans son désert philosophique. Une telle position devait forcément l'isoler lui aussi dans la tradition cartésienne française. Car les débats subtils où il se révèle un polémiste redoutable ne sont pas des finalités en soi. La violente tension spirituelle qui est la sienne vise une expérience extrême au-delà du langage. C'est pourquoi les controverses qu'il engage avec Jean Wahl, Denis de Rougemont ou Rachel Bespaloff sur l'interprétation de Kierkegaard, par exemple dans son article « Héraclite le pauvre », reposent sur un malentendu. Ce qu'il leur reproche, en fonction de ce qu'il appelle « la loi d'indifférence », c'est de rationaliser, d'esthétiser ou de moraliser l'expérience de Kierkegaard au sein d'une froide distanciation. Au fond, le discours philosophique est un détour ; il ne s'agit pas de comprendre, mais de vivre ce que Fondane appelle parfois « l'angoisse jusqu'à la mort et la destruction »[218].

Un Dieu subversif ?

Ces offensives recèlent en définitive un immense espoir religieux de liberté. Mais quel est ce Dieu existentiel ? Dépourvu des attributs que la théologie dogmatique ou rationnelle lui avait sagement concédé de saint Augustin à Leibniz, il n'est plus qu'une entité négative dont la toute-puissance n'est plus équilibrée par les attributs gnoséologiques et moraux. Arbitraire et incompréhensible, au-delà du bien et du mal, c'est un Dieu terrible qui ne peut être approché que dans l'épreuve. Il est le Dieu de Job et du sacrifice d'Isaac par Abraham ou encore celui du Christ scandaleux qui chasse les marchands du temple et qui meurt abandonné sur la croix. Bien que Fondane entend retrouver chez ce Dieu chestovien l'essence même du judaïsme, toute religion sociale avec ses dogmes, ses interdits, ses rituels et ses formes de vie collective lui sera étrangère.

Bespaloff, Jean Wahl, Roger Caillois, répondront avec un scepticisme légèrement condescendant à *La Conscience malheureuse*. N'est-ce pas le livre d'un poète ? Lorsque l'ouvrage paraît pendant l'été 1936, l'élite intellectuelle de l'Europe libre : André Gide, Jacques Maritain, Romain Rolland, Julien Benda, André Malraux etc., s'efforce de formuler les principes d'une résistance au fascisme, tout en se situant vis-à-vis du communisme soviétique. Elle a besoin de certitudes et de doctrines d'action. Les grands congrès pour la défense de la culture de 1935 ont essayé d'unir les écrivains européens contre l'idéologie fasciste et la montée de l'hitlérisme. Le Comité de Vigilance des Intellectuels Anti-fascistes, soutenu par la *Nouvelle Revue Française*, participe au grand défilé anti-fasciste qui a lieu à Paris le 14 juillet 1935.

Dans ce contexte international, la destruction du rationalisme ne peut qu'inquiéter une Europe intellectuelle menacée dans ses libertés et soucieuse de définir rationnellement ses droits. En mars 1936, Hitler remilitarise la Rhénanie. En juillet, la guerre d'Espagne éclate. Les premiers avions italiens et allemands sont envoyés pour appuyer l'armée franquiste. Le gouvernement de Léon Blum décide de ne pas intervenir. Le 21 juillet Malraux est à Madrid et organise l'escadrille *España* en soutien aux brigades internationales. Aucune situation historique ne pouvait être plus défavorable à un irrationalisme théologique...

XIV.

Un film absurde sur une chose absurde

« Si j'étais libre, vraiment libre, je tournerais un film absurde, sur une chose absurde, pour satisfaire à mon goût absurde de la liberté » s'était exclamé Fondane dans les *Cahiers Jaunes* en novembre 1933. Trois ans plus tard, l'occasion se présente enfin. Après l'échec de son projet de film sur *Don Sugundo Sombra* de Guiraldes et d'un autre projet évoqué sous le nom de *La Tocasina*, Fondane entreprend pour de bon le tournage d'un film en Argentine avec l'aide de Victoria Ocampo. Le scénario reprendra apparemment l'idée d'un projet adressé à Paco Aguilar, « *A little musical night* » : il sera musical plutôt que parlant, avec la participation d'un célèbre quatuor de luthistes espagnols qui ont émigré en Argentine pour fuir le franquisme : les trois frères Aguilar :

Paco, Pepe, Ezequiel et leur sœur Elisa, amis de Victoria. Le producteur, Miguel Machinandiarena, directeur de la Filma Film, est trouvé et Fondane s'embarque à bord du paquebot le *Florida* fin avril 1936 à destination de l'Argentine où il restera six mois.

Les espoirs de Fondane ne sont pas uniquement cinématographiques. L'Argentine ne pourrait-elle pas l'accueillir, lui et sa famille, tandis que les menaces de guerre et d'antisémitisme se confirment en Europe ? L'Amérique apparaît comme un horizon de survie : « Si je fais un bon film, dit-on, l'avenir argentin et argentifère me serait ouvert » écrit-il à sa femme Geneviève[219].

2 400 mètres de gags

Fondane arrive à Buenos Aires via Cadiz, Dakar et Rio de Janeiro, probablement surmené par les dernières mises au point de *La Conscience malheureuse* dont il a livré le manuscrit à Denoël – il paraîtra en son absence à Paris au cours du mois de juin. Il a continué à travailler à bord du Florida au scénario qu'il décrit brièvement à sa sœur Line dans une lettre du 19 mai : « Ce sera la caricature de la société d'aujourd'hui, un monde où l'art n'est plus... Les Aguilar ne pourront être engagés pour un concert qu'uniquement parce qu'on les prend pour de célèbres bandits et, vers la fin du film, se révolteront contre la condition que leur fait le cinéma, refuseront le mariage et le baiser final et préfèreront, en jouant sans instrument le Boléro de Ravel, mettre en pièces le salon d'une vieille duchesse qui les avait fait jouer – par pitié. »[220] Cette première ébauche accrédite l'idée d'un scénario burlesque peu éloigné de l'esprit des Marx Brothers et des provocations d'*Un chien andalou* de Buñuel. De fait, les photographies qui ont survécu montrent de nombreuses scènes comiques. De son propre aveu, Fondane doit inventer « 2 400 mètres de gags »[221]. L'esprit du film est indiqué par une note de Victoria sur les frères Aguilar : « À exploiter le grand naturel avec lequel ils se foutent des convenances, des conventions, etc. »[222]

Le tournage est donc commencé le 10 juin aux studios Rayton, situés près de la Boca, le port fluvial de Buenos Aires, avec l'opérateur Juan Alton qui avait participé aux *Nuits de Port Saïd*, le film disparu de Kirsanoff auquel avait collaboré Fondane. Certains acteurs engagés, tels Leopoldo Simari ou Delfina Fuentes sont des chanteurs de tango ou des artistes de cabaret. Beaucoup feront plus tard une carrière remarquée en Argentine : Iris Marga, Julio Renato, Orestes Caviglia ou surtout Guillermo Battaglia qui tournera son dernier film en 1987.

Assez rapidement, Fondane se plaint des lenteurs, des arrêts, des difficultés d'un tournage pour lequel il lui faut tout créer, mais expédie déjà des bandes du film à Paris, commentées d'un œil professionnel par Kirsanoff. Dès juillet, il commence le montage avec l'aide de Paco Aguilar. Le jeune réalisateur se plaint de nombreuses difficultés techniques; n'oublions pas que les paroles du film, destinées au public sud-américain, devaient être en espagnol. Les frais de la production grimpent pour arriver, selon Fondane, à près de « 500 000 frs de capital »[223]. Les premières projections font-elles scandale? « Personne ne comprend rien à ce que je fais »[224] écrit-il à sa femme. Il se réjouit dans une autre lettre d'avoir fait scandale en ayant remplaçé la première artiste du théâtre national, absente, qui devait jouer une vieille duchesse, par un homme.

Fin septembre 1936, le tournage du film est quasiment achevé. Fondane termine au galop le montage. Après s'être momentanément appelé *La Nariz de Cleopatra* (*Le nez de Cléopâtre*), le film prend le nom de *Tararira,* nom d'un poisson de rivière qui apporte un parfum dadaïste à l'aventure. Après une projection sommaire du film dont il rapporte une copie en France, impatient et tout à la fois déchiré, Fondane s'apprête à rentrer en Europe.

Scène du film *Tararira* (1936),

Scène finale du film *Tararira* (1936) sur la musique du *Boléro* de M. Ravel avec Ezéquiel, Paco, Pepe et Elisa Aguilar.

Cette précipitation annonce un naufrage : le film ne sera jamais distribué. Les bobines en disparaîtront et nul ne peut juger aujourd'hui de ce film que par une trentaine de prises de vues qui ont survécu. Gloria Alcorta, invitée à une projection privée du film à Buenos Aires par Dalila Saslawsky, a raconté quelques souvenirs :

> Je revois toujours les Aguilar jouant à tour de rôle de leur luth aux fenêtres. Sans doute pour « converser » avec la jeune fille du lieu et la séduire, et je revois la grande scène finale qui se déroule dans un salon de thé où ils donnent un concert entourés de dames emplumées et bijoutées. Puis l'inoubliable scène du drame où les « luthistes » exaspérés par le bruit des éclats de rire et de vaisselle, se mettent à « tout casser » au son du « Boléro » de Ravel « gémi » par Elisa Aguilar.[225]

Scène du film *Tararira* (1936),
avec Elisa, Pepe, Ezéquiel et Paco Aguilar.

Les photographies retrouvées permettent malgré tout de saisir quelque chose de l'atmosphère du film : un chirurgien accompagné d'une sœur à cornette blanche, un luthiste sur un escalier extérieur entouré de son public, un chat suspendu à une corde par un groupe aux airs dramatiques ; une assemblée de gens assis avec en fond un décor géométrique de facture vaguement cubiste rappelant les décors de certains films de Marcel L'Herbier. Les aventures des « quatre bohèmes fous de musique » se déroulent en effet dans « une ville ultra-moderne » ainsi que l'explique Fondane le 29 janvier 1937 au journal *L'Intransigeant*. Mais certaines photographies indiquent qu'une tonalité plus grave se mêlait à la veine comique, comme dans les films de Chaplin dont Fondane est un grand admirateur.

En l'absence du film, peut-être faut-il nous rappeler que Fondane, au cours de son premier séjour en Argentine en 1929, s'était présenté comme un porte-parole du cinéma d'avant-garde, avec la projection de films de Man Ray, de René Clair et de Germaine Dulac[226]. La revue *Síntesis* avait également publié sa conférence sur le film pur en 1929. Ces prises de positions le mettaient en demeure de ne point déroger à ses propres exigences : « Ce sera la carricature de la société d'aujourd'hui, un monde où l'art n'est plus... »[227] déclare Fondane. De fait, tout porte à penser que certaines idées émises dans ses écrits sur le cinéma ont été appliquées à *Tararira*. Le sort du film indique que le poète s'est refusé aux compromissions. Le saccage d'un salon en musique par les musiciens à la fin du film attaquait-il trop clairement les conventions bourgeoises en 1936 ? *Tararira* fut-il un grand film d'avant-garde incompris ou bien une œuvre ratée ?

Certaines lettres laissent percevoir des réserves du côté de Fondane lui-même : « Certes, *Tararira* est un film fait dans les pires conditions. Certes, il y a des trous et des failles – et qui ne sont même pas dues à mon inexpérience. Mais il y a aussi quelques bons moments et quelques audaces... » écrit-il peu avant son départ[228]. Les capitaux sont-ils trop limités ? « Il ne sera pas à ma mesure faute de moyens » ajoute-t-il[229]. D'autre part, l'ajustement de la bande sonore qui était probablement intégrée à la bande image, essentiel pour une comédie musicale, souleva-t-il des difficultés techniques comme le suggère Hector Kohen, qui mentionne que la première machine de montage sonore (Moviola) n'arriva en Argentine qu'en 1937[230] ? Une autre hypothèse met en jeu des réticences politiques de la part des producteurs, qui sympathisant avec le franquisme, auraient renoncés à montrer le film d'un réalisateur juif dont les comédiens étaient des anti-fascistes espagnols[231]. Quoi qu'il en soit, jusqu'en 1939, Fondane s'efforcera de sauver son film avec l'aide de son ami Fredi Guthmann présent à Buenos Aires. Enfin, certaines de ses allusions laissent entendre que le film aurait été modifié ou censuré au montage : « Je suppose que c'est la vue du film qui vous a découragé – comme si je n'avais pas assez crié que je ne reconnaissais pas précisément ce film – mutilé, détruit, sans tête. »[232]

Benjamin Fondane (au premier plan) et le quatuor Aguilar pendant le tournage de *Tararira*.

Océan, reprends-moi !...

À Buenos Aires, une jeune fille blonde rejoint assez souvent l'équipe de tournage de *Tararira*. Son nom est Georgette Gaucher (1910-1987). Cette jeune institutrice bretonne de 26 ans a rencontré Fondane à bord du *Florida* lors du voyage aller en se rendant au lycée français de Montevideo. Une intrigue amoureuse s'est nouée à bord du navire et Georgette est repartie avec un tapuscrit d'*Ulysse* dédicacé : « En souvenir d'une rencontre qui justifie à elle seule l'invitation au voyage ». Dès lors, Fondane fera souvent l'aller-retour entre Buenos Aires et Montevideo. Le boléro apocalyptique de *Tararira* est une allusion à leur rencontre sur le pont du *Florida* et le thème en reviendra bien plus tard dans les poèmes de la jeune femme :

> Appuyée aux cordages et le vent nouant nos cheveux dans l'envol des mouettes, tu me disais : Chante encore miracle, chante le Boléro, tandis qu'en moi se lèvent les images de la colère, de la destruction libératrice.
> Ma gorge chantait [...]
> Je savais que nos pas seraient à jamais séparés.
> Et ma pavane continue
> Pavane pour un désespoir.
> Dans le Boléro fou,
> plus crié que chanté,
> la lente pavane
> de ta lente agonie
> de ton assassinat... [233]

Gloria Escomel a rappelé que tous deux partageaient une même fascination pour la mer, les ports, les bateaux, une « même conviction d'être né pour chanter la joie, le plaisir, la liberté, le voyage, la révolte, l'insurrection ; même rejet de la morale traditionnelle, même mépris pour la chose politique piégée, la bêtise prétentieuse, la dictature fasciste qui s'installe alors en Espagne, et le nazisme, évidemment »[234].

> Les cheveux sur le visage, j'offre au vent les bouquets de mes doigts ivres.
> Votre allure! disait Fondane, je n'en connais pas d'autres faite d'élans de liberté[235].

Avec le départ de Fondane le 15 octobre 1936 à bord du *Florida*, la liaison se déchire. Après une entrevue rapide lors d'une escale à Montevideo, les deux amants ne se reverront plus jamais. Les poèmes que Georgette va commencer à écrire portent en eux l'écho de ceux de Fondane. Leur ami commun, le navigateur-poète Fredi Guthmann (1911-1995), fera parvenir de l'argent à Fondane sous l'Occupation et s'efforcera en vain de le faire venir en Argentine. La correspondance à trois, continuée jusqu'au seuil de la guerre, laissera des traces profondes dans la vie et l'œuvre poétique de Guthmann tandis que les poèmes de Georgette Gaucher, publiés sous le titre : *Océan, reprends-moi*, sauveront la mémoire de l'ami disparu dans une « vie pour apprendre l'absence »[236].

> Océan, reprends-moi! je serai si légère, légère,
> que l'algue aux cheveux fins me reconnaîtra
> – pourquoi m'avoir laissé devenir femme?
> … j'étais à toi et tu me serrais bien!
> […] Tu as voulu que je leur donne un peu
> de ce que tu m'as faite.
> Il est temps, reprends-moi, je m'ouvre à ta caresse longue,
> à ton sel, à ton souffle…[237]

Fondane parviendra à faire publier une vingtaine des poèmes de Georgette Gaucher dans les revues *Esprit*, les *Cahiers du Sud*, *Fontaine* et *Volontaires*. En 1937, Guthmann écrit à Georgette à propos de son retour en France : « J'ai hâte de retrouver Fondane : car jamais, je crois, il ne m'a été donné de pénétrer aussi directement (et avec quelle émotion!) dans le cœur d'un homme (et quel cœur!). Sincérité admirable, sur quoi crache l'époque. Mais ça brille dessous, comme une monnaie dans la fange. » Et Georgette lui répond : « Vous irez voir Fondane – regardez-le bien avec mes yeux, ne lui dites rien – que lui dirais-je qu'il ne sait déjà ? »[238] Louis Soler a raconté avec émotion comment près de quarante années plus tard, le fidèle Fredi écrivit à Georgette à l'annonce de la republication de l'œuvre de Fondane : « Je joins un entrefilet de *La Nación*, photocopié, qui a trait à notre bien-aimé ami Benjamin. Il s'agira maintenant de se procurer ses livres. Voici que son heure est venue… comme nous savions qu'elle viendrait »[239].

XV.

Un faux traité d'esthétique

Quels sont les modes d'aliénation de la poésie ? *Rimbaud le voyou* avait déjà confusément suggéré en 1933 que l'image poétique fabriquait un leurre ontologique. Comment libérer la poésie de ses aliénations culturelles par les idéaux éthiques, esthétiques ou politiques? C'est le sujet du *Faux Traité d'esthétique* (1938).

Comme toujours chez Fondane, l'ouvrage cristalise un ensemble de polémiques. Il s'inscrit dans un débat sur la nature de l'expérience poétique qui engage notamment *Le Procès intellectuel de l'art* (1935) du jeune Roger Caillois, la poétique de Paul Valéry présentée dans les *Fragments de la mémoire d'un poème* (1938), *Pour la poésie* (1935) de Jean Cassou et *L'Âme romantique et le rêve* (1937) d'Albert Béguin. Il remanie une série d'articles parus entre 1936 et 1937 dans les revues les *Cahiers du Sud*, *Sur* et *Schweizer Annalen*. Le débat porte sur les enjeux existentiels et religieux de l'expérience poétique, mais aussi sur sa portée révolutionnaire. Paul Claudel, Maritain, Marcel de Corte, Marcel Raymond, Albert Béguin, Jean Wahl : tous à leur manière réclament une expérience existentielle de la poésie.

Le procès intellectuel de l'art

En 1935, *Le Procès intellectuel de l'art* de Roger Caillois paraît aux éditions des *Cahiers du Sud*. Il engage une polémique avec les surréalistes sur la légitimité de la poésie lorsqu'elle s'éloigne de l'objectivité des sciences. La lettre préface adressée à André Breton rappelle le refus catégorique de Breton d'ouvrir des haricots sauteurs du Mexique pour vérifier la cause de leurs sautillements. Pour Caillois, au contraire, il ne sert à rien de cultiver le mystère puisque le merveilleux « ne craint pas la connaissance » et « au contraire s'en nourrit »[240]. C'est au nom d'un nouveau puritanisme que Caillois va condamner les éléments impurs de l'art qui relèvent de la subjectivité : « sentimentalité directe ou symbolique, désirs et souvenirs conscients ou inconscients... » opposés à l'objectivable et à la pureté rationnelle des lois esthétiques. Impatient de châtier le « dévergondage » de l'art, Caillois instruit donc le procès de l'imagination empirique et projette d'inventer une « phénoménologie générale de l'imagination », sur le modèle d'une science expérimentale, « auprès de laquelle les œuvres d'art n'auront pas plus de valeur, d'intérêt et de portée que peuvent en avoir par rapport aux théories scientifiques des techniques industrielles ».

En prêchant une réduction cartésienne de l'esthétique à des lois scientifiques, Caillois entend exclure le lyrique conçu comme « *ce qui reçoit de l'imagination affective une certaine capacité spontanée d'expansion, de prolifération et d'annexion tendancieuse* ». Il s'inspire en fait directement du positivisme du Cercle de Vienne. Subjective, individuelle, illogique et contingente, la réception esthétique apparaît chez lui comme une faute morale. Le manifeste de Caillois illustre donc à la perfection ce que Fondane va appeler la « conscience honteuse du poète », c'est-à-dire la culpabilité du subjectif dans un siècle d'objectivité triomphante.

Ce procès de la poésie n'a-t-il pas commencé avec le livre X de la *République* de Platon ? La théorie platonicienne de la connaissance, basée sur le paradigme imitatif de la *mimésis*, discrédite déjà la poésie. Fondane s'insurge contre cette condamnation qui obéit selon lui à une *raison éthique*. Caillois formule explicitement cette situation en avouant que « *l'imagination ne fait pas d'aveux aussi facilement que le premier coupable venu, sous prétexte qu'elle est bourrelée de remords.* »[241] C'est sur ce terrain, celui de la culpabilité, que Fondane place la discussion : le monopole de la vérité scientifique conduit le poète à un discours répressif à l'égard de lui-même, bref à une *conscience honteuse*.

La conscience honteuse du poète

Pour Fondane, le procès intenté à la poésie atteste que face au prestige grandissant du rationalisme scientifique, le poète refoule la nature de l'expérience poétique avec ses implications existentielles et religieuses. Ce processus de culpabilisation l'oblige finalement à *recourir à de fausses justifications,* transformant le poème en instrument de connaissance ou le chargeant d'une fonction morale, idéologique ou politique.

La *conscience honteuse* du poète n'est qu'un cas particulier du conflit intime qui oppose la pensée existentielle et la pensée spéculative. Elle n'est qu'un mode de la conscience malheureuse. Le *Faux Traité* étend à une poétique existentielle les conclusions de *Rimbaud le voyou* (1933). Ce diagnostic s'inscrit tout à fait dans une généalogie nietzschéenne : « Sous le physicien, sous l'homme socialiste, c'est le panégyriste de l'aristocrate, du guerrier, de l'exploiteur d'esclaves, c'est l'homme "théorique" qui parle, le "décadent" de Nietzsche. »[242] La décadence spéculative amorcée par

Platon que Nietzsche dénonce dans le *Crépuscule des idoles* est doublée d'une analyse quasi-freudienne puisque la dépréciation du sensible, du passionnel et de l'imagination ne « sont ni vérités physiciennes, ni vérités matérialistes ; ce sont des vérités du sur-moi éthique, idéaliste, cruellement armé pour la destruction du moi insensé, affectif, imaginatif, réel »[243].

Il s'agit là d'une sorte de psychanalyse culturelle du poète. Tout en reprenant certains termes du discours freudien, Fondane en inverse les conclusions puisque le conflit entre le principe de réalité et le principe de plaisir ouvre sur une réhabilitation du sacré au sein de l'irrationnel, alors que *L'Avenir d'une illusion* de Freud déconstruit l'espérance religieuse. Pour Fondane, la « décadence » induite par l'homme spéculatif s'accompagne de stratégies de légitimation de son activité poétique. Autant de masques qui nous éloignent de nous-mêmes et qui nous divisent encore plus profondément. La même illusion se retrouve sous la forme de la fausse autobiographie, de la fausse confidence littéraire, de la fausse conscience critique de l'écrivain. Fondane la retrouve chez ses adversaires : Caillois, Breton, Gide, Valéry, Poe, Cassou ou Baudelaire. C'est le sens de l'homme « schizophrène », ce « type humain qui a le dégoût et la haine de l'existence, qui la poursuit avec acharnement au nom d'une pensée évidée de tout contenu sensible, appelée Esprit »[244]. Des hétéronomies spéculative, éthique, esthétique ou politique placent la création poétique sous des juridictions étrangères. L'annexion culturelle et la neutralisation de la pensée poétique d'origine magique, mythique et religieuse par la culture rationaliste de l'Occident est donc la source d'un malaise existentiel profond au sein de la culture.

Jean Cassou et l'aliénation politique

Jean Cassou rappellera volontiers plus tard qu'il fréquentait les mêmes cercles poétiques que Fondane avant la guerre, autour de Joë Bousquet, Yanette Delétang-Tardif, Pierre Gueguen, Thérèse Aubray, Jean Follain et le groupe belge du *Journal des poètes*[245]. Directeur de la revue *Europe*, membre des nombreux rassemblements pour la défense de la culture entre 1933 et 1935 et acteur du gouvernement du Front populaire aux côtés de Jean Zay, Cassou entrera dans la résistance.

Lorsque *Rimbaud le voyou* paraît en 1933, ce dernier consacre à l'ouvrage une page des *Nouvelles littéraires* en retraçant l'enjeu exact de la controverse qui est le risque d'idéalisme dans le surréalisme. La position de Cassou en faveur d'une poésie consubstantielle à l'action va se renforcer lorsqu'il reprendra cet article pour l'insérer à son ouvrage : *Pour la poésie* (1935) : « La vraie magie, la seule possible, est ici, parmi les choses, dans la nécessité de vivre et de manger »[246] affirme-t-il. L'engagement de la poésie en faveur du combat politique contre le fascisme durcit le refus d'une tour d'ivoire du poète et rejoint la position de Breton qui, dit-il, aurait « renoncé à tous les illusoires moyens de transformation, à tous les procédés de la magie »[247]. Ainsi, Cassou estime à l'opposé de Fondane que la position exemplaire du poète est l'engagement politique du surréalisme. Dans cet élan, il condamne les « très délicates souffrances de la conscience malheureuse qui meurt de ne pas mourir et se plaint d'un mal dont – surtout ! elle ne veut guérir »[248]. La fascination pour le néant et la souffrance privée ne sont à ses yeux que des préoccupations égoïstes dans le contexte de la crise économique et politique des années trente.

Fondane s'indignera en rétorquant qu'il ne « s'agit guère là d'une “voluptueuse tragédie”, mais d'une tragédie sombre, mesquine, intolérable, odieuse – que l'on n'a pas choisie… »[249] La poétique existentielle et le matérialisme révolutionnaire ne parlent pas le même langage. L'homme est-il un être autonome, capable de diriger sa vie ? La longue série d'études sur Kleist, Baudelaire, Rilke, Hölderlin contenue dans *Pour la poésie* ne montre-t-elle pas une série d'affrontements avec le désespoir, la souffrance et la mort ?

Le postulat de l'indépendance du noyau existentiel que Fondane opposait déjà aux surréalistes, aux marxistes et à Gide, fonde l'inutilité de l'engagement politique de l'artiste en tant que tel. Dès lors, le malheur sollicite une expérience spirituelle d'une toute autre nature. Cassou, directeur de la revue *Europe*, penseur matérialiste engagé dans l'aventure communiste, pouvait-il partager cette conviction? Fondane pour sa part ne lui concédera rien :

> Il sait que Maïakovski, Essenine, se sont suicidés, eux aussi; et que, par conséquent, l'acte révolutionnaire n'y change rien [...] Et néanmoins, obsédé par l'étrange crainte « de confirmer la durée de la société injuste », il exige du poète d'être un humaniste, un révolutionnaire, de faire « confiance au pouvoirs réels de l'homme»[250].

Dans un texte hanté par le feu qui rappelle qu'il est « des esprits pareils à l'asbeste ou à la salamandre », Cassou avertit Fondane que l'irrationnel pas plus que le rationnel n'est à l'abri de la force la plus aveugle et la plus destructrice[251]. Car les religions pourraient s'offrir pour remplir les vœux de l'homme du souterrain et imposer la violence de l'irrationnel, instaurant des « tribunaux qui déclareront à la surface du monde que deux et deux ne font plus quatre et qui condamneront ceux qui prétendront le contraire à brûler non plus d'un feu spirituel, mais d'un feu bien réel qui rôtit les os et les chairs. Les vœux de l'homme du souterrain seront-ils comblés? »[252] Cette attaque anticipe sur les critiques de Mounier, Camus, Mauriac, Maritain, Grenier et Bespaloff sur les dangers de l'irrationnel. La philosophie existentielle ne contribue-t-elle pas à accepter passivement l'injustice sociale et les tyrannies de l'histoire?

> La séduction du désespoir métaphysique est, en ce moment où j'écris, d'autant plus vive qu'on peut risquer de voir dans ce désespoir l'expression d'un désespoir plus concret, plus immédiat, celui de vivre en une société injuste. Mais les

circonstances de ce monde injuste sont telles qu'écouter le désespoir métaphysique, comme écouter les prétentions de l'idéalisme magique, c'est faire le jeu de la société injuste et en confirmer la durée.[253]

L'idéal valéryen d'une autonomie de l'esprit

« J'ai scandalisé diverses personnes, il y a quelques années, pour avoir dit que j'aimerais mieux avoir composé une œuvre médiocre en toute lucidité qu'un chef-d'œuvre à éclairs, dans un état de transe... c'est qu'un éclair ne m'avance à rien » avait avoué Valéry.[254] Rien ne pouvait irriter davantage Fondane que ce culte de l'intellect au sein de la création poétique !

Dans les *Fragments de la mémoire d'un poème,* publié en 1938 par Émilie Noulet, Valéry tente de redonner à la conscience critique du poète ses droits absolus. Aussi, méfiance, doute, réticence à soi-même, surveillance de l'esprit à l'égard de l'inspiration irrationnelle s'associent pour constituer la conscience honteuse du poète. L'auteur du *Cimetière marin* rêve d'un « éternel ébat dans l'indépendance pure ».[255] Dans la transparence de l'intellect, la volonté engendre un plaisir presque sensuel de l'esprit. Elle s'offre une « orgie intelligible ». Aussi, Fondane peut-il parler d'un « refus égoïste » de Valéry[256].

Bien pire, Valéry définit un idéal de maîtrise des effets du hasard qui aboutirait à la limite à une autonomisation formelle du poème par l'abandon de toutes ses fonctions référentielles, comme dans la musique pure :

> Ces modes purs ne s'embarrassent pas de personnages et d'événements qui empruntent à la réalité observable tout ce qu'elle offre d'arbitraire et de superficiel, car il n'y a que cela qui soit imitable... ils exploitent, au contraire, ils organisent et composent les valeurs de chaque puissance de notre sensibilité détachée de toute référence et de toute fonction de signe.[257]

S'efforçant de trouver en tant qu'origine de *La Jeune Parque*, un « rythme pur », Valéry applique à ses poèmes un idéal formel. Or, Fondane placera sur ce terrain la crise du poétique, en notant que le signe intelligible se dresse souvent contre le contenu signifié : « les vérités se sont toujours comportées comme si le *signe intelligible* qu'elles étaient, avaient épuisé le contenu du *signifié* – se dressant même contre lui, chaque fois qu'il témoignait de quelque *résidu* ni capté, ni apprivoisé »[258]. En ce sens, la poétique existentielle amorce la réflexion sur l'autonomie du signifiant chez Roland Barthes, Georges Steiner ou Yves Bonnefoy. La polémique anti-platonicienne du *Faux Traité d'esthétique* rejoint l'anti-platonisme de la poétique de la présence[259]. « L'imperfection est la cime » écrira Bonnefoy. « Il ne reste pas moins vrai que *la pensée des dieux serait dans le tissu de l'œuvre médiocre et non dans celui de l'œuvre soi-disant parfaite* » écrit Fondane[260]. C'est que l'imperfection poétique est une attestation d'existence contre toutes les puissances déréalisatrices de la raison :

> Si la tendance de la poésie est « contraire » à toute décadence, si elle remonte le courant vital que descendent par contre, religions, morales et philosophies « théoriques », rationnelles, impuissantes, il est naturel qu'elle prenne à sa charge la *restitution de tout ce que les opérations de l'intellect ont méprisé, condamné et mutilé, à savoir l'existence finie et humiliée et sa pensée intime : le mythe.*[261]

Prenant appui sur le livre X de la *République* et sur le *Ion* de Platon, Fondane applique donc le concept nietzschéen de décadence à l'évolution de la poétique moderne. Mais l'idéal valéryen d'une autonomie formelle de la création poétique présuppose aussi un moi spéculatif transparent, fondant une imputation absolue du « je » identifié à la source de la réflexion. Fondane lui oppose le « je est un autre » rimbaldien, thème qui fait écho à la dissolution du moi rationnel dans ses grands poèmes :

> C'est ce résidu que le poète s'efforce d'expurger du poème, afin que, précisément, l'inspiration devienne totale et que seule subsistât, parfaite la parole des Dieux. « Je est un Autre » – celui qui retouche le poème c'est encore l'Autre; et ce qu'il retouche, qu'il élimine, c'est encore et toujours le *Je*.[262]

Du romantisme au surréalisme

En 1937, les *Cahiers du Sud* publient un ouvrage qui exercera une profonde influence sur la critique littéraire : *L'âme romantique et le rêve* d'Albert Béguin. Fondane lit l'ouvrage et rédige son article : « Le romantisme allemand » pour *Le Rouge et le Noir* à Bruxelles (13 octobre 1937). Ce texte va fournir le début du chapitre II du *Faux Traité d'esthétique*. La conquête du rêve par les poètes romantiques, leur soif d'infini, leur nostalgie d'un âge d'or, leur dédain pour le mécanisme cartésien semblent les rapprocher de l'esprit de la poétique existentielle. Fondane rappelle les deux finalités du romantisme : « Celle de provoquer l'éclosion d'un âge d'or, de rendre l'homme à sa pureté de *fils du soleil* » et celle de « faire de la poésie le sceau de l'alliance entre l'éternel et l'homme, l'humble oblation propitiatoire, l'instrument actif de la délivrance. »[263] Ces espoirs ne sont-ils pas aussi ceux de la poésie existentielle? Pourtant, il les désavoue : « Jamais échec ne fut plus lamentable ».

Ce désaveu porte en premier lieu sur les valeurs romantiques : noblesse, sentimentalisme, grandeur, etc. Novalis lui-même, le poète du rêve, juge l'imagination immorale. Aussi Fondane regrette-t-il le « romantisme éternel » de Baudelaire, de Dostoïevski, de Kierkegaard et de Nietzsche, bref un anti-idéalisme grinçant et ironique qui surmonte le bien et le mal dans lequel il n'est pas difficile de reconnaître l'esprit de sa propre poésie :

> Cet art-là se reconnaît à son ironie, à ses sarcasmes, à ses cauchemars, à ses discordances, à sa folie – et aussi à une certaine vulgarité, à un certain terre-à-terre, qui tranche sur la grandeur, la noblesse et tous les clairs de lune du romantisme allemand. [264]

D'autre part, le tournant spéculatif du romantisme allemand l'éloigne tout autant de la pensée existentielle. Sous l'influence des différents idéalismes kantien, fitchéen ou hégélien, il aboutit à une « autonomie formelle de l'acte poétique », acte d'esprit pur, dépourvu dès lors de toute participation réelle aux choses. Il n'accepte l'irrationnel que pour le réduire à la connaissance objective. Albert Béguin n'affirme pas autre chose : « Pas plus pour Breton que pour les romantiques allemands, il n'est question d'un abandon total au rêve, mais bien d'une conquête du rêve, que l'on tentera de rendre utilisable pour la conscience. » [265] Bref, le romantisme a été lui aussi victime d'une ambition prométhéenne. Dans cette perspective, la chute de Rimbaud dans *Une saison en enfer* s'inscrit dans l'effondrement du romantisme. Lui aussi a tenté par ses propres forces de retrouver un âge d'or. Enfin, les surréalistes eux-mêmes, en privilégiant le rêve, s'inscrivent dans ce mouvement d'éloignement ontologique caractéristique du romantisme allemand. Non, la poésie ne peut plus décrire un âge d'or, elle ne peut qu'exprimer la blessure intime de la conscience malheureuse.

Le *Faux Traité* mérite donc bien son nom : la poésie ne s'y définit que contre ses modes d'aliénation et ses récupérations qu'elles soient de nature sociale, politique, esthétique ou morale. Dépouillée de ses vêtements culturels, la poésie est l'expérience d'une tension permanente entre le réel et la représentation. La conscience honteuse du poète est inhérente à la poésie, activité interlope, douteuse et passionnée dont le « rêve messianique »[266] se heurte perpétuellement à l'échec. Leurré par la beauté, l'éternité, la perfection, la vérité, et ayant brûlé ses ailes à leur contact, le poète doit descendre des catégories de sa pensée dans les catégories de sa propre vie »[267]. Bref, cesser d'être un schizophrène culturel, avoir l'audace de vivre l'immédiateté de sa propre existence et y découvrir une promesse d'infini. Mais nous sommes déjà au seuil du *Baudelaire et l'expérience du gouffre* (1947) qui tentera de formuler l'avènement religieux qui se cherche dans l'esthétique brisée du poème.

XVI.

Primitivismes

Le monde est désenchanté. Seule la pensée magique de l'enfance peut-être pourrait nous offrir l'intuition de ce qui a été perdu et qui demeure en nous sous la forme de la nostalgie : « Ce regret, cette nostalgie, ce sont des actes de protestation, des affirmations *de présence* que le penser logique ressent comme une intrusion, des actes de révolte... »[268] La nostalgie d'un état *de pleine réalité existentielle* coïncide avec l'idée d'une pensée primitive et magique perdue dès lors que le savoir, fruit du serpent biblique, a commencé à détruire et à dévaloriser ce qui se donnait comme expérience première du monde. Le moment négatif de la destruction de la rationalité s'augmente donc du moment positif de la réhabilitation métaphysique de l'ethnologie, des mythes, des contes pour enfants, des arts populaires : « Tout se passe comme si la poésie était le lieu de la rupture, de l'effondrement, et aussi du remords, de la nostalgie, de ce qui fut avant »[269]. C'est à la lumière de cette nostalgie qu'il faut aborder les relations de Fondane avec les artistes de son temps : Picabia, Man Ray, Chagall, Brancusi, Victor Brauner. Qu'il s'agisse des arts cinématographiques, photographiques, picturaux ou musicaux, c'est toujours le fil de la pensée magique qu'il faut suivre.

Chagall et l'apéritif du paradis

Quel monde restitue la peinture de Chagall ? Le monde sacré « d'avant le bien et le mal », ou encore « le paradis des hassidims de Pologne et de Hongrie, avec leur grand Baalschem » écrit Fondane en 1934[270]. Ce paradis yiddish est « à la fois très tendre et douloureux, fervent et très cocasse, un paradis de misère, d'ails et de pogroms, un paradis de brocante où l'on prie un Dieu très ancien, un Dieu de marché aux puces ». C'est une des rares fois où il se réfère explicitement au courant religieux hassidim de la tradition juive. Comment pourrait-il ne pas être sensible à l'évocation du village enveloppé par Dieu où les fiancés volent au-dessus des clochers du village ? Son article est accompagné par des reproductions de *La vache blanche* (1933) et des *Mendiants* (1932) qui constituent une iconographie typiquement judaïque.

L'œuvre poétique, qu'elle soit écrite, cinématographique, sculpturale ou peinte peut-elle *réenchanter* le monde ? On a parfois rapproché *Paysages* du jeune Fundoianu de l'œuvre chagallienne, mais leur angoisse secrète est assez éloignée de la douceur et du lyrisme de Chagall. S'il offre « l'apéritif du paradis » à Fondane, c'est qu'il donne à voir ce que sa poésie désespère de retrouver. D'autre part, il brise les conventions réalistes sans démembrer le corps humain comme Picasso. Ici, la nostalgie du paradis perdu coïncide avec la nostalgie de l'enfance, et leurs métaphysiques pour ainsi dire coïncident.

C'est aussi la source de l'intérêt que Fondane porte aux sculptures de son ami Constantin Brancusi : « Comme Chaplin, Brancusi voudrait essayer ses œuvres sur les enfants... »[271] Alors que Picasso, semblable à un cabbaliste et héritier secret de l'histoire culturelle de la peinture, se livre à une destruction inhumaine des formes, Brancusi rompt avec le culturel et initie une forme pure. Non-savoir, instinctivité, spontanéité créatrice font de l'art une anti-culture qui rejoint le dadaïsme : « Qui a appris à ce paysan du Danube les règles de son jeu ? » La règle, loin de structurer l'œuvre d'art, l'aliène et l'enferme. Le fait d'art lui-même, comme catégorie esthétique, marchande ou historique, est déjà une aliénation de l'acte poétique. C'est pourquoi Fondane fait l'éloge des douaniers américains qui n'ont vu dans les sculptures de Brancusi « que du métal d'une certaine consistance et d'un certain poids ». L'œuvre plastique de Brancusi est un événement « exceptionnel », c'est-à-dire sans solution de continuité culturelle et historique qui pourrait en réduire l'apparaître miraculeux.

Portrait de B. Fondane par Constantin Brancusi (1929).

En ce sens, l'œuvre plastique prend place positivement dans le vide créé par le scepticisme chestovien. Elle atteste hors du concept. « Férocement unique, hors de toutes catégories, l'œuvre de Brancusi ne supporte guère la discrimination historique et affirme puissamment être la première démarche d'un esprit qui institue des formes... »[272] L'œuvre authentique apparaît comme une exception à l'égard de l'histoire, qui n'est que la rationalisation abusive *a posteriori* des événements particuliers. Lorsque Fondane se fait photographe, il coupe, fragmente la succession temporelle et la cohérence spaciale, et associe selon des hasards mystérieux ses images photographiques, formant une sorte de photopoème. L'œuvre visuelle, de même que le poème, introduit une singularité pure, un événement « catastrophique ». D'où l'importance de la discontinuité introduite par les arts primitifs, extérieurs à l'histoire de l'art occidental.

Le détour ethnologique

Fondane partage avec les avant-gardes et les surréalistes une même fascination pour l'art primitif que les expositions coloniales ont apporté au cœur de Paris. Comme Gauguin, Fondane reprend l'idée qu'il faut oublier les Grecs : « Combien grande la sculpture nègre, sans un seul nom d'artiste glissé dans le pli de la couture : sans auteurs avoués : que les Grecs nous paraissent fadasses à côté d'eux » écrit Fondane[273]. Apollinaire, André Derain et Picasso ont découvert avant 1914 la sculpture africaine. Mais Gauguin, bien avant Apollinaire et les cubistes, avait tiré de l'imitation des arts polynésiens de nouvelles formes plastiques. Avec lui, l'anticléricalisme, l'iconoclastie, l'érotisme avaient fait irruption sur le marché de l'art.

Le détour ethnologique de la philosophie existentielle fait écho à la présence du primitivisme dans les avant-gardes picturales, musicales ou théâtrales des années trente. Avec la vogue du jazz, ce primitivisme moderne atteint son apogée.

En 1923, la *Création du monde* est jouée aux ballets suédois avec des décors et des costumes de Fernand Léger, des masques du Congo et de la Côte d'Ivoire, sur un texte de Blaise Cendrars. Les poèmes nègres de ce dernier : *Continent noir* (1922), les *Grands fétiches* (1922) ou l'*Anthologie nègre* (1921) exploitent cette nouvelle source d'imagerie mentale qui ouvre un espace d'érotisme et de mystère apte à renouveler la poésie[274]. La grande exploration de la mission Dakar-Djibouti 1931-1933, que Michel Leiris accompagne, aboutit à *L'Afrique fantôme*, vaste journal du désenchantement publié par Albert Skira et Etstratios Tériade dans la revue *Minotaure*. Les sources archaïques donnent paradoxalement accès à la véritable modernité. Le « théâtre de la cruauté » d'Artaud propose de renouveler le théâtre occidental en puisant dans les ressources scéniques du théâtre balinais ou japonais. Il n'est pas étonnant que Fondane, dans une lettre à Artaud, retrouve dans le théâtre de la cruauté une application de ses théories cinématographiques.

Les surréalistes eux-mêmes, avec André Breton en tête, font largement appel aux arts et aux mythes primitifs pour appuyer leur conception de l'objet magique. « L'artiste européen, au XXe siècle, n'a de chance de parer au déssèchement des sources d'inspiration entraîné par le rationalisme et l'utilitarisme qu'en renouant avec la vision dite primitive, synthèse de perception sensorielle et de perception mentale » affirme Breton en 1947[275]. Mais le merveilleux que Breton retrouve dans l'art primitif est bien plus proche du magique que du religieux. Au contraire, si Fondane procède au retournement ironique de la hiérarchie établie par l'idéologie colonialiste entre cultures primitives et cultures civilisées, c'est pour retrouver une dimension religieuse qu'il situe en continuité avec le texte biblique.

Mais il s'agit aussi, face au racisme multiforme qui envahit l'espace européen de la fin des années trente, de redonner un visage aux hommes caricaturés, des noirs africains aux juifs d'Europe qui seront ensemble objets des mesures discriminatoires du gouvernement de Vichy : c'est là un autre aspect du mal des fantômes. En écrivant l'« Intermède » de *L'Exode* entre 1940 et 1944, en pleine Occupation allemande, Fondane rassemblera dans sa vision les Français « du Congo, du Bled algérien, d'Annam », et des « Français venus des îles Caraïbes, Français selon les droits de l'homme » mais aussi « des Tchèques, et des Polonais, des Slovaques/et des Juifs de tous les ghettos de ce monde »[276], les rassemblant en une seule humanité meurtrie.

La subversion ethnologique

Aussi ne faut-il pas nous étonner si Fondane tente de sortir de la négativité épistémologique par une double incursion, à la fois vers la logique de Stéphane Lupasco et vers l'ethnologie de Lévy-Bruhl contenue dans *La Mythologie primitive* (1922) ou dans *L'Expérience mystique et les symboles chez les primitifs* (1938). La conception prélogique du monde chez les primitifs ne peut-elle pas briser le monopole du rationalisme pour fonder une pensée de participation ouverte à l'expérience du sacré ? Mieux, ne peut-elle pas confirmer expérimentalement les nouvelles logiques de la connaissance ? De 1937 à 1944, Fondane publie une série d'études sur Lévy-Bruhl, en particulier « Lévy-Bruhl et la métaphysique de la connaissance » (1940), et laissera un essai inachevé sur cette question[277]. L'ethnologue avait pourtant fermement refusé, avant de mourir en 1938, de se voir associer à la thèse fondanienne d'une nouvelle « métaphysique de la connaissance ». Sa visée demeurait rationaliste, même lorsqu'elle impliquait une suspension méthodologique des habitudes mentales du lecteur occidental.

Pour Fondane, la subversion du rationalisme est pourtant latente dans cette œuvre avec le remplacement de la pensée logique par une pensée « magique » de participation. Chez les primitifs, l'acte de connaître dualiste du rationalisme fait place selon Lévy-Bruhl à un acte de participation qui ignore la dualité du sujet et de l'objet, base de l'expérience dite « mystique ». Cette participation instaure une efficacité magique entre le désir préfigurant et son objet, entre une action ou un objet symbolique et un événement. La formation des symboles eux-mêmes présuppose une participation qui va souvent jusqu'à la consubstantialité. Car le symbole, comme l'appartenance, participe de l'être ou de l'objet qu'il « représente », et par là même en assure la présence réelle. En 1936, *La Conscience malheureuse* proposait une subversion de la raison par le mythe. Fondane pense pouvoir y retrouver une théorie de l'immédiat dont il a besoin pour penser l'état de poésie. Or, le primitif adhère pleinement à l'être et à lui-même; il ignore la division ontologique de la conscience malheureuse :

> Comme les « primitifs » *négligent le principe de contradiction* et se donnent tout le réel *pour vrai et immédiatement senti*, ils ne savent ce que peuvent vouloir dire : abstraction, concept, sujet, objet, possible, impossible, loi, nécessité : *paroles sans contenu aucun* – sans quoi certes il ne peut y avoir de « connaissance » mais avec quoi il ne peut y avoir puissance sentie, fusion affective, identité, vérité effectuée, adéquation de l'homme avec lui-même, aux êtres, aux choses, à la nature, au groupe social dont il fait partie[278].

Allons plus loin : le concept de participation se retrouve, selon Lévy-Bruhl, dans l'extase plotinienne en tant que « catégorie affective du surnaturel »[279]. Elle permet donc de lier l'immédiateté poétique à l'expérience religieuse.

Cette analyse est également valide chez le « civilisé », quoique à un degré moindre. C'est ce qui garantit la puissance subversive de l'analyse de Fondane. Il suffit de localiser dans la culture dite civilisée un socle de mentalité primitive, antérieure à la rationalité, mais toujours active, pour qu'elle puisse récupérer ses droits. Or, la vie de l'homme civilisé est traversée en permanence par des éclairs irrationnels, des intuitions, des rêves ou des pressentiments. L'irrationnel, le religieux, l'art et l'expérience poétique n'ont finalement qu'à puiser dans ce subtrat prélogique recouvert par le rationalisme. Car c'est par l'oppression que le social exerce sa surveillance sur le prélogique : « la pensée logique n'est qu'une habitude acquise, déposée dans le social, restituée par le social et maintenue par l'éducation, la surveillance, la violence »[280]. Libérons la pensée, elle s'évade immédiatement des cadres coercitifs de l'entendement social pour s'exprimer par « des gestes, des danses, des chants, des rêves, des mythes » et les principes de la raison redeviennent des « fantômes, des erreurs, des illusions »[281].

Ne nous trompons pas : la substance proprement ethnologique de ce débat est maigre, pour ne pas dire inexistante. Ce n'est pas une visée de connaissance qui est en question, mais une subversion culturelle. Il s'agit non seulement de réhabiliter la dignité culturelle des mythes, des contes, des récits du folklore, mais aussi d'y *croire*, de participer aux forces obscures que la philosophie traditionnelle considère comme « appétits désordonnés, caprices de la chair, volontés d'agressivité et de plaisirs »[282]. La matière obscure et irrationnelle de l'affectivité doit ouvrir sur le religieux. Dans le cadre de la crise des théologies rationnelles provoquée par la Révolution galiléenne, cette réhabilitation de la pensée primitive vise toujours à sauver Dieu. Il ne s'agit au fond que de faire avouer à Lévy-Bruhl qu'il a dynamité le rationalisme occidental pour rejoindre malgré lui la lutte entre Athènes et Jérusalem.

XVII.

Du bruit et de la fureur

Du 21 au 25 juin 1935, sous les auspices de Münzenberg et officiellement de l'A.E.A.R., l'Association des Écrivains et Artistes Révolutionnaires, se tient le *Congrès des écrivains pour la défense de la culture*. Les journées du congrès réunissent un public de 2 500 personnes. Gide, Malraux, Breton, Alain, Aragon, Robert Musil, Benda, Aldous Huxley, Louis Guilloux, Paul Nizan, Mounier, Brecht, Pasternak et bien d'autres sont présents. La France se trouve encore sous le choc du 6 février 1934 lorsque la manifestation des ligues, suite à l'affaire Stavisky, avait menacé la Chambre des députés au Palais-Bourbon. Si la conjuration des ligues d'extrême-droite échoue, elle démontre l'éminence de la dérive fasciste en France. Le pays s'est trouvé ce jour-là aux portes de la guerre civile.

Alors qu'il faudra attendre le 27 juillet 1934 pour que les communistes rejoignent les socialistes avec le Pacte d'Unité d'action, les intellectuels français réagissent immédiatement et signent le 10 février une pétition en faveur de l'unité d'action de la classe ouvrière, destinée à barrer la route au fascisme[283]. Parmi eux figurent déjà André Breton, Paul Éluard, Jean Guéhenno, Alain et André Malraux. En mars est créé le Comité de Vigilance des Intellectuels Antifascistes à l'initiative de François Walter, collaborateur de la revue *Europe*, sous le pseudonyme de Pierre Gérôme. La *NRF* publie une liste d'intellectuels qui signent son manifeste en faveur des organisations ouvrières. Mais ce comité double celui d'Amsterdam-Pleyel qui prétend aussi de son côté lutter contre la guerre et le fascisme. Avec le rapprochement de l'URSS de Staline vis-à-vis des démocraties européennes et la formation du Front populaire le 14 juillet 1935, le Comité de Vigilance acquiert une audience considérable auprès des intellectuels français. Mais le terme de « lutte antifasciste » dissimule une hétérogénéité considérable entre les communistes internationalistes, les admirateurs de Romain Rolland, les pacifistes groupés autour du philosophe Alain, et les divers mouvements gauchistes, qui, dans la ligne d'un syndicalisme révolutionnaire, sont favorables à une transformation radicale de la société française.

La question de l'engagement de l'écrivain

Quelle est la position de Fondane à ce moment? Il s'engage résolument dans la lutte contre le fascisme le 15 décembre 1934 avec un « Appel aux étudiants », en soutien au Congrès organisé à Paris par l'Union des étudiants roumains à l'étranger, publié dans la revue roumaine *Viața studențească :*

> Tout notre bagage d'idées, de culture, d'idéaux, de liberté individuelle, de conscience libre, de tolérance est menacé de disparaître dans le chaos à moitié autonome, à moitié voulu par une humanité stupéfaite par la dernière guerre et

> par l'ombre de la prochaine. Où allons nous? Dans quelle direction, vers quel précipice glissons-nous? [...] D'abord, avant tout, l'offensive fasciste doit être empêchée; on sait qu'elle est imminente; on connaît son rôle destructeur : la proclamation de la pauvreté comme idéal, l'industrie humaine supprimée, la fermeture des frontières, la falsification de la monnaie, le troc primitif rétabli; l'âge des cavernes n'est pas loin; on n'attend plus que l'inquisition, l'autodafé, l'esclavage, l'arbitraire : voilà le programme du fascisme de demain à cheval sur la guerre internationale de demain [...] Une activité isolée d'écrivain pleine de son autonomie interne m'a permis de penser jusqu'à très récemment que la pensée et l'œuvre d'art doivent rester en dehors de l'enjeu des forces sociales. Aujourd'hui la liberté de pensée, la possibilité même de l'œuvre d'art sont mises en quarantaine; comment l'écrivain pourrait-il se désintéresser des résultats d'une lutte qui met en péril son propre sort? Nous identifions donc volontairement le droit de l'écrivain à la liberté et le droit de l'individu à la vie[284].

Mais cet appel au nom de la liberté de l'écrivain est exceptionnel chez Fondane. Bien qu'elle présuppose une défense de « l'existant », la destruction des bases rationalistes de l'humanisme classique par la philosophie existentielle lui interdit de s'appuyer sur des principes éthiques. Fondane aurait-il mesuré les dangers d'une telle position ? N'exprime-t-il pas une telle réserve en critiquant son « activité isolée d'écrivain pleine de son autonomie interne » ? Ce paradoxe éthique est d'une très grande importance pour comprendre l'évolution et la réception de la philosophie existentielle. En effet, sa plaidoirie pour un retour au mythe et une participation affective au réel, sa critique de l'idée de culture et son attaque du rationalisme hérité du siècle des Lumières le placent en situation délicate dans le paysage idéologique des années trente. De nombreux intellectuels identifient à ce moment le fascisme à une valorisation des forces instinctuelles et vitales par opposition aux valeurs rationnelles. Dès lors, le débat culturel européen tend à opposer sans nuances d'un côté les partisans d'un rationalisme démocratique à ceux qui sympathisent avec les valeurs fascistes privilégiant la race, le peuple, le sang et la force. Nombreux seront ceux, qui, de Julien Benda aux marxistes, reprocheront à l'irrationalisme existentiel de faire le jeu de l'anti-culture. En 1938, Fondane ne peut que constater le danger :

> Je sais ce que le langage existentiel a de dangereux aujourd'hui… ; aujourd'hui, que le monde est politiquement partagé entre ceux qui professent le tabou de la culture (dans le sens de Raison), et ceux qui professent le tabou du Sang (dans le sens de Race), on risque le pénible désagrément d'être hâtivement classé.[285]

Le congrès des intellectuels de 1935

Le congrès avait été ouvert par Gide le vendredi 21 juin 1935 au soir. Fondane assista probablement aux discours du Congrès de 1935 qui étaient retransmis par les journaux. Mais espéra-t-il pouvoir lire son texte ? Cela est douteux car s'il a déjà assisté aux discours d'Aragon et de Guéhenno, il doit avoir rédigé son texte après le 25 juin et à cette date le congrès est déjà terminé. Quoi qu'il en soit, le texte est prêt à être publié dans les *Cahiers du Sud* le 26 juin. Mais Ballard le refuse[286]. La raison en est peut-être la position fondanienne qui se place à contre-courant de l'engagement de l'intellectuel. Un indice révélateur est fourni par une réponse de Victor Serge alors emprisonné dans un camp à Orenbourg sur l'Oural en URSS auquel Fondane avait envoyé son *Ulysse* (1933) : « Je suis irrité par cette velléité de révolte qui n'aboutit ni à une volonté ni à un geste ».[287] Le reproche de celui qui adhère encore pleinement à l'idéal révolutionnaire déclenche une réponse significative : « Que le poème vous ait touché, en tant que poème d'un naufrage, c'est-à-dire en un moment catastrophique où l'homme échappe à l'homme et peut-être à soi-même, cela me paraît de beaucoup le plus important ».

Somme toute, c'est l'argument qu'il reprendra contre l'idée d'une littérature engagée.

Quelle est donc sa position? Il tient en premier lieu à exprimer son scepticisme sur les résultats d'un tel congrès. Ces discours à grand spectacle font le jeu des tactiques politiques rivales et altèrent la clarté des débats[288]. L'histoire, « cette énorme putain », avance sous l'impulsion de doctrines d'actions déformantes qui risquent d'occulter les « vérités essentielles ». En second lieu, il se joint aux réticences de Gide, Malraux, Waldo Frank et Benda sur la primauté de l'économique. L'idée d'une culture « reflet » des infrastructures économiques confère à l'artiste une fonction de réception, de traduction, de propagation ou d'esthétisation d'une doctrine sociale. Quoi de plus avilissant pour l'écrivain? La conception marxiste de la littérature réduit les œuvres à une série de déterminismes économiques et sociaux. Fondane vise ici particulièrement Gorki dont il a lu des articles doctrinaires dans le *Journal de Moscou*. De fait, il estime que la doctrine culturelle communiste a peu de chance de persuader les intellectuels européens, dont le statut, luxe fait de marginalité et d'improductivité typique de la société bourgeoise, n'a nul besoin d'être intégré à un nouveau projet de société[289].

Dans *La Conscience malheureuse* (1936), Fondane opposera au constat marxiste d'une aliénation historique, le constat d'une *aliénation métaphysique*. Le noyau existentiel : la mort, l'angoisse, le malheur, la révolte contre la finitude, la soif de liberté est indépendant des conditions socio-économiques faites à l'individu car « Les révolutions sociales ne modifieront jamais la structure profonde du réel »[290]. Dès lors, plutôt que de s'attacher aux déterminismes socio-économiques d'une œuvre, il tient à marquer sa lutte contre les déterminismes : « Et ne resterait-il qu'un millionième de l'œuvre qui nous semblât échapper à une influence précise, nette, pondérable, que nous y verrions par vanité, orgueil, folie; raison d'être, le témoignage irréfragable de la primauté de l'esprit et de notre vertu créatrice ».[291] Il suffit de penser au sort des littératures dissidentes à partir de 1935 en URSS, aux situations de

Boulgakov, de Mandelstam, de Boris Pasternak, de Marina Tsvetaeva, d'Anna Akhmatova ou de Joseph Brodsky pour mesurer la pertinence de la position de Fondane. On sait à quel prix la littérature socialiste refoula la subjectivité dite maladive ou antisoviétique de l'écrivain au moyen de la déportation, de la rééducation ou de l'autocensure.

Le poète est un être frivole…

Qu'est-ce qu'un artiste ? L'urgence politique exigerait un artiste sachant mettre, comme André Malraux, ses talents au service de la lutte anti-fasciste. Fondane au contraire va tracer un portrait – un autoportrait ? – du poète en artiste frivole qui fait écho à la figure d'Éros né de Pauvreté (*Pénia*) et d'Expédient (*Poros*) décrits par Diotime dans *Le Banquet* de Platon. Par son père Poros, Éros est frivole, inconstant, audacieux, riche en inventions et en combines, tandis qu'il est timide et démuni par sa mère Pénia. Cette dialectique de la richesse et de la pauvreté, de l'être et de l'avoir, engendre un dynamisme érotique qui est au centre du processus de création. Nous retrouvons cette dualité chez l'artiste décrit par Fondane : déchiré entre son inspiration et son besoin de reconnaissance sociale, il dissimule sa vraie nature sous un voile de justifications morales et politiques :

> Nietzsche disait que le poète est un être *frivole* et je pense comme lui que c'est un être léger, une tête brûlée, tantôt audacieux pour rien, tantôt craignant jusqu'à son ombre. Héritier des fables, des mythes, des *Contes de ma mère l'Oye*, il lui faut à tout moment renouveler ses fables, ôter la patine qui les couvre, briser leur coque et se vêtir de la tunique de Nessus – histoire de voir si elle *brûle vraiment*. Mais, par contre, il n'aime guère l'action, la révolution, il n'aime guère mourir sur les barricades – toutes choses qu'il *sait* ne pas pouvoir faire – bien qu'il en parle souvent et avec quelque redondance. Qu'il se donne pour ce qu'il n'est pas, qu'il craigne tant de nous faire voir sa frivolité, qu'il joue à

> l'héroïsme, c'est là encore un signe de sa frivolité. Il ignore jusqu'au fait que c'est sa frivolité et non son héroïsme qui est au centre contradictoire et dramatique de notre destin[292].

Dans le *Banquet*, c'est le personnage de Socrate qui participe d'Éros, et son caractère anti-social, paradoxal, démoniaque, bien que conforme à l'éthique profonde de la cité, convient aussi à l'artiste : « Si tel est l'art, l'artiste est, selon l'éthique, une sorte de monstre, un individu subversif, interlope, magicien, un peu loufoque, d'une sensibilité maladive, d'un tempérament ténébreux ». Le poète, comme Socrate, incarne le paradoxe. Les contradictions de cet artiste frivole participent d'une conscience de soi fabulatrice, et nous retrouvons ici les pièges de la réflexivité critique de l'artiste sur lui-même. Le créateur se fourvoie souvent sur sa création. Son inspiration puise à des sources irrationnelles qui échappent à sa volonté et à sa conscience. L'activité de cet artiste « frivole » apparaît donc sans relation directe avec les valeurs éthiques et politiques qu'il pourrait défendre.

Sa frivolité cependant cesse lorsqu'il accepte l'élément démoniaque de l'œuvre d'art. La fonction artistique possède alors son mode d'action spécifique, qui est de libérer par une *catharsis* le spectateur. Conformément à *Malaise dans la civilisation* de Freud, Fondane estime que l'éthique procède par refoulement et censure des pulsions antisociales ou anarchiques de l'homme. L'art, en jouant le rire et la cruauté, continue donc le processus éthique de civilisation, mais par des voies indirectes. La réception, et sans doute aussi la création artistique « fait revivre par le spectateur ou le lecteur d'abondantes sensations sadomasochistes et par là le décharge d'un énorme potentiel d'agressivité innée »[293]. D'où les *Fleurs du mal* et les *Chants de Maldoror*. Si Fondane reprend l'idée d'une fonction thérapeutique de l'art, c'est pour mieux invalider la fonction d'expression directe des valeurs socio-économiques ou éthiques que l'idéal communiste voudrait lui voir incarner. La prédication morale, l'édification, la propagande idéologique apparaissent dès lors étrangers à la fonction psychanalytique de l'art. Socialement frivole, sa mission profonde est « de prendre sur lui-même de vivre les tourments, les angoisses, les crimes des hommes ; il doit vivre jusqu'au bout le sadomasochisme de l'humanité torturée par les interdictions coercitives de l'éthique »[294] et rien ne saurait être plus sérieux que cette mission spirituelle de l'artiste.

C'est le cas Gide qui exprime le mieux les ambiguités de l'engagement politique de l'écrivain. En 1934, dans son article « La "ligne générale" de Gide »[295], à peu près deux ans avant son revirement vis-à-vis de l'URSS, Fondane lui avait reproché de fabriquer le mythe d'une « ligne générale » de sa biographie intellectuelle qui passerait par Nietzsche, le Christ, Montaigne, Dostoïevski, Blake et Lénine. Dans son *Journal* que la NRF publie par fragments en 1932, Gide s'était exclamé avec enthousiasme : « Je viens de dévorer en deux jours le livre de Knickerbocker sur le Plan Quinquennal... ».[296] La dissolution du moi rationnel sous ses masques sociaux révèle que l'engagement politique appartient somme toute à des motivations psychologiques superficielles : – idéal héroïque, flatterie, cabotinage – étrangères aux « passions profondes » où s'enracine la création. Gide est un artiste frivole... mais cette frivolité est l'authenticité paradoxale de l'artiste.

L'homme devant l'Histoire

Quelle réponse la philosophie existentielle pouvait-elle donc apporter au problème de la résistance au fascisme ? Cette question va resurgir quatre ans plus tard en 1939 lorsque les *Cahiers du Sud* organisent une enquête auprès de différents écrivains sur le thème : « L'homme devant l'histoire ». Les premiers signes de l'oppression nazie parviennent à Marseille avec l'arrivée d'intellectuels fuyant les persécutions. L'écrivain allemand Erich Noth, dont le roman *Mietskaserne* avait été brûlé en place publique à Berlin, s'était réfugié dans le midi depuis 1933[297]. Il prononce à la librairie

Clairière à Marseille une conférence en 1939 sur le rôle de l'écrivain dont le poète Jean Tortel fait le compte rendu :

> L'homme y devient partisan et l'artiste, en particulier, se dégrade en mettant son œuvre au service des causes qui ne sont pas les siennes… alors que faire pour échapper à cette duperie, puisque nous nous refusons à cultiver notre angoisse comme à aspirer après la palme du martyre ? Noth conclut par un acte de foi dans les démocraties auxquelles il demande de se spiritualiser. Ce cri d'espérance est beau. Cette ferveur est émouvante comme l'attente de l'aube. Mais nous qui sentons déjà l'acier froid glisser sous nos côtes, nous ne sommes pas certains qu'elle seule saura nous empêcher de mourir.[298]

Bertin et Ballard décident alors d'organiser une discussion entre Gaëtan Picon, André Chastel, Pierre Missac, Roger Secrétain, Jean Grenier et Fondane autour d'un texte de Jacques Bénet, auteur catholique admirateur de Bernanos, intitulé : « Avec des cartes truquées », qui évoque, comme le souligne Alain Paire, « le déclin moral de l'Occident dont Hitler lui semble être le symptôme majeur. »[299] En mai 1939, Fondane est chargé de conclure le débat et rédige : « L'homme devant l'histoire ou le bruit et la fureur ». La publication d'un tel article à Marseille fait écho à une situation dramatique : en septembre 1939 s'ouvrira le camp des Milles près d'Aix-en-Provence et Erich Noth lui-même sera un des premiers internés, suivi par Max Ernst, Hans Bellmer, Walter Benjamin, Lion Feuchtwanger et Golo Mann. En tant que port d'émigration pour l'Amérique, la ville va bientôt se remplir de centaines d'intellectuels allemands pourchassés par le nazisme[300]. Bientôt arriveront aussi Simone Weil, Tristan Tzara, Victor Brauner, Arthur Adamov, André Breton et bien d'autres inconnus dans l'attente d'un embarquement incertain. Anna Seghers a raconté dans son roman *Transit* les interminable files d'étrangers devant les consulats pour obtenir des visas.

Or Fondane va situer le nazisme dans le vaste processus de rationalisation de l'Histoire. Loin de pouvoir être rattaché par ses valeurs à un culte de l'irrationnel, le nazisme est un produit monstrueux de la rationalité :

> Je prie mon lecteur que l'actualité obsède, [...] de repousser la tentante idée que l'ennemi de la raison serait M. Hitler ou M. Rosenberg; non, l'ennemi redoutable de Platon et du « *Nous* », c'est Nietzsche, c'est Dostoïevski, c'est Shakespeare – celui *qui ose penser hors la contrainte du social...* ».

Maritain avait formulé avec vigueur la thèse opposée : la vague irrationaliste du nazisme étant selon lui « fondée non sur un fanatisme de la raison haïssant toute valeur transcendante, mais sur un mysticisme de l'instinct et de la vie haïssant la raison ».[301] Que peut donc faire un philosophe existentiel face à la barbarie? L'irrationalisme chestovien, ayant sapé les principes rationnels de l'éthique, ne peut servir de base à la formulation d'une condamnation éthique ou politique au nazisme. Elle va lui opposer, nous le verrons, une « résistance métaphysique ».

Ce n'est plus à l'homme de poser des conditions

La catastrophe qui se prépare est pour Fondane le résultat d'une chute de l'humanité dans une rationalité déréglée. En fait, le procès de l'humanisme continue : la philosophie, de Platon à Hegel, a tenté de fuir le mal au moyen de stratégies multiples : le postulat d'un ordre des intelligibles auquel sont sacrifiées les contingences (Platon); la négation de l'existence du mal réduit à une privation (Plotin, saint Augustin, Leibniz, Hegel); le postulat de l'immortalité de l'intelligence, bref la philosophie a déifié l'intellect avec le Dieu des philosophes, cherchant une « obtention de la paix et de la joie sous les espèces des intelligibles »[302]. Dans ce processus historique, le fascisme est rapporté au refoulement imposé par une rationalisation excessive de la morale et de la conception de l'homme. À un humanisme idéaliste qui surestime la rationalité humaine, il faudrait un « humanisme prévoyant » qui en montrerait aussi la « misère » et qui aurait évité « les guerres à l'échelle de la nation, les révolutions à l'échelle du monde, et la barbarie machiniste, et la guerre des gaz et des microbes »[303].

La position de Fondane gagnerait à être mise en parallèle avec les analyses d'Adorno dans *Dialectique de la raison* qui dénonce le retournement totalitaire du rationalisme hérité du siècle des Lumières. Mais elle croise aussi celle de Freud dans *Malaise dans la civilisation* : le prix des refoulements induits par une socialisation répressive a engendré une violence qui naît toujours d'une surestimation de la raison. Le mal appartient donc au processus de rationalisation de l'Histoire, lequel broie les individualités dans ses mécanismes abstraits comme les danseurs de Plotin foulant les tortues qui ne savent pas se conformer à l'ordre universel[304]. La raison est donc du côté du nazisme : « M. Hitler est non seulement raisonnable, mais il est la Raison même enfin sincère »[305].

Où cela nous conduit-il? Dans l'esprit de Fondane, nul doute que sa position ne constitue une résistance métaphysique au nazisme : « si Hitler savait que j'existe, il me ferait arrêter » confie-t-il à sa femme[306]. Ailleurs, il note dans un de ses *Carnets de guerre* après 1940 : « L'Allemagne n'est pas un problème politique, comme la France l'a été pendant des siècles; elle est un danger d'ordre messianique ». La catastrophe ne devient-elle pas une épreuve religieuse? « Tant qu'il y a encore quelque chose à faire, tant qu'on peut espérer vaincre par ses propres forces et par celles de l'Idée, tant qu'on n'a pas encore perdu le tout et irrémédiablement, le rapport n'est pas encore ouvert entre l'homme et Dieu... »[307]. Au fond, le discours existentiel est toujours orienté vers le paradigme de Job, c'est-à-dire vers une situation d'impuissance absolue transformée miraculeusement en puissance : « Il se peut que le suprême héroïsme, je veux dire la chose la plus malaisée à l'homme, ne soit pas le sacrifice de sa vie, mais l'aveu de sa défaite spirituelle »[308].

À l'horizon de la révolte existentielle, c'est la défaite suprême qui doit coïncider avec une victoire métaphysique. Fondane va conclure son analyse par une mystérieuse subversion de l'échec. Toute la fin de « L'homme devant l'histoire » anticipe sur *Le Lundi existentiel* (1944), en laissant entrevoir une expérience de nature religieuse qui n'est concevable que lorsque rien n'est plus possible : « Quand il a échoué partout, ce n'est plus à l'homme de poser des conditions »[309].

XVIII.

L'attestation d'un visage

« Et c'est l'heure ô poète de décliner ton nom, ta naissance et ta race » : telle est la citation d'*Exil* de Saint-John Perse ajoutée en exergue par Fondane à son poème *Ulysse*. Tel est aussi le sens de *L'Exode :* décliner une identité juive dans le cadre de la plus vaste persécution antisémite de l'Histoire. Menacé par les législations anti-juives du gouvernement de Vichy, les rafles allemandes, et par l'interdiction faite aux écrivains juifs de publier, Fondane va rejoindre les poètes de l'ombre qui rusent avec la censure sous l'Occupation.

« Tous les livres d'auteurs juifs, ainsi que les livres auxquels des juifs ont collaboré, sont à retirer de la vente… », précise la *Liste Otto* du 8 juillet 1942. Fondane réécrira jusqu'en 1943-44 *L'Exode*, un chant judaïque commencé vers 1934, en le superposant à l'exode français de 1940, pour le transformer en un grand poème dramaturgique. Un texte d'inspiration aussi clairement judaïque ne pouvait espérer qu'une publication clandestine :

> Le temps n'est pas à l'imprimé. La poésie cherche des amis, non du public. Ainsi, peut-être au moyen du clandestin, retrouvera-t-elle son caractère sacré, son auditoire ésotérique. À condition, bien entendu, que le lecteur, qui est un confident, tienne de son devoir d'ébruiter le secret et, pour cela, se donne la peine de recopier ou de faire recopier le manuscrit-matrice[310].

Ces mots font partie d'une posface chuchotée adjointe à l'*Exode*. Au cours des années d'Occupation, le poète continuera de publier des poèmes dans *Poésie* de Pierre Seghers, *Domaine français* de Jean Lescure, *Fontaine* de Max-Pol Fouchet ou dans *L'Honneur des poètes*, une anthologie réunie en 1944 par Éluard aux éditions de Minuit. Si un extrait de *L'Exode* paraît en 1940 dans *Fontaine* n° 7 de janvier-février, il faudra attendre la Libération avec la publication de la « Préface en prose » dans *Poésie 45*, puis 1947 et 1950 pour que des extraits significatifs soient publiés dans les *Cahiers du Sud,* et enfin 1965 pour que le poème complet soit enfin édité par son ami Claude Sernet[311].

Un poème dramatique à plusieurs voix

En fusionnant une trame narrative historique au thème de l'exil métaphysique, *L'Exode* constitue l'attestation existentielle d'un poète menacé, mais aussi la revendication de l'universalité de la spiritualité judaïque, constituant ce que l'on peut considérer comme le testament poétique d'un poète juif assassiné. La réalité fantômale du sujet narratif dans *Ulysse* et *Titanic* était sauvée par son cri. Objet de fragmentations, mais aussi de déréalisation, la voix du poète se solidarisait des émigrants anonymes, des juifs embarqués vers d'incertaines destinations, bref de tous les fantômes de l'Histoire. La poésie de Benjamin Fondane réagissait déjà à la négation existentielle, éthique et historique des émigrants. De même que sa philosophie défendait le droit à exister de l'individuel face aux abstractions déréalisantes du concept, sa poésie n'était qu'un long cri d'attestation de l'individu qui ne dispose plus des modes sociaux de reconnaissance.

« L'Homme devant l'histoire ou du bruit et de la fureur » (1939) interprétait philosophiquement la montée du nazisme comme une conséquence de l'excroissance montrueuse de la Raison désacralisante. La Seconde Guerre mondiale, l'entrée des Allemands dans Paris, et enfin l'exode des populations françaises vont s'inscrirent dans la dénonciation de la philosophie de l'Histoire de Hegel : à la légitimation du sacrifice des individus au bénéfice de l'Esprit hégélien en quête de la réconciliation universelle, Fondane va opposer l'interrogation métaphysique de l'homme en exil au sein d'une Histoire sacrée.

Commencés vers 1934, les poèmes de *L'Exode* retrouvent au contact de la défaite une brûlante actualité. Entre temps, le poète a « porté fusil »[312] et les thèmes sacrés vont s'entrelacer à la narration historique. À la différence de Saint-John Perse, qui efface dans son poème *Exil* les contingences historiques qui ont présidé à la naissance de son poème, Fondane va les intégrer : « qu'est-ce donc que l'Exode ?/Si ce n'est pas vraiment une chose éternelle ? »[313]

Les deux premiers exodes du peuple juif, la déportation en Égypte, puis la déportation à Babylone au VIIe siècle avant J.-C. vont donc se superposer à l'exode de 1940 pour interroger le sens métaphysique de l'exil. Cette exigence commande la forme et le titre du poème : *L'Exode* est un poème dramatique à plusieurs voix, amorcé par une « Préface en prose » qui atteste en personne le visage du poète, suivie de deux parties récitatives pour voix et chœur reprenant des formes bibliques traditionnelles, qui enchassent un « Intermède » historique en dix-huit tableaux. Les deux parties récitatives, un poème d'ouverture et un poème de clôture, empruntent leur classement selon l'alphabet hébraïque à certains psaumes[314]. Ils expriment respectivement le début et la fin du

B. Fondane à l'Hôpital du Val-de-Grâce en 1940.

processus de création : l'apparition de la forme originelle dans l'informe pour le premier : « Nulle figure n'est ici – l'Esprit ne flotte pas encore »[315]. Un questionnement sur la mort pour le second : « Était-ce bien le dernier jour ?/Pourquoi appelais-je au secours ?/Et de quel Œil dans mon attente,/tombait cette larme brûlante ? »[316].

Cet emboîtement du contingent dans l'éternel se retrouve dans la multiplicité des formes fixes qui, pour reprendre les termes mêmes de Fondane, « instituent un dialogue ou celui qui parle décline son identité »[317]. Chanson d'amour inspirée du *Cantique des cantiques*, chanson d'ivrognes, envoi ironique inspiré de Villon : ces formes hétéroclites s'imbriquent dans les formes sacrées et les humanisent de leur verve populaire : « Il n'est de chanson que l'humaine »[318]. Le risque de cette diversité stylistique était d'aboutir à une hétérogénéité du poème. C'est pourquoi l'œuvre est organisée autour du psaume *Super flumina Babylonis* (n° 137) qui lui offre son titre et son unité :

> Sur les rives des fleuves de Babylone.
> Là, nous nous assîmes, et nous pleurâmes au souvenir de Sion.
> Aux saules qui les bordent, nous suspendîmes nos harpes ;
> car là nos maîtres nous demandaient des hymnes, nos oppresseurs
> des chants de joie.
> « Chantez-nous disaient-ils, un des cantiques de Sion ! »
> Comment chanterions-nous l'hymne de l'Éternel en terre étrangère ?

Le choix de l'exil babylonien, déjà présent dans la pièce de théâtre : *Le Festin de Balthazar*, n'est pas étonnant. La situation des juifs dans le Paris sous l'Occupation allemande est comparable à celle dans la Babylone antique. Les juifs sont menacés par de nouveaux idôlatres et la déportation de 587-539 avant J.-C. fait écho à la déportation de 1940-1944. Maintenant comme jadis, la persécution du peuple d'Israël brise ses chants : « Et quelle chanson chanterais-je sur la terre étrangère/ Et chanterais-je ici la chanson de Sion/ parmi des hommes étrangers? »[319] Les harpes sont suspendues aux saules. Comment chanter dans le malheur? Ce thème du chant blessé rejoint l'esthétique existentielle que le *Faux Traité d'esthétique* (1938) opposait à l'autonomie esthétique du poème mallarméen. La beauté formelle du poème fait place à un réel historique qui a fait violemment irruption dans son espace de sens. Entre filiation et histoire, *L'Exode* interroge le destin des juifs dans une France occupée. Inséré entre deux questionnements religieux, l'« Intermède » fait surgir l'amour du pays de France qui va à la fois historiciser et universaliser le sens de l'exode biblique.

L'hiver de Dieu

Le temps est fleuve, les hommes eux-mêmes sont pénétrés de cette fluidité qui ne s'immobilise jamais. L'exode est un fleuve d'hommes qui répond aux fleuves et aux rivières de France : « Le fleuve humain coule et s'écoule/Encore un fleuve d'insomnie/encore un fleuve de visages/coule dans mon regard »[320]. L'héraclitéisme fluvial qui traverse l'*Exode* prolonge l'héraclitéisme océanique d'*Ulysse* et de *Titanic*. Il ne désigne pas seulement l'expropriation que la mort inflige à chaque existence, mais aussi celle d'une humanité aveugle qui interroge sa marche. Où va ce fleuve de corps blessés, impudiques, mêlés en une cohorte indiscernable? Quel est le sens de l'exil ontologique que chaque conscience blessée porte en elle? « Car l'homme n'est pas chez lui sur cette terre étranger où qu'il aille, cette terre n'est pas à lui... »[321] Pourtant, entre les rivières et les fleuves de France, une complicité ironique et tendre répond au malheur :

La Marne, ô rusée, ô jolie,
pourquoi es-tu restée au lit?
O Seine c'est de la folie!
Mon Dieu![322]

La dramaturgie de *L'Exode* multiplie les voix narratives confrontées au chœur comme dans une tragédie grecque, multipliant la sensibilité du poète. Ces perspectives (le récitant, le chœur, les voix d'hommes, la voix du poète, l'Esprit) planent au-dessus du désastre et peuvent ainsi exprimer l'universalité de la souffrance. Au moment où le racisme et l'antisémitisme trouvent de terribles complaisances dans la France pétainiste, l'« Intermède » salue la composante multi-raciale de la France de 1940 et ce métissage tragique n'oublie pas les « juifs de tous les ghettos de ce monde,/qui aimaient cette terre et ses ombres et ses fleuves,/qui ont ensemencé de leur mort cette terre/et qui sont devenus français selon la mort »[323]. L'Apocalypse, quand « toute la terre tremble aux heures de soufre et de feu », se déploie comme les visions de Georg Trakl : on y retrouve le même désespoir et la même distorsion expressionniste du réel halluciné comme un cauchemar nocturne :

> Les lourds paralytiques fuyant avec leurs lits
> et le torrent de faim, de soif et de désordre
> – pendant que la Stupeur nue, écarlate et chauve
> mangeait les excréments des morts[324].

Face à l'expropriation universelle de la guerre, le chant est devenu cri. Paris n'est plus qu'un « pain de chair, de sang » que le poète emporte dans la captivité, « dans l'angoisse, l'outrage et le vomissement »[325]. Et c'est alors que la prière hébraïque s'élève pour la France déchirée :

> Je me mets à genoux et je sanglote et crie
> en une langue que j'ai oubliée, mais dont
> je me souviens aux soirs émus de Ta colère :
> « *Adonaï Elochenu, Adonaï Echod!* »[326]

Ce chant d'espoir religieux éclaire le désastre. Jamais autant que dans l'*Exode*, la poésie fondanienne n'était remontée aussi explicitement à la prière hébraïque. Mais Dieu répond-il encore ? « Où est-il ce dieu vivant qui dînait d'une prière/et qui déjeunait de vent… ? » interroge le poète[327]. Au mépris du « prêtre doré » de Babylone qui « lâche sa voix comme on lâche des chiens »[328] le chœur répond par un chant fervent sur la mort de Dieu. Si « l'hiver de Dieu » est là, et si « la vie s'est engourdie comme le sang des serpents » n'est-ce pas « notre tâche de le ressusciter,/de l'engendrer à nouveau/de lui communiquer notre sang ? »[329] répond le chœur.

Certes, au même moment, d'autres poètes tels que Pierre Emmanuel, Jean Cayrol ou Pierre Jean Jouve en appelaient à un christianisme douloureux au secours de l'Europe anéantie. Mais la rhétorique de ces poèmes, en convoquant les images traditionnelles du christianisme souffrant, ne possède pas la valeur d'attestation de *L'Exode* qui peut être considérée comme le grand poème de la résistance poétique du judaïsme sous l'Occupation.

Sachez que j'avais un visage

La préface en prose qui ouvre *L'Exode* fait de l'œuvre un testament poétique analogue au *Lundi existentiel et le Dimanche de l'Histoire* (mars 1944) dans l'ordre philosophique. Le poème ne sonne-t-il pas comme un adieu ?

> Souvenez-vous que j'étais innocent
> et que, comme vous, mortels de ce jour-là
> j'avais eu, moi aussi, un visage marqué
> par la colère, par la pitié et par la joie…[330]

C'est le message d'un homme traqué : « mon sang est sur les routes, puisse t-il, puisse-t-il, ne pas crier vengeance ! L'hallali est donné, les bêtes sont traquées,… »[331] ajoute-t-il. En parlant de lui au passé, Fondane pressent la déportation et la mort et s'adresse déjà à un lecteur futur :

> … vous n'avez pas erré de cité en cité
> traqué par les polices,
> vous n'avez pas connu les désastres à l'aube,
> les wagons de bestiaux
> et le sanglot amer de l'humiliation…[332]
>
> Et quand la mort, la mort est venue, peut-être
> ai-je prétendu savoir ce qu'elle était mais vrai,
> je puis le dire à cette heure,
> elle est entrée toute en mes yeux étonnés…[333]

Tandis que la méfiance et la peur des dénonciations détruisent dans les rues de Paris les conditions de la parole vraie, la préface réclame une parole « d'homme à homme », avec des mots partagés : « il en reste si peu d'intelligibles »[334]. En unissant le présent du poète au présent d'un lecteur, elle brise l'encerclement de l'histoire. On sait l'usage de la caricature du visage du juif que la propagande antisémite fait pendant l'Occupation. La « Préface en prose » oppose à la défiguration un visage d'homme. Le processus de déshumanisation inhérent à la persécution va être combattu dans le poème qui va placer le lecteur en responsabilité vis-à-vis de lui. Le visage « qui avait servi à tout le monde/de crachoir » atteste son humanité et sa ressemblance. C'est pourquoi le poème imparfait n'est pas une finalité en soi, mais le moyen d'atteindre un autre visage qui, en lisant le poème, restitue l'humanité à son auteur disparu : « Oubliez-le ! Oubliez-le ! Ce n'est/qu'un cri, qu'on ne peut pas mettre dans un poème/parfait, avais-je le temps de le finir ? » Le poète, comme le bouquet d'orties foulé aux pieds auquel il se compare, va brûler la mémoire de ses lecteurs futurs. En s'adressant directement à eux, la « Préface en prose » brise d'un coup l'autonomie formelle du poème. Au lieu d'en faire le lieu d'un achèvement esthétique, Fondane en fait le lieu d'un visage, une communauté sensible : « j'avais eu, moi aussi, un visage marqué/ par la colère, par la pitié et par la joie,/ un visage d'homme, tout simplement ! »[335]

XIX.

Dans Paris occupé

L'entrée des Allemands dans Paris le 14 juin 1940, le manque d'argent et le bouclage de la zone occupée rendent encore plus difficile un refuge à l'étranger pour Fondane. Son projet d'émigration en Argentine échoue malgré les efforts répétés de ses amis Victoria Ocampo, Paco Aguilar et Fredi Guthmann. En 1939, Fondane écrit à ce dernier : « On attend le malheur de pied ferme – et nul moyen de s'en évader. Quand on ne peut pas payer un bouquin de poésie, encore moins peut-on se sauver aux Amériques avec deux membres de sa famille »[336].

Dès juillet 1941, Jacques Maritain qui avait passé le soir de Noël 1939 avec Benjamin et Geneviève Fondane, avait contacté Victoria Ocampo pour tenter de les faire venir en Argentine ou aux États-Unis[337]. Sitôt arrivé à New York, il effectue des démarches avec l'appui d'Alvin Johnson, directeur de la *New School for Social Research*, de son ami Yves Simon ainsi que des contacts au Vatican[338]. Mais l'obscurité des informations, la difficulté de faire parvenir le courrier à l'étranger rendent difficiles les démarches. Caillois répercute de fausses nouvelles à Maritain : « J'ai eu indirectement de ses nouvelles : il est en bonne santé, au moins et dans la zone libre »[339]. Mêmes informations erronées lorsqu'en 1943, la *Partisan Review* publie la traduction d'un article de Fondane sur Baudelaire en affirmant que son auteur, « rescapé de la France de Vichy était à présent en Amérique du Sud »[340].

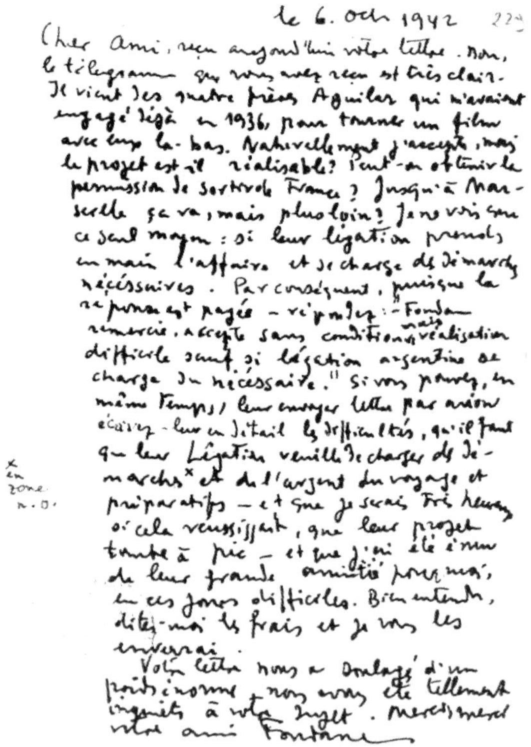
le 6. oct. 1942

Cher ami, reçu aujourd'hui votre lettre. Non, le télégramme que vous avez reçu est très clair. Il vient des quatre frères Aguilar qui m'avaient engagé déjà en 1936, pour tourner un film avec eux là-bas. Naturellement j'accepte, mais le projet est-il réalisable ? Peut-on obtenir la permission de sortir de France ? Jusqu'à Marseille ça va, mais plus loin ? Je ne vois que ce seul moyen : si leur légation prend en main l'affaire et se charge des démarches nécessaires. Par conséquent, puisque la réponse est payée – répondez : "Fondane remercie, accepte sans conditions mais réalisation difficile sauf si légation argentine se charge du nécessaire." Si vous pouvez, en même temps, leur envoyer lettre par avion écrivez-leur en détail les difficultés, qu'il faut que leur Légation veuille se charger des démarches[x] et de l'argent du voyage et préparatifs – et que je serais très heureux si cela réussissait, que leur projet tombe à pic – et que j'ai été ému de leur grande amitié pour moi, en ces jours difficiles. Bien entendu, dites-moi les frais et je vous les enverrai.

Votre lettre nous a soulagé d'un poids énorme, nous avons été tellement inquiets à votre sujet. Merci, merci

votre ami Fondane

x en zone n.o.

Lettre de Fondane à Jean Ballard du 6 octobre 1942.

Dans Paris résonnent déjà les bottes allemandes. À la surprise de son ami Jean Lescure, le fondateur de la revue *Messages*, Fondane est revenu chez lui en juillet 1940[341]. À partir de cette date, il va s'enfermer au 6 rue Rollin. Situé en haut de la Montagne Sainte-Geneviève, non loin des habitations de Jean Paulhan (Rue des Arènes) et de Gaston Bachelard, le domicile de Fondane se tient dans un vieux bâtiment sur cour, fermé par une porte cochère. Cette rue tranquille, ouverte par le double escalier sur la rue Monge, garde le souvenir des séjours de Pascal et de Descartes. Fondane y habite avec sa femme Geneviève, sa sœur Line – dite Tzoca – dont le compagnon, Albert-Marie Olive, un étudiant en chimie d'origine antillaise, habite au 4 de la même rue. L'argent va cruellement manquer durant les trois années d'Occupation ; Jean Lescure procure du charbon pour alimenter la salamandre qui chauffe le petit bureau. Les faibles rétributions des articles publiés dans les *Cahiers du Sud* ou dans *Sur* en Argentine ne suffiraient pas sans les aides de quelques amis fidèles, tels Fredi Guthmann qui parvient à faire parvenir de l'argent par l'intermédiaire de Jean Ballard, le directeur des *Cahiers du Sud*.

C'est dans ce minuscule bureau croulant sous les livres que Fondane reçoit chaleureusement ses visiteurs : Max-Pol Fouchet, Jean Lescure, Cioran, Gabriel Audisio, Stéphane Lupasco. De la pièce du bas où est installé un bar, il faut monter à l'étage par une cage d'escalier encombrée de tableaux. Le poète brûle de pouvoir échanger ses idées et propose souvent une partie d'échec :

> C'était le temps où renaissait l'espoir. Lorsque l'on entrait Rue Rollin, Fondane ne laissait pas au visiteur le temps d'enlever son manteau. Un « alors » nous accueillait, qui réclamait la dernière information, le dernier communiqué de Londres, la dernière histoire de la rue, le dernier bobard. Et même pas, qui réclamait seulement que l'on avouât être au courant ou non, car, lui, la dernière information, le dernier communiqué, la dernière histoire, le dernier bobard, il les connaissait déjà...[342]

À partir de fin 1941, il ne sort plus guère que pour rendre visite aux bouquinistes du Quartier Latin, parcourir chaque jour le Jardin des Plantes tout proche, ou saluer dans sa librairie, en face du Jardin du Luxembourg, son ami l'éditeur José Corti qui se souviendra avec émotion de ces visites :

> Je revois son visage maigre aux traits précocement marqués ; une mèche de cheveux – il les portait assez longs – toujours retombante. J'entends son rire éclatant, sa voix « qui sonnait comme un cuivre » : « alors, Corti, quelles nouvelles ? » C'était de la guerre bien entendu qu'il s'agissait quand il me lançait cette petite phrase, toujours la même. Nous échangions nos informations ; nous commentions à perte de vue les événements. Nous étions plein d'espoir, sans pour cela nous aveugler plus qu'il ne fallait pour pouvoir vivre. Notre certitude, c'était la libération ; notre crainte inavouée, c'était d'en manquer le grand jour. [343]

Durant ces années d'Occupation, Fondane ne cessera pas d'interroger la clôture logique du réel qu'il n'a cessé de dénoncer. La pensée chestovienne, prisonnière de sa négativité logique, avait besoin d'être revitalisée. C'est en dialoguant avec Bachelard, Lévy-Bruhl et Stéphane Lupasco que Fondane va tenter d'ouvrir, de prolonger la philosophie existentielle en s'appuyant sur des révolutions internes au rationalisme. Il songe alors à un ouvrage intitulé *L'Être et la Connaissance* qui aurait rassemblé ses études « Léon Chestov et la lutte contre les évidences » (*Revue Philosophique*, 1938), « Lévy-Bruhl ou le métaphysicien malgré lui » (*Le Rouge et le Noir*, Bruxelles, 21 septembre 1937), et un essai sur Stéphane Lupasco[344].

Gaston Bachelard apprivoise le rêve

Si l'on rassemblait les cinq études qui paraissent de 1938 à 1944 dans les *Cahiers du Sud* sur les ouvrages de Gaston Bachelard, elles constitueraient un petit volume de critique de l'œuvre bachelardienne. C'est que le dialogue avec l'auteur de *La Formation de l'esprit scientifique* (1935), de *Lautréamont* (1939) et des œuvres sur la poétique des éléments telles que *L'Air et les Songes* (1943) offre à Fondane l'occasion d'interroger encore une fois les présupposés de l'éthique ascétique de la connaissance.

Sous l'ambition pédagogique réformatrice qui préconise la destruction des obstacles épistémologiques de l'esprit préscientifique encore englué dans l'immédiateté de l'intuition première, Fondane décèle un ascétisme obéissant à un salut thérapeutique[345]. L'approche apriorique et normative des premières œuvres épistémologiques ne dévitalise-t-elle pas la durée bergsonienne (*Dialectique de la durée*, 1938) ? Ne refuse-t-elle pas toute signification à l'irrationnel et à l'absurde (*Le Nouvel esprit scientifique*, 1935) ? Ne vide-t-elle pas le réel vécu en le définissant comme appartenance à une classe, et le rêve comme « une fonction d'irréalité » ? Bref, la philosophie du non n'appartient-elle pas encore à la grande tradition philosophique « dirigée contre la vie, jugée obscure, embarrassée, impure, indigne, infirme »[346] ? Détachement, abstraction, pureté, formalisation définissent somme toute une personnalité formelle fabriquée contre la vie pour rendre possible la connaissance scientifique.

D'autre part, il doute que la psychanalyse de la connaissance de Bachelard puisse être rigoureusement dérivée de la technique freudienne. Fidèle à sa technique « bovaryste », il interroge avec ironie la sexualisation des métaphores bachelardiennes. Voilà donc ce que recouvre le moralisme enseignant de Bachelard. Rien ne pouvait être plus opposé à la plaidoirie existentielle de *La Conscience malheureuse* que cette lutte contre les intérêts animistes, vitalistes, finalistes de l'imagination chargée de sexualité et d'affects. Comment pourrait-il en être autrement? L'idée de purification épistémologique exclut l'idée fondanienne de la poésie qui ne se conçoit que dans et par un affrontement de l'irrationnel au cœur de l'existant.

Cependant l'attaque recouvre une sympathie grandissante au fur et à mesure que la pensée bachelardienne se convertit au poétique. Avec *Lautréamont* et *L'Air et les Songes*, Bachelard construit une typologie de l'imagination matérielle qui permet des complicités avec l'auteur du *Faux Traité d'esthétique*. Aussi peut-il féliciter Fondane d'avoir appelé l'objet poétique « un bon conducteur de réel » dans *L'Air et les Songes*. Fondane va parfois jusqu'à la Sorbonne suivre les cours de Bachelard sur l'imagination matérielle, « réfugié dans le petit bureau attenant à la salle de conférence » pour ne pas le compromettre, « ce dont Bachelard se foutait, la présence dans le bureau le compromettant tout autant. Sinon plus » se souvient Jean Lescure[347]. De fait, la pensée énergique, mobile, polémique, que Fondane va appeler la « danse » de Bachelard, répond à merveille à l'inquiétude de la pensée fondanienne. Ces deux esprits spéculatifs passionnés de poésie sont bien proches l'un de l'autre.

Mais cette passion commune réduit-elle leurs divergences ? L'esprit poétique expansif et l'esprit scientifique taciturne, d'abord inverses, doivent être unis par la philosophie « comme deux complémentaires bien faits » réclamait Bachelard dans *La Psychanalyse du feu*. Cette logique de la complémentarité se heurte chez Fondane à une logique de la non-conciliation. La complémentarité bachelardienne n'implique-t-elle pas que les images oniriques ou rêveuses soient des réalités psychiques étrangères à l'implication existentielle de ces mêmes images, « des a priori psychiques »[348] ? Le regard bachelardien ne désamorce-t-il pas les pouvoirs de la poésie par une « critique de l'imagination pure »[349] ? L'existant est donc mis entre parenthèses au sein d'un idéalisme pour lequel « ma chute crée l'abîme »[350], tourné vers la sublimation de la matière, la jouissance de l'image et la compréhension lucide du subjectif. Bref, la « fonction d'irréalité » est neutralisée.

Entre les deux philosophes, cette faille subsiste et ne peut être comblée. Rien ne le montre mieux que le traitement bachelardien du gouffre dans *L'Air et les Songes* qui reste subordonné à une dynamique de l'imaginaire, notamment chez Edgar Allan Poe, sans que cette dynamique puisse devenir une expérience métaphysique mettant en jeu la rationalité comme dans *Baudelaire et l'expérience du gouffre* de Fondane. Tandis que chez lui le gouffre ouvre un horizon sur le religieux, il reste chez Bachelard un délice spéculatif de l'imagination matérielle, même s'il reconnaît que sa réalité traduit « la substance souffrante de notre être ». N'est-ce pas au fond le sens de cet aveu à l'auteur de *La Conscience malheureuse :* « vivant entre tremblement et vibration, dans un minimum de dialectique, j'admire les grandes âmes qui ont dû habiter le vertige »[351].

Sauver Dieu dans une logique de l'antagonisme ?

Les bouleversements de la physique des années trente à partir des travaux de Niels Bohr, d'Einstein, d'Heisenberg et de Pauli s'étaient accompagnés d'une profonde réflexion sur la logique du tiers exclus héritée d'Aristote, qui avait été formalisée par Bertrand Russell et Whitehead au début du siècle. Le philosophe et physicien Stéphane Lupasco, ami et compatriote de Fondane, avait tenté de construire dans ses ouvrages *L'Expérience micro-physique et la pensée humaine* (1935) et *Du devenir logique et de l'affectivité* (1935), une logique du tiers inclus permettant d'intégrer les phénomènes contradictoires du devenir à des lois dynamiques de la connaissance. Le logique se transforme alors en « logique en relation de deux devenirs inverses »[352] constitués par un devenir d'identité et un devenir du divers.

Cette théorie transdisciplinaire représente un dépassement de l'antinomie bergsonienne posée entre l'ordre géométrique et l'ordre vital puisque c'est dans un existant réel que l'acte de connaissance doit actualiser le divers. D'où l'espoir de Fondane de dépasser, grâce à cette nouvelle théorie révolutionnaire, la logique aristotélicienne pour penser les continuités du réel mythique qui fait l'objet de *La Conscience malheureuse*.

Cet espoir cependant sera déçu car le nouveau système va lui apparaître comme une « étrange impasse »[353]. À cela, trois raisons fondamentales : d'une part, l'acte de connaissance qui constitue le succès d'un devenir d'identité chez Lupasco privilégie toujours le spéculatif sur le non-spéculatif. Ce n'est en effet que lorsque le sujet actualisant constitue une connaissance des identités que l'on peut parler d'une connaissance vérifiable et certaine. Cette hiérarchie déclasse donc le connaître organique et la pensée non-rationnelle qui concentre les espoirs de Fondane[354]. D'autre part, la démarche de Lupasco présuppose toujours elle-même le principe de non-contradiction, comme sa condition d'élaboration méta-théorique, elle est « une logique de la contradiction définie par une logique de la non-contradiction »[355].

Enfin, l'intégration du devenir dans le logique réduit l'affectivité à n'être qu'un facteur de crise ou d'équilibre entre les deux devenirs. L'affectif, extérieur au logique, ne peut constituer une connaissance bien que jouant un rôle important dans le système lupascien. Le logique constitué par les deux devenirs est devenu autonome et Lupasco s'inscrit donc toujours dans le décadentisme socratique diagnostiqué par Nietzsche. Les réalités métaphysiques de l'immortalité de l'âme, de l'existence de Dieu ou de la liberté absolue restent, comme les noumènes kantiens, inconnaissables. Dès lors, tout espoir de valider une « participation de l'existant à l'Être »[356], de nature affective et métalogique, pour « sauver Dieu »[357], est interdit par le système de Lupasco.

Un poète traqué

Lupasco témoignera après la guerre de leurs âpres discussions : « On comprend sans doute que j'étais son plus troublant adversaire. Et la violence de nos discussions, que n'interrompaient ni le froid ni la faim, ni les bombes, ni même les angoisses de l'Occupation et de la résistance, en témoignait, on peut dire, avec éclat »[358]. De fait, leur célébrité ne protège nullement les intellectuels juifs français. Jean Wahl, emprisonné lui aussi à Drancy, parviendra à en sortir, échappant de peu à la déportation. Sans compter les nombreux philosophes, poètes et intellectuels juifs allemands traqués en zone occupée et en zone libre où les attendent des camps d'internement pour étrangers. Si certains amis de Fondane tels que Rachel Bespaloff ou les époux Maritain ont réussi à s'embarquer pour les États-Unis, d'autres n'auront pas cette chance : les philosophes Georges Politzer et Walter Benjamin mourront dans des conditions tragiques.

Or les menaces contre les juifs se multiplient. Dès le 3 octobre 1940, Alibert, ministre de la justice du gouvernement de Vichy, promulgue le statut des juifs. Au cours des premiers mois de 1940, les décrets et les textes de lois se succèdent pour exclure les juifs de la vie publique. Les ordonnances allemandes du 26 avril 1942 et la liste Oberg du 15 juin interdisent aux juifs la fréquentation des lieux publics, les spectacles, les restaurants, les cafés et ainsi de suite ; l'article 2 de l'ordonnance allemande du 8 juillet 1942 leur donnent le droit de faire leurs courses de 15 heures à 16 heures[359]. Une ordonnance du 29 mai 1942 ordonne le port de l'étoile jaune en zone occupée, que ni Fondane ni sa sœur ne porteront.

Les précautions particulières : les cryptages des cartes interzones, la signature de certains articles avec de simples initiales ou bien l'adresse du courrier chez Albert Marie-Olive au 4 rue Rollin à partir de 1941 suffisent-ils à protéger Fondane ? Jean Lescure se souvient l'avoir vu dans un bistrot à côté d'officiers allemands, ne cherchant pas à les éviter[360]. Sans participer à des actions de résistance proprement dite, il est en correspondance avec les éditeurs de la résistance poétique : Pierre Seghers qui publie *Poésie* à Villeneuve-les-Avignons, Max-Pol Fouchet qui fait paraître *Fontaine* à Alger, avec Jean Lescure, Jean Ballard, Jean Paulhan et Paul Éluard, entretenant un réseau d'amis de l'ombre. Malgré le danger,

Fondane va continuer à signer de son nom ses poèmes et ses essais. Cela était assurément dangereux. Seul Éluard dissimulera son nom sous le pseudonyme d'Isaac Laquedem dans *L'Honneur des poètes* aux éditions de Minuit. Drieu la Rochelle avait désigné dans la *Nouvelle Revue Française* les auteurs de *Fontaine* « qui écrivent d'un pied et qui ont l'autre dans l'émigration ». Max-Pol Fouchet s'en indignera : « C'était nous dénoncer. Dénoncer des écrivains au mépris de leur vie. Dénoncer. Bassement » [361].

Une poésie du moi bousculé par la guerre

En pleine guerre, Fondane avait répété sa méfiance à l'égard de l'aliénation idéologique de la poésie à propos d'une enquête de Max-Pol Fouchet dans la revue *Fontaine* en 1940[362]. On sait que ce dernier à Alger et Pierre Seghers à Avignon décident à ce moment de lutter avec la poésie contre l'esprit de la défaite en contournant les obstacles de la censure. Ils seront suivis par d'autres revues : *Les Cahiers du Rhône*, *Confluences*, *L'Arbalète,* etc. Or Fondane exprime à nouveau son refus de faire du poème une arme chargée de contenus moraux, idéologiques ou politiques : « Il reste que le poète peut prendre à la guerre des motifs, des images, des chocs, mais blessé ou non, il ne retrouvera que soi-même au centre de tout. Ce ne sera pas là une “poésie de guerre”, mais une poésie du moi bousculé par la guerre. »[363] S'il s'étonne de l'exception d'Apollinaire, c'est pour mieux souligner que la poésie a besoin d'être *différée* dans le temps et ne peut emprunter à l'actualité immédiate sa matière première. Si le poète « défend des droits, des devoirs, des libertés »[364], il ne saurait en tant que poète transformer la poésie en instrument de combat. C'est toujours le sujet existentiel, viscéral, irrationnel et conflictuel qui est le lieu du surgissement du sacré. C'est une résistance métaphysique, nous l'avons vu, qui s'exprime dans *L'Exode*.

POÉSIE 44

N°18

ALAIN FOURNIER
(INÉDIT)

ANDRÉ ROUSSEAUX
ROBERT DESNOS
CHARLES VILDRAC

MARCEL ARLAND
(JEAN de SPONDE, poète baroque)

BENJAMIN FONDANE
RENÉ LAPORTE

PAUL VERLAINE
par HENRI THOMAS

ALAIN BORNE
PHILIPPE CHABANEIX
FRANCIS PONGE
ET
CLAUDE ROY

Numéro 18 de « Poésie 44 »
avec « Au temps du poème » de B. Fondane.

Il en est de même pour la série des vingt-trois poèmes dite : « Le Mal des fantômes » que Fondane adresse à Jean Ballard pour les *Cahiers du Sud* en 1943. Terminé dans l'urgence, le poème qui rencontre les résistances du comité de rédaction des *Cahiers* prolonge *Ulysse* et *Titanic* « à travers le bric-à-brac des structures lyriques les moins apparentées, les plus dépareillées, les plus décriées, la confusion d'un esprit que hantent, pêle-mêle, des vœux, des présages, des superstitions, des calembours, des ténèbres et des essences » écrit-il dans son introduction *Non lieu*. Ces poèmes enchaînent des visions qui se heurtent et se succèdent à un rythme de plus en plus rapide sur un leitmotiv : « d'autres que nous ont fait la traversée de cette vie », qui sonne comme un adieu.

Certains poèmes contiennent des références cryptées à l'Occupation et à la persécution des juifs. Le poème « Tristan et Yseut » (« Au temps du poème »), qui s'efforce de jouer sur le désastre, ne se prive pas d'une note où perce la tragédie :

> « Vous faites la roue ! »
> Je suis trop acteur
> au ballet qu'on joue,
> de sang et d'horreur,
>
> pour CHANTER, ce thème !
> Ah ! laissez-moi donc
> prendre le wagon
> « au temps du poème ! »[365]

Lorsque ce poème paraîtra en avril 1944, il sera déjà emprisonné. D'autres projets de publication clandestine impliquèrent Fondane pendant l'Occupation, notamment, si l'on en croit le témoignage de Francis Dumont[366], l'anthologie que ce dernier prépara avec Jean Jausion dans les caves de Calmann-Lévy en 1942. Le projet aurait avorté en 1943 à la suite d'une dénonciation du journal *Je suis partout*. Cette anthologie devait comprendre des fragments d'*Ulysse*. Il peut encore écrire : « Un homme sans genoux, qui chante/et que rien ne peut balayer de la terre/– Pendant qu'il chante/ – Comme une feuille morte en la saison des loups »[367]. De fait, il ne renoncera jamais à écrire de la poésie. Jean Lescure se souvient qu'il insistait pour republier des fragments d'*Ulysse* pour sa revue *Messages* :

> À quoi servirait notre vie,
> à quoi nos batailles perdues
> sinon à un Triomphe dont s'est perdu le sens,
> et pour semer impitoyable,
> sous l'œil actif des policiers
> – une nouvelle beauté panique…[368]

Je suis Victor Hugo

Les possibilités de déplacement, de publication, de rencontres se réduisent peu à peu dans Paris. Le sentiment d'être prisonnier hante *Le Lundi existentiel*. Son ontologie de l'enfermement, oppressante et angoissante, tient tout entière dans l'image leibnizienne d'une monade « sans porte ni fenêtre ». La prison logique se superpose à l'oppression historique. Le discours lui-même, avec sa réflexivité et ses contraintes logiques, enferme le sujet pensant dans des limites intolérables : « Nous sommes enfermés dans le Discours; on ne peut en sortir »[369].

Un épisode, raconté par Lescure, éclaire pourtant de son humour le sentiment d'étrangeté que les hommes traqués pouvaient ressentir dans un Paris qui continuait ses mondanités. « Nous n'avions pas grand chose à opposer à ce monde gris. L'humour qui nous restait nous permettait de ricaner. Mais non de nous échapper. Encore moins de nous armer », se souvient Jean Lescure. Fondane sortit un jour avec lui invité par le poète Guillevic à une réception donnée par la baronne Boutmy :

> Elle vivait dans l'adoration des grands hommes et s'émerveillait avec conviction d'être admise dans leur commerce. Elle parlait peu me semble-t-il, mais d'un ton pénétré. Elle semblait ne savoir dire que : « Qui est-ce? » chaque fois qu'un nouvel arrivant s'asseyait et « Oh! oh » lorsque Guillevic lui avait dit un nom qu'elle ignorait mais estimait illustre et feignait aussitôt de connaître. Fondane l'avait admirée en silence pendant un moment puis, me désignant :
>
> « Et celui-là, savez-vous qui c'est?
>
> — Euh... » dit la baronne.
>
> Il me nomma :
>
> « Oh! oh!... dit la baronne éblouie.
>
> « Et moi, dit Fondane, vous savez qui je suis?
>
> « Je suis Victor Hugo, dit Fondane.
>
> — Oh! » commença la baronne.

Elle s'interrompit avant le deuxième « Oh ! » et regarda avec étonnement Fondane qui baissait modestement les yeux[370].

Tout au long des années d'Occupation, Fondane ne cesse de travailler avec acharnement, radicalisant les données de la révolte métaphysique exprimée dans *La Conscience Malheureuse*. Qu'il s'agisse de libérer la pensée en ouvrant une fenêtre sur la pensée primitive thématisée par Lévy-Bruhl, d'élargir le logique au moyen des recherches de Lupasco ou encore d'approfondir l'expérience du gouffre de Baudelaire, ces diverses tentatives pour briser l'enfermement convergent entre elles. Le mur, – le mur chestovien repris du discours de *L'Homme du souterrain* de Dostoïevski – se superpose avec la situation d'oppression policière vécue sous l'Occupation.

En mai 1942, Max-Pol Fouchet se rendit en zone occupée à Paris avec un faux passeport. Nous retrouvons à travers son souvenir l'atmosphère oppressante des années d'Occupation, le mélange d'espoir et d'angoisse qui entoure les rencontres clandestines :

> Il habitait derrière le Panthéon, et je logeai rue de Rennes. Nous passâmes une soirée justement à parler de Baudelaire et des espoirs que nous avions quant à l'avenir du monde. Soudain, il regarda sa montre, pâlit. « Il vous reste dix minutes pour rejoindre votre domicile, le couvre-feu est à minuit. » Je l'embrassai. Pourquoi donc l'ai-je embrassé, je ne le connaissais pas assez pour me le permettre ? Je me demande si j'étais inquiet du peu de temps qui me restait pour rentrer avant les rondes ou si je devinais que Fondane... Je courus à travers des rues déjà désertes, la rue Soufflot, la rue de Vaugirard. Je ne sais comment j'ai pu courir si vite. Je craignais une inspection de mes faux papiers ; déjà il y avait des patrouilles allemandes qui se formaient aux carrefours. Je me précipitai dans l'entrée du 116, rue de Rennes. Si peu de temps pour faire un tel chemin ! Dans l'obscurité du corridor, j'eus le sentiment à la fois d'être tiré d'affaire et de perdre quelque chose qui m'était précieux...[371]

Les filles du chant sont venues…

Dans l'asphyxie progressive qui gagne le Paris occupé, le poète dramatise son espoir métaphysique de trouver une issue : « Il ne faut pas céder! Pas d'issue, pas d'issue! Ils doivent périr ou vaincre ceux qui n'ont point d'issue! » avait t-il écrit dans *Ulysse*[372]. Jean Lescure, dans son beau livre *Fondane, le gouffre et le mur*[373] se souvient du sentiment d'être traqué, du sentiment qu'il n'y a plus d'issues et que toutes les portes qui paraissent encore ouvertes sont fausses. L'impossibilité de toute évasion dramatise la question de Dieu telle que Chestov l'avait posée : l'accession au miracle à travers une brèche effectuée dans la représentation rationnelle du monde : « Que faire? La pensée, toute seule, n'est jamais allée plus loin. Elle peut espérer, appeler, crier. Cela donnera-t-il quelque chose? – Non, dira t-on? – Mais espérer, crier, appeler, me situe déjà dans le possible. Accepter me ferme le possible. Et le possible est déjà le miracle. » écrit-il dans ses *Carnets de guerre*[374].

Les derniers poèmes portent la trace des longues attentes dans la réclusion de la rue Rollin tandis que la neige de l'hiver 1941 tombe aux fenêtres. Est-il encore possible de chanter dans le malheur? *Refus du poème* (1943) confronte le plaisir poétique et l'horreur de la guerre. Les « filles du chant » sont venues, elle s'offrent nues et leurs lèvres sentent la lavande, mais le poète « songe aux ravins de Finlande/où dorment des soldats de gel… ». L'oubli et les songes offerts par « les vierges de sel du poème » pourraient-ils effacer la pensée des prisons et des persécutions des juifs qui ensanglantent l'Europe? « Je songe aux forçats d'Allemagne : /ils sont maigres maigres sous le fouet » répond le poète. Et lorsque la vieille édentée de la mort s'écrie : « Ton lot sur la terre est la mort lente./Que ça te déplaise ou non, chante! » Il lui répond – Ô très chère, je songe à Prague!/Je n'entends pas, je n'entends plus/les prières de ses synagogues… »[375]

XX.

Dans l'ombre de Baudelaire

En commençant vers 1942 à rassembler des notes qui conduiront à la rédaction de *Baudelaire et l'expérience du gouffre*, Fondane inscrit son projet dans la continuité du *Faux Traité d'esthétique* (1938) et de *Rimbaud le voyou* (1933). Mais l'ouvrage va aussi se charger des résultats de *La Conscience malheureuse* (1936), en ouvrant sur une métaphysique du gouffre qui répond aux conclusions du *Lundi existentiel et le Dimanche de l'Histoire* (1945). Laissé inachevé, le manuscrit est publié en 1947 par Pierre Seghers après avoir été relu par E. M. Cioran et Boris de Schloezer. C'est Jean Cassou qui sera chargé de rédiger deux préfaces, en 1947 et en 1971, malgré son opposition à la philosophie existentielle.

Le noyau central de l'œuvre-vie de Baudelaire est pris comme support pour développer, accroître, complexifier la pensée existentielle en l'inscrivant dans l'histoire de la littérature européenne. Les œuvres de Kafka, Dante, Swift, Dostoïevski, Pascal, William Blake, Shakespeare, Hugo, Tolstoï, Poe, Gérard de Nerval, Mallarmé vont être convoquées pour nourrir une interprétation existentielle de la création littéraire.

Importance de Baudelaire

En considérant Baudelaire comme le poète de la réhabilitation existentielle par opposition au processus d'idéalisation qui dévitalise la littérature française, Fondane va inverser les jugements de valeur formulés par T. S. Eliot et par Paul Valéry. Le premier, solidement appuyé sur un humanisme catholique déplorait en effet que Baudelaire « ne soit pas parvenu à harmoniser son expérience avec son besoin d'idéal » et que « sous le rapport de l'ajustement du naturel au spirituel, de l'animal et de l'humain et de l'humain au surnaturel, Baudelaire est un gâcheur [*bungler*] vis-à-vis du Dante »[376]. Le second, dans *Variétés III*, louait Baudelaire pour la vigilance de son esprit critique allié à son sens poétique ou pour son poème *Le Balcon*. Bref, il intégrait Baudelaire à un classicisme fait d'équilibre entre la composition rationnelle et l'inspiration. Ces deux appréciations trahissent toutes deux un *a priori* formaliste et moral qui dissimule au fond l'horreur de l'existence.

La déconstruction des surdéterminations morales des jugements sur Baudelaire continue avec l'attaque contre René Laforgue (*L'Échec de Baudelaire*, 1931) et Ernest Seillères (*Baudelaire*, 1931). Plus significative, la polémique menée contre Huxley (*Do what you will*, 1929) qui regrettait une normalité biologique chez l'auteur des *Fleurs du mal*. On notera enfin, parce qu'elle est significative pour la perspective religieuse de Fondane, la polémique menée contre Georges Blin qui, dans les « Lettres baudelairiennes » (*Fontaine*,1943), avait condamné Baudelaire pour sa soif d'infini. Toutes ces lectures rejettent en un certain sens l'anormalité baudelairienne. Pour Fondane au contraire, l'« anormalité » de Baudelaire témoigne de l'authenticité de sa lutte métaphysique. Sa poésie, en témoignant d'une lutte entre les artifices de la culture et l'expérience du gouffre, ne possède pas sa finalité dans un achèvement esthétique, mais dans l'expression même de son déchirement.

La composition foisonnante du *Baudelaire*, avec ses digressions et sa multiplicité, condense aussi toutes les œuvres possibles que le poète craint de ne plus pouvoir écrire. Cette urgence aboutit à un volume fiévreux et combatif de trente-quatre chapitres. Ne nous trompons donc pas : cet ouvrage n'est nullement une exégèse scientifique du texte baudelairien, mais une synthèse de la métaphysique et de la poétique existentielle.

Du bovarysme au dandysme

Dans ses ouvrages, Chestov faisait vivre à Dostoïevski, à Tchekhov, à Pascal ou à Nietzsche une lutte tragique. Déchirés entre leur certitude et leur dépossession, ces subjectivités prises au piège se débattent, se révoltent, se contredisent, tentent de déguiser sous des masques idéalistes la véritable nature de leur désespoir. Humiliés par leur faiblesse et néanmoins convaincus de leur royauté métaphysique, ils s'efforcent de trouer le filet rationnel dont ils sont prisonniers pour récupérer leurs véritables droits métaphysiques. Chez Fondane, on assiste à un tournant, c'est le poète, et non plus seulement le philosophe ou le dramaturge, qui, héritier de l'ancienne fonction prophétique, va devenir le témoin privilégié de cette lutte spirituelle.

Tombé dans la connaissance, le poète ne peut manquer de vivre l'ambiguité de ses postulations et de ses masques. Car si, d'une part, un faisceau de visées idéales et rationnelles se projette sur sa subjectivité, de l'autre, toutes les contingences humaines empêchent cette même volonté de s'identifier à ces principes rationnels. Telle apparaît précisément la lutte de Baudelaire. Irrémédiablement exilé de l'amour maternel, il va pleinement vivre la fonction du rêve, du regret et de la nostalgie[377]. Cette aspiration au retour, entrevue sous la forme psychologique du « vert paradis des amours enfantines », mais de nature métaphysique, est toujours refoulée, travestie idéologiquement sous la pression des normes culturelles et sociales qui s'exercent sur lui.

Le dandysme de Baudelaire, image par excellence d'une négation artificielle du moi par le sublime, n'est qu'un exemple particulièrement suggestif du violent bovarysme du poète. Une des constantes de l'herméneutique existentielle de Fondane consiste à déjouer les stratégies du discours fictionnel par lequel le poète s'efforce de masquer sa tragédie. Que ce soit dans la déconstruction du « Principe de la poésie » d'Edgar Allan Poe, ou dans le discours de Baudelaire sur lui-même, l'interprétation réflexive produit une image fausse, un fantôme.

L'ivresse de l'art et les terreurs du gouffre

Mais cette production d'illusions s'étend à l'activité poétique elle-même. Dans « Une mort héroïque » du *Spleen de Paris* de Baudelaire, le bouffon Francioulle joue avant de mourir un rôle d'une si « parfaite idéalisation, qu'il était impossible de ne pas [la] supposer vivante, possible, réelle » dit Baudelaire. « Fancioulle me prouvait, ajoute-t-il, que l'ivresse de l'art est plus apte qu'aucune autre à voiler les terreurs du gouffre; que le génie peut jouer la comédie au bord de la tombe avec une joie qui l'empêche de voir la tombe, perdu comme il l'est, dans un paradis excluant toute idée de tombe et de destruction ». Ce texte permet de radicaliser la thèse centrale qui se profilait déjà dans *Rimbaud le voyou*, et qui s'était consolidée dans le *Faux Traité esthétique* : l'art oscille entre deux postulations opposées. D'une part, il fabrique des leurres culturels, surtout lorsqu'il produit ses œuvres selon des règles idéologiques, morales ou esthétiques. La création poétique n'est, de ce point de vue, qu'une tentative ratée d'évasion qui l'éloigne du réel : « La grande nouveauté de Baudelaire [...] est précisément dans la conscience de l'irréalité de l'évasion »[378]. Mais d'autre part, l'artiste peut inverser cette fonction d'illusion pour dévoiler le véritable réel centré sur les puissances vitales et sacrées de l'affectivité.

C'est pourquoi il ne faudrait pas conclure que l'art n'est qu'une illusion. D'un côté, « l'art est apte à voiler les terreurs du gouffre » en tant qu'il porte des valeurs idéalistes – la beauté formelle surtout – à travers ses représentations. D'un autre côté, après avoir été brisé et démasqué par une anti-esthétique, l'art est aussi apte à dévoiler le gouffre en accueillant la matière sauvage du moi. C'est pourquoi le poète doit écouter la Pythie qui chuchote des choses terribles en lui.

Les révélations du gouffre

Mais qu'est-ce que le gouffre? Est-ce simplement l'évidence de la finitude, de la mort, de l'impuissance humaine? Est-ce une brutale révélation du mal? Fondane donne à ce concept une signification beaucoup plus subtile qui en fait la clé de voûte de toute la pensée existentielle :

> [...] c'était la soudaine vision que leurs convictions – les plus fermes, les plus assurées – étaient sans fondement et qu'il fallait, sans le pouvoir cependant, renoncer à elles, qu'on était soumis une sorte d'envoûtement et que le monde est inexplicable sans l'hypothèse de cet envoûtement[379].

Résultant de l'effondrement de la fondation rationnelle de l'ensemble de nos certitudes, le gouffre désigne la conscience soudaine de l'illusion de l'ensemble de nos convictions rationnelles et idéalistes. Il apparaît en particulier lorsque les valeurs du vrai, du beau et du bien s'effondrent, et avec elles, le réconfort des sagesses stoïciennes, chrétiennes, ou des morales progressistes du XIXe siècle. Cet effondrement s'effectue pour Fondane sous la puissance d'événements traumatiques qui ne s'intègrent pas à des logiques de la consolation ou de la justification. Pour Baudelaire, ce sera le remariage de sa mère, la disparition du vert paradis des amours enfantines, et l'idée corrélative de l'existence comme chute.

Le *Baudelaire* ne fait à cet égard que présupposer la thèse qui sera formulée dans le *Lundi existentiel* : le monde pénétré de rationalité n'est que néant. Sa substantialité, sa nécessité, ses limitations logiques intrinsèques participent d'un enchantement. « Car il ne serait pas néant s'il ne portait, jusque dans ses structures les plus intimes, la négation de soi par soi et ne savait de source sûre que sa cruelle emprise sur l'existant n'est qu'une *Zauberkraft* – un pouvoir magique – d'autant plus malaisé à rompre – qu'il repose proprement – sur rien »[380]. Bref, le néant exprime le « mal des fantômes ». Ainsi la vision du gouffre lie-t-elle la poétique, l'herméneutique et la métaphysique existentielles autour d'un concept qui anéantit le conceptualisable. N'est-ce pas ce que Fondane retrouve dans « Le gouffre » de Baudelaire :

> Sur le fond de mes nuits, Dieu de son doigt savant
> dessine un cauchemar multiforme et sans trêve.

De l'angoisse à l'ennui

L'angoisse possède une véritable fonction ontologique. Elle dévoile dans un vertige le caractère illusoire de la structuration rationnelle du monde : « L'angoisse nous révèle le néant, sans doute, mais aussi le néant de ce néant »[381]. Une fois dévoilé, l'existence véritable apparaît avec ses discontinuités, ses accidents, ses imperfections consubstantielles. Le gouffre dévoile brusquement une réalité sauvage : « Une immense et sordide matière, lamentable, geignante, tourmentée et déchirée, sans volonté, sans yeux, avec des éclats de ténèbres et de colère »[382]. C'est là que réside le sens de l'étrange beau baudelairien, chargé de surprise, de difformité et de malheur. La beauté formelle faite de rythmes justes, d'équilibres et de symétries est morte : il faut plutôt « créer la beauté d'une maison en ruine, d'un visage dévasté, d'un corps écartelé »[383]. Car le poète doit intégrer dans le poème, et non sublimer, le coefficient de réalité du mal, de la laideur, du vice et de la souffrance.

Cette opposition entre un réel existant au-delà du bien et du mal et l'artifice de l'art est illustrée de façon particulièrement frappante par le petit poème en prose : « Le joujou du pauvre » du *Spleen de Paris*. Ce dernier évoque la rencontre de deux enfants : l'un, riche et aristocratique, est pourvu d'une poupée neuve ; l'autre, le « marmot-paria » d'une famille pauvre, possède en guise de jouet un rat vivant dans une cage. Cette rencontre exprime la confrontation d'une esthétique idéalisante conforme à la morale et à la raison mais artificielle avec le réel existentiel dévoilé par le gouffre, terrible, irrationnel, mais vivant[384]. La relation en miroir des deux enfants symbolise parfaitement la dialectique des concepts de néant et de réel médiatisés par celui de gouffre. Le poète ne vit-il pas aussi une double postulation pour la facticité de l'idéal et l'authenticité du malheur ? L'affreux jouet vivant, dans sa dimension méta-éthique et méta-esthétique, troue brutalement le voile de l'art sous les catégories de l'angoisse et de l'absurde. Grâce à lui, l'absurde existentiel fait exploser l'univers artificiel de la culture.

Dernière conséquence de cette lutte : l'ennui baudelairien exprime la déréalisation fantomatique du monde sous l'effet de la rationalisation qui a refoulé l'affectivité. Aboutissement du platonisme inhérent au monde moderne, il résulte du « péché » de connaissance. Il occupe la même fonction que le socratisme nietzschéen qui dévitalise les valeurs pour les remplacer par un arrière-monde dans *Le Crépuscule des idoles*. Concept emprunté à Vladimir Jankélévitch dont Fondane avait lu et commenté *L'Alternative* en 1939, l'ennui devient l'aperception affective du néant rationnel. Corrélativement, le « vide affectif » de l'ennui engendre un processus d'agression, de cruauté, de guerres, de joie de la destruction, et même d'antisémitisme qui constitue des formes dévoyées d'attestation existentielle. Fils du XIXe siècle positiviste, logique et idéaliste, Baudelaire est le témoin d'un phénomène typiquement urbain où les « paradis artificiels » de la drogue, de la débauche et de la violence tentent de redresser un équilibre perdu dans la modernité car « On veut se sentir exister mais il est d'impossible d'exister en des cadres cognitifs donnés, en des cadres sociaux et cognitifs immuables qui proclament que l'existence est... apparence »[385]. Cette généalogie de la cruauté constitue au fond l'esquisse d'une théorie existentielle du mal. Mais d'autre part, étant le signifiant négatif de la déréalisation de Dieu par la raison, l'ennui et la cruauté peuvent devenir les indices d'une absence de Dieu, véritable base existentielle d'une « théologie de l'ennui »[386].

Baudelaire : un saint damné

Puisqu'elle ouvre sur une transcendance religieuse, l'expérience du gouffre est sacrée. Mais cette dimension sacrée se place sous le signe d'une subversion morale et métaphysique : il est donc « le contraire absolu du profane; il est fluidité, licence, débauche, désordre, création, nouveauté, mystère, puissance »[387]. Le sacré est donc une puissance de subversion, en particulier par son caractère extrême ou infini (*apeiron*) : « sainteté et souillure sont des notions inextricablement liées, elles manifestent toutes deux, aux yeux de la pensée profane du primitif (et pas seulement du primitif) la présence de "l'extrême" »[388]. Le bien et le mal sont donc également susceptibles de sacré, c'est-à-dire d'exprimer le divin. Rimbaud était déjà un vrai voyou. Comme chez Georges Bataille ou chez Jean Genet, la figure morale du saint chrétien est subvertie pour replacer la sainteté au sein de l'immoralité. Le « sacré d'impureté »[389] est devenu une attestation du sacré.

Immorale, la sainteté est également irrationnelle. Le saint de l'*Ancien Testament*, nous dit Fondane, est saint parce qu'aimé de Dieu à la différence du saint chrétien conforme aux critères moraux d'une morale rationnelle[390]. Il serait d'ailleurs vain de vouloir comprendre les raisons de Dieu : le Dieu de Chestov n'est plus soumis à la rationalisation de son essence, comme il l'était dans le thomisme ou dans la philosophie de Leibniz. « Dieu ne fait que donner gratuitement, mais il est vrai, arbitrairement »[391]. Il est le Dieu de Job et d'Abraham qui use de l'arbitraire et de l'insensé. Dépourvue de toute intelligibilité humaine, l'élection existentielle est profondément mystérieuse. Baudelaire n'échappe pas à cette prédestination : « L'événement qui bouleversa son enfance et, par la suite, sa vie, n'était pas dû, peut-être à un "accident" mais à une Providence »[392].

Faut-il, dès lors, nous étonner si la signification métaphysique de l'enfer elle aussi est subvertie ? Loin d'être le lieu par excellence de l'éloignement de Dieu, l'enfer baudelairien est celui d'une attestation existentielle de Dieu : « Il est clair que pour Baudelaire, "le goût du néant" se situe aux antipodes du "goût de l'infini" ou, si vous préférez, de l'enfer »[393]. La figure du diable et les thèmes sataniques n'expriment l'existant que parce que l'idéalisme les a rejetés de son système *a priori* du Vrai, du Beau et du Bien. L'enfer baudelairien est donc une reconquête de l'existant par lui-même. La damnation est une forme d'irrésignation réclamée par Baudelaire à titre de dignité métaphysique : « Il embrasse la cause de son rebelle voué aux ténèbres, au malheur, au vertige qui ne semble mener nulle part »[394]. L'absence de lieu laissé au mal, au malheur, à l'irrémédiable, à la laideur et à la souffrance dans la culture du XIXe siècle est réinventée sous la forme de l'enfer : « En un univers où le néant commence aux portes de la pensée, il n'est d'affirmation que celle qui nie ; en un univers sans paradis, il faut en toute hâte opposer quelque chose au triomphe du néant »[395]. En ce sens, les figures de Judas et d'Œdipe sont exemplaires : leur immoralité relève d'une « providence » que seule la foi, sans doute, pourrait appréhender : « Ils sont l'instrument du divin, quoique instrument maudit et damné. Ils représentent un rapport beaucoup plus clair entre l'homme et la divinité, que ne le représentent les saints »[396].

Figure du refus, Satan devient aussi celle de la désobéissance, du non-repos de l'esprit qui réclame la dignité ontologique de ceux qui ont chuté, « sur qui pèse la griffe effroyable de Dieu ». Le Satan de Fondane est un Satan existentiel, un grand vivant pour lequel ni la pitié, ni la charité – ces victoires de la morale humaniste – n'ont leur place. Son enfer, à la différence de l'enfer du Dante, ne confirme pas l'ordre des vertus théologales et de la sagesse médiévale. Si l'enfer de Dante montre l'irrémédiable de la damnation, l'enfer de Baudelaire en est l'antithèse puisque Fondane y place les révoltes suprêmes : « C'est toujours l'enfer, bien entendu, mais c'est l'enfer, et non pas le néant ! C'est la douleur, l'horreur, mais pas la mort ! »[397]

On ne comprendrait pas cette opposition de l'enfer et du néant sans rappeler que dans l'analyse existentielle le néant caractérise toujours le coefficient d'illusion de la rationalisation du monde. En dernier ressort, la révolte de Satan témoigne de la vie contre la mort de l'esprit, et par là même devient témoignage de Dieu : « Ce n'est que dans l'enfer que Baudelaire sent encore la présence de Dieu »[398].

XXI.

Le lundi existentiel

En 1943, Jean Grenier prépare le volume collectif *L'Existence* (1945) qui doit être consacré aux différents courants de la pensée existentielle. Il sollicite Fondane qui lui avait envoyé en 1938 son *Faux Traité d'esthétique*. L'ouvrage rassemblera aussi des textes de Gilson, Maurice de Gandillac, Louis Lavelle et Albert Camus. Fondane va donc rédiger en mars 1944 *Le Lundi existentiel et le Dimanche de l'Histoire*, véritable testament philosophique qu'il remettra à Grenier peu avant son arrestation.

La nouvelle génération existentialiste athée est en train d'émerger et recouvrira après la guerre la génération existentielle qui était majoritairement ouverte – si on en excepte Heidegger – à une transcendance religieuse. Fondane note dans ses *Carnets de Guerre :* « Nous sommes à une époque, (ou peut-être est-elle en train de finir) dominée par l'absence de Dieu. Mais je n'entends pas par absence, privation. J'entends par absence un trou, un inachèvement, une nostalgie de, une présence d'absence, quelque chose comme un rien solide, substantiel, créateur d'actes »[399]. De fait, la dimension religieuse faite de cette absence-présence va être dramatisée dans les dernières œuvres. Aux « hussards sabres au clair », Fondane va opposer une résistance métaphysique et un immense espoir de libération.

L'homme prisonnier

« Tu es réservé pour un Grand Lundi ! – Bien parlé, mais le Dimanche ne finira jamais ! » C'est cette phrase du *Journal* de Kafka qui fournit son titre à l'essai tout entier. Le Dimanche de l'Histoire, « si anxieux, si long, si impatient de "proclamer" son sérieux et de faire donner ses hussards »[400] ne sert qu'à mettre en évidence l'espoir de briser l'aliénation ontologique et historique qui enchaîne les hommes. La voix juive de Kafka, identifiée à la lutte kierkegaardienne et existentielle, devient alors symbole de résistance. Le climat oppressant du Paris nocturne où l'on arrête les juifs que l'on déporte vers le Vélodrome d'hiver, Compiègne ou Drancy ; où l'on imprime des tracts au risque d'être dénoncé et torturé ; où la parole se retrouve prisonnière de la peur, ne se retrouve-t-il pas dans *Le Procès* de Kafka ?

L'interprétation kierkegardienne et chestovienne de Kafka est courante à la fin des années trente. En 1942, Jean Wahl écrit ironiquement du personnage du *Rapport à une académie* de Kafka « qu'il serait un disciple de Chestov mis dans la peau de Maldoror »[401]. L'écrivain qui apparaît dans « L'espoir et l'absurde dans l'œuvre de Kafka » de Camus est aussi identifié à un personnage chestovien. De fait, *Le Lundi existentiel* revendique cette filiation :

> Qu'elle le veuille ou non, elle est fille, ou parente, de la pensée prophétique, cette pensée existentielle de Kafka, à

> la fin du *Procès* où son héros est livré aux bourreaux (les hussards, sabres au clair) pour un crime qu'il ignore et qu'on lui cache (le « sérieux » de l'Histoire)[402].

Le chapitre XXVIII du *Baudelaire et l'expérience du gouffre* va approfondir cette analyse du *Procès* : il s'agit de l'assassinat banal d'un homme innocent, K. après un enchaînement absurde et incompréhensible d'événements. Le sacrifice de K. illustre la rationalisation inhumaine de l'histoire hégélienne qui réclame la résignation de la victime sacrifiée. Toute cette lecture anti-hégélienne de Kafka est pleine d'une auto-référence tragique. Ce commentaire se double d'une lecture du texte de Kafka : « Devant la Loi » dans lequel le gardien raconte à K. une histoire « de l'Écriture » mettant en scène un homme qui attend toute sa vie qu'une sentinelle lui ouvre la porte de la Loi, et devant laquelle il meurt alors que cette entrée n'était faite que pour lui. Fondane conclut que cette histoire résume l'essentiel de l'Ancien Testament. Il suffirait de frapper à la porte « qui n'est rien d'autre que le *savoir* que nous avons du possible et de l'impossible »[403] pour que s'ouvre la porte du sacré.

> Seul parmi les livres, le Livre craque sous la pression d'une possibilité infinie, ouverte à l'homme, d'un Absurde à tout instant prêt à rompre le « sérieux », d'un pouvoir auquel nous sommes invités à participer.[404]

La position existentielle de Job, cette révolte dans la nudité absolue de celui qui a tout perdu, coïncide maintenant avec la position du philosophe traqué dans Paris. Au nom du « Dieu qui ouvre le possible infini de l'interpellation personnelle, de la dissidence intérieure et du défi spirituel »[405], n'est-il pas appelé à son tour à vivre, de façon quasi prophétique, le rôle tragique de l'exception existentielle ?

L'anéantissement métaphysique de l'Histoire

Il faut donc lutter. Mais comment? Fondane ne cessera d'identifier toute oppression à la rationalité. L'insurrection qui traverse toute la philosophie existentielle est celle de l'Esprit vivant contre la Lettre, de l'immédiat contre le médiat, de l'existence contre la Loi. C'est l'affirmation christique que « la Loi a été faite pour l'homme et non l'homme pour la Loi » qui condense cette révolte : « La Loi est sainte, mais elle a été faite *pour* l'homme ; elle peut, par conséquent, être suspendue dès que les intérêts majeurs de l'homme risquent d'être meurtris plutôt que sauvegardés par elle »[406].

Ce principe d'une primauté absolue du « bien de l'homme » sur le législatif s'étend à toute l'ontologie puisque la Loi désigne toute législation logique, éthique, épistémologique par laquelle la raison structure le réel. La subordination de l'ontologique « au bien de l'homme », c'est-à-dire au bien de l'individu subjectif, est réaffirmée contre Hegel et la Raison dans l'histoire, mais aussi contre toute théodicée de style leibnizien qui s'efforcerait d'intégrer les souffrances individuelles à l'harmonie d'une totalité cosmologique : « Le bien de l'homme commande non seulement le dessein de l'Histoire, mais aussi les desseins de Dieu »[407]. Ce principe spiritualiste offre finalement la clef de l'évasion ultime du philosophe dans la logique d'une guerre mondiale qui sacrifie des milliers d'hommes aux stratégies géopolitiques et militaires des grandes puissances en conflit. La question du sens de l'Histoire reçoit une réponse métaphysique opposée à celle de l'hégélianisme : la fin de l'Histoire, c'est l'individu : l'homme n'a pas été fait pour l'Histoire, mais l'Histoire a été faite pour l'homme. C'est pourquoi *Le Lundi existentiel* va s'achever par l'espoir d'un anéantissement métaphysique du mal historique :

> car il ne serait pas néant s'il ne portait, jusque dans ses structures les plus intimes, la négation de soi par soi et ne savait de source sûre que sa cruelle emprise sur l'existant

> n'est qu'une *Zauberkraft* – un pouvoir magique – d'autant plus malaisé à rompre – qu'il repose proprement – sur *rien.*[408]

Affirmation stupéfiante si on y songe! À la déréalisation des individus par le rationnel, le poète oppose une déréalisation du rationnel par l'individu. Contrairement à Heidegger ou à Sartre, le néant existentiel n'est pas une fonction de la temporalité inhérente au *Dasein* ou au pour-soi sartrien. Il désigne le coefficient d'irréalité des représentations rationnelles qu'elles soient cognitives, éthiques ou esthétiques. Il est consubstantiel à la raison elle-même. Puisque la raison a déréalisé le monde, le pétrifiant dans un enchantement magique, il faut le dissiper par un acte de révolte qui anéantira l'anéantissement : « Que nous le voulions ou non, il nous faudra traverser ses affres, il faudra tenter de nous en délivrer – et écouter la promesse. »[409] Ainsi s'achève vers l'inconnu religieux cette lutte pour la sauvegarde du droit à exister dans la plénitude de son être.

Un jeune homme parti de Kierkegaard et de Chestov…

C'est probablement par l'intermédiaire de Jean Grenier qu'Albert Camus rendit visite à Fondane au 6 rue Rollin, probablement en juin 1943[410]. On aimerait savoir ce que les hommes se dirent au cours de cet entretien. Il était tentant de confronter l'auteur qui avait déjà publié *Le Mythe de Sisyphe* et *L'Étranger* avec le redoutable polémiste des *Cahiers du Sud.* Tout annonçe une bataille spirituelle entre les deux hommes. Camus, dans le *Mythe de Sisyphe,* n'avait-il pas attaqué la signification théologique de l'absurde développée par Chestov, préparant ainsi un tournant vers la révolte éthique qui aboutira à *L'Homme révolté?* Fondane, au contraire n'avait-il pas radicalisé la position religieuse de son maître? En septembre 1943, il invite Camus à revenir le voir. Aussi peut-il légitimement annoncer dans une lettre à Camus que leur rencontre sera « un corps-à-corps » tout en ajoutant : « Croyez-moi votre ami »[411]. Mais l'Occupation allemande s'est dramatisée à l'approche des Alliés. Albert Camus entame des activités de résistant. Fondane est menacé. En novembre 1943, Camus s'installe à Paris. Les deux hommes se revirent-ils ?

Dans *Le Mythe de Sisyphe*, Camus avait salué l'œuvre « à l'admirable monotonie » de Chestov. Bien que Fondane n'y soit pas cité, le mystérieux « commentateur » de Chestov qu'il cite et auquel il emprunte la citation de Chestov : « La seule vraie issue est précisément là où il n'y pas d'issue au jugement humain. Sinon, qu'aurions-nous besoin de Dieu ? On ne se tourne vers Dieu que pour obtenir l'impossible. »[412] est probablement Fondane. Le *Mythe de Sisyphe* définit le saut hors des évidences du philosophe existentiel comme un « suicide philosophique ». Fidèle à la tragédie grecque, Camus accuse Chestov de fuir la véritable condition absurde de l'existence, cette confrontation tragique de la rationalité humaine avec l'irrationnalité du monde.

Fonder sur l'incompréhensible…

Le passage du scepticisme à une théologie, même négative, ne se justifie donc pas aux yeux de Camus : « Je ne veux rien fonder sur l'incompréhensible » affirme-t-il. La démarche de Chestov et de Kierkegaard qu'il retrouve dans *Le Château* de Kafka dans le chapitre supprimé du *Mythe de Sisyphe*, donne « à l'irrationnel le visage, et à son dieu les attributs de l'absurde injuste, inconséquent et incompréhensible ». Pour les existentiels, « la négation, c'est leur Dieu »[413]. Il s'ensuit une violente attaque contre la tentation de verser dans « la griserie de l'irrationnel et la vocation de l'extase »[414]. Alors que Camus allait bientôt passer pour le représentant par excellence des littératures de l'absurde, son œuvre au contraire signifie une volonté de les dépasser. À l'évidence, Camus reste fermement attaché à l'idée d'une validité de la raison, se heurtant à l'irrationnel de l'existence humaine comme à ses limites.

Au suicide philosophique engendré par une passion de l'infini, Camus opposera de plus en plus nettement une sagesse de la mesure. À la fin de l'essai, la figure de Sisyphe apporte l'image d'une victoire héroïque de la conscience sur le destin. Une transfiguration de l'absurde par la conscience lucide, en dehors de tout appel à la transcendance demeure donc possible. L'absurde n'est pas incompatible avec un certain bonheur et la parole d'Œdipe : « je juge que tout est bien » fait « du destin une affaire d'hommes qui doit être réglée entre les hommes »[415]. Et Camus conclut : « il faut imaginer Sisyphe heureux ». C'est à cette affirmation que Fondane réagit violemment :

> Mais c'est là toute la difficulté ! Et c'est de cette difficulté même qu'est née la philosophie existentielle. Que Sisyphe s'imagine heureux, c'est tout ce que demande la pensée platonicienne, stoïcienne, hégélienne ; qu'il consente à s'imaginer heureux, c'est tout ce que lui demande le Nous, l'Esprit, la Raison universelle, que sais-je ? Il fait preuve par là qu'il n'est pas un *misologos*, un contempteur de la raison, il renonce à l'absurde…[416].

Le désaccord repose sur deux conceptions différentes de l'absurde : pour Camus l'absurde est une confrontation de la conscience rationnelle avec l'irrationnel du monde, tandis que pour Chestov et Fondane l'absurde est une puissance de subversion munie d'une fonction théologique. Ainsi peuvent-ils s'accuser mutuellement de renoncer à l'absurde. Pour Fondane, Camus fuit l'absurde vers une nouvelle sagesse résignée face à la finitude. Pour Camus, le philosophe existentiel fuit l'absurde pour « bondir » en Dieu. Cette divergence conduira à l'opposition entre une révolte éthique et une révolte métaphysique. *L'Homme révolté* de Camus s'achèvera par un éloge de la finitude dans « La pensée de midi ». Le Sisyphe existentiel de Fondane, au contraire, ne se résignera jamais :

> Sisyphe, vieux Sisyphe que tu es donc usé !
> Céder a-tu ? consentirais-je
> au seul droit de la force ?
> Ce n'était rien. Un piège.
> Il ne faut pas céder. Pas d'issue, pas d'issue !
> Ils doivent périr ou vaincre ceux qui n'ont point d'issue ! [417]

Finitude et infini

L'espoir religieux qui brûle *Le Lundi existentiel* s'oppose donc de plein fouet à la mesure grecque. Rien n'est plus révélateur que l'opposition des citations qui ouvrent le *Mythe de Sisyphe* et *La Conscience malheureuse*. Fondane cite Chestov : « Que se réalise donc la promesse : "il n'y aura rien d'impossible pour vous !" » tandis que Camus cite Pindare : « Ô mon âme, n'aspire pas à la vie immortelle, mais épuise le champ du possible ». Un examen plus détaillé des œuvres de Camus et de Fondane permettrait de multiplier leurs antithèses. La logique kierkegaardienne de Kafka constatée et refusée par Camus dans « L'espoir et l'absurde dans l'œuvre de Kafka » (publié à l'automne 1943 dans *L'Arbalète* n° 7) est revendiquée par Fondane dans *Le Lundi existentiel :* « Qu'elle le veuille ou non, elle est fille, ou parente, de la pensée prophétique, cette pensée existentielle de Kafka, à la fin du *Procès* où son héros est livré aux bourreaux (les hussards, sabres au clair) pour un crime qu'il ignore et qu'on lui cache (le sérieux de l'Histoire) »[418]. Camus, pour sa part, prend acte de cette espérance métaphysique : « Je le vois une fois de plus, la pensée existentielle, contre l'opinion courante est pétrie d'une espérance démesurée, celle-là même qui, avec le christianisme primitif et l'annonce de la bonne nouvelle, a soulevé le monde ancien »[419].

> Ils embrassent le dieu qui les dévore. C'est par l'humilité que l'espoir s'introduit. Car l'absurde de cette existence les assure un peu plus de la réalité surnaturelle. Si le chemin de cette vie aboutit à Dieu, il y a donc une issue. Et la persévérance, l'entêtement avec lesquels Kierkegaard, Chestov et les héros de Kafka répètent leurs itinéraires sont un garant singulier du pouvoir exaltant de cette certitude[420].

L'ouverture religieuse dans le *Lundi existentiel* se fait d'autant plus pressante que le sentiment d'asphyxie grandit dans Paris. Les rafles de juifs se multiplient. La méfiance et la peur règnent. L'atmosphère des romans de Kafka est devenue une réalité quotidienne. Tandis que Camus ne peut que constater la démesure de l'espoir existentiel, Fondane le radicalise avec une énergie farouche. Mais cette révolte ne conduit-il pas le penseur existentiel aux frontières de la folie ? Le saut théologique n'est-il pas une solution imaginaire devant l'impossibilité de l'action ? La *Remarque sur la révolte* (1945) montre que Camus s'engage déjà vers un *cogito* éthique du révolté, qui lui permettra de sortir de la condition absurde en découvrant un sens éthique inhérent à la révolte. *L'Homme révolté* qui thématisera complètement cette idée constitue en ce sens une réfutation du nihilisme existentiel[421].

Camus appartient en fait à la tradition de l'antique prudence aristotélicienne, vertu grecque négociant sagement un juste milieu entre les extrêmes. Fondane pour sa part, passionnément fidèle à ses sources judaïques, la refuse avec violence : « ... si une limite est, pour vous, “une torture et un aiguillon”, si vous êtes de ceux qui, pas toujours, mais ne fût-ce qu'une fois, ont nié que la logique ne saurait résister à un homme qui veut vivre [...] votre passion sera existentielle »[422].

L'opposition entre la révolte métaphysique de Fondane et la révolte éthique de Camus se retrouve dans leur rapport à *L'Odyssée*. L'évocation d'Ulysse qui conclut *L'Homme révolté* (1952) illustre une sagesse de la finitude : « Il refuse l'immortalité, renonce au rêve et à l'impossible et prend à nouveau la mer... Ulysse revient vers la terre où l'on meurt... »[423] Dans son *Ulysse*, nous l'avons vu, Fondane lance un défi à l'impossible. Pour lui, nul retour. Il s'agit pour le poète de provoquer l'impossible et de défier la mort : « J'ai hâte d'écouter la chanson qui tue !... »[424]

Mais sommes-nous vraiment des dieux ?

L'être-pour-la-mort d'Heidegger, le pour-soi sartrien et le Sisyphe de Camus sont tous mis en demeure d'assumer, somme toute, leur finitude. Ils négocient avec la nécessité du monde. Seule, dans son désert philosophique, la voix de Fondane réaffirme désespérément le droit de l'existant à une possibilité infinie. Bien sûr, au même moment, le néo-thomisme de Maritain ou de Gilson, la pensée de Gabriel Marcel, le spiritualisme chrétien de Lavelle avaient sollicité un horizon religieux.

Mais ces philosophe s'étaient sagement maintenus à la frontière de l'espérance et de la foi. Comment auraient-ils pu oser réclamer un droit *à l'égal des dieux ?* C'est pourtant ce que Fondane avait revendiqué dans *La Conscience malheureuse :* « Comment t'eussè-je édifié une sagesse, une connaissance, une métaphysique – tant que la mort est là et que nous ne sommes pas des dieux ? » Maintenant, enfermé dans son minuscule appartement du 6 rue Rollin, tandis que les bombes pleuvent sur Paris, Fondane défie à nouveau l'histoire : « Mais sommes-nous vraiment des Dieux ? »[425] Question, si l'on y pense, assez extraordinaire de la part d'un homme sans ressources, menacé et traqué dans une ville transformée en souricière !

XXII.

Demain est lui aussi un jour

Dans un Paris de plus en plus étouffant, bombardé par l'aviation alliée, Fondane continue à entretenir une abondante correspondance où l'on trouve les noms de Georges Ribemont-Dessaignes, Lupasco, Jean Grenier, Pierre Seghers, Max-Pol Fouchet, Schloezer et Ballard. Le danger devient plus menaçant, tant pour lui que pour sa sœur Line. De longues lettres envoyées à Jean Ballard et à Boris de Schloezer sonnent comme des bilans et parfois comme des adieux. D'autres avouent sa lassitude et son sentiment d'abandon : « Nous sommes encore sur place, tous, un peu dématés, un peu chavirés, et las, mais encore solides et plein d'espoir » écrit-il à Ribemont-Dessaignes en août 1943, ajoutant « Nous espérons ne pas être trop longtemps encore éprouvés, car chaque jour est dur, et la solitude accablante. Quand nous reviendrez-vous et, avec vous, ce qui manque à notre bar, les olives, la vodka, le pain, l'amitié »[426].

L'espoir ? C'est bien entendu de la Libération qu'il s'agit. Les débarquements en Afrique du Nord et en Italie annoncés par la B.B.C. ne laissent aucun doute sur la victoire des troupes alliées. Mais les rafles se multiplient. En février 1943, la police française a arrêté d'elle-même 1 496 juifs étrangers et apatrides à Paris. Entre le 14 mai 1941 et 11 février 1943, 27 000 personnes ont été déportées et 16 000 seront encore arrêtées en 1943 et 1944 [427]. Aussi, c'est avec une ironie tragique que Fondane dans son *Baudelaire* peut citer Nietzsche en allemand : « *Das leben, klein argument !* » [428]

Comme un rat dans son trou… !

C'est donc dans l'urgence que Fondane poursuit l'écriture de *L'Exode*, la réécriture d'*Ulysse*, et la rédaction du *Mal des fantômes* que Ballard hésite à publier aux *Cahiers du Sud*, tout en continuant à remanier le manuscrit du *Baudelaire* dans lequel affleurent les métaphores de la souricière et les images de la mort tragique : K. le héros de Kafka, meurt « comme un chien » sous le couteau de ses bourreaux ; Swift a peur de « crever comme un rat empoisonné dans son trou ». L'ouvrage multiplie les références à la littérature anglaise, symbole de résistance.

Le *Lundi existentiel* est rédigé en moins d'un mois et expédié à Jean Grenier dans les premiers jours du mois de mars. Mais est-il prudent de publier ? Les journaux *Gringoire*, *Au Pilori* et *Je suis partout* de sinistre mémoire redoublent leurs dénonciations. Faut-il partir ? Fondane ne peut réaliser les projets de fuite qu'il a envisagés un moment, par exemple celui de rejoindre son ami Boris de Schloezer [429]. Ses amis savent qu'il est menacé. Il insiste pourtant pour rencontrer en février 1944 les résistants Robert Monod et Robert Lacoste chez Stéphane Lupasco [430]. Cette rencontre n'est pas banale : Robert Lacoste (né le 5 juillet 1898 à Azerat, en Dordogne) est un des principaux chefs de la résistance. Il appartient au groupe « Libération-Nord », avant d'être membre du comité politique de « Libération-Sud ». En 1944, il est délégué général adjoint du Comité Français de Libération Nationale pour la France occupée.

Mais Fondane n'aura probablement ni le temps ni sans doute l'intention de participer à des actions matérielles de résistance proprement dite. Son poème « Journée de juin » paraît dans *L'Honneur des poètes* paraît aux éditions de Minuit, « Sous l'oppression à Paris », le 1er mai 1944, tandis qu'il est déjà à Drancy. Selon un autre témoignage, les Fondane auraient caché au 6 rue Rollin une femme juive début 1944[431]. Il est difficile de savoir à ce moment l'état réel des informations. De nombreux canaux d'informations ne communiquent pas entre eux par mesure de sécurité. E. M. Cioran, qui le fréquente pendant cette période, évoque un certain fatalisme : « il s'estimait menacé, et il l'était, mais on peut supposer qu'intérieurement il était résigné à sa condition de victime, car sans cette mystérieuse complicité avec l'Inéluctable, et sans une certaine fascination de la tragédie, on ne saurait expliquer son refus de toute précaution, dont la plus élémentaire était de changer de domicile ».[432] Le manque d'argent et le goût du défi expliquent-ils l'absence de précaution ? Les menaces se rapprochent. Le 22 février 1944, Robert Desnos et André Verdet ont été arrêtés. Le 5 mars, Max Jacob meurt au camp de Drancy. Le 7 mars, deux agents de la police française frappent à la porte du 6 rue Rollin. Fondane aurait-il été dénoncé, selon une suggestion d'Albert Marie-Olive, par un couple de concierges de l'immeuble qui se suicidera à la Libération[433] ? Fondane est présent avec sa sœur Line. Ils sont immédiatement arrêtés et conduits à la Préfecture de Police de Paris, dans l'Île de la Cité. Sur la table, il a griffonné un mot pour Geneviève : « Viève, voilà. Suis à la Préfecture. Voir Paulhan ».

Le voyageur n'a pas fini de voyager

Albert Marie-Olive a téléphoné en catastrophe à Geneviève qui va sillonner tout Paris à vélo pour obtenir de l'aide. Bientôt Jean Paulhan, E. M. Cioran et Stéphane Lupasco vont se mobiliser. Geneviève, Albert et Stéphane parviennent à s'entretenir avec Fondane à la Préfecture de police : « Je le vois debout, sous le jour sale de cette après-midi de fin d'hiver, me regardant de ses clairs yeux bleus, aux multiples lueurs, jaillissant de son masque ravagé, si digne, si calme, avec ce sourire affectueux et narquois, indicible, devant mon émotion, que je contenais mal »[434]. Cette arrestation, qui s'inscrit dans une procédure administrative consciencieuse de la préfecture de police de Paris, lui apparaît comme un épisode particulièrement dramatique de la lutte qu'il n'a cessé de mener contre le rationalisme aveugle et totalitaire du nazisme. À Geneviève, il confie : « S'il y a au monde un juif, un juif authentique qu'Hitler devait arrêter, c'est bien moi »[435].

Avec l'aide de Jean Paulhan, Geneviève Fondane a probablement rassemblé une délégation d'amis roumains début avril afin de demander la libération de Fondane auprès des autorités allemandes, ou du moins obtenir qu'il ne soit pas envoyé en Allemagne. Si Fondane est un citoyen français, Line est encore une citoyenne roumaine. Elle a été conduite de la préfecture à Drancy le 14 mars. Fondane lui, entre probablement au camp le 20 mars[436]. Le 16 avril1944, Paulhan écrit à Boris de Schloezer qu'il a les « meilleures nouvelles de B. F. [Benjamin Fondane] sa femme a montré une énergie extraordinaire. La légation de R.[oumanie] s'est bien conduite » et « il semble enfin *assuré* que F.[ondane] ne sera pas envoyé en Allemagne, mais restera à Drancy »[437]. Notons qu'il n'est pas encore question dans cette lettre de libération; tous les efforts des amis de Fondane visent probablement à ce qu'il ne parte pas en convoi vers l'Allemagne. À cette date, environ deux mille personnes sont emprisonnées au camp de Drancy, entièrement géré par l'administration allemande. Les conditions de vie y sont désastreuses ; une lettre expédiée le 25 mai s'efforce de rassurer sa femme : « nous ne sommes vraiment pas mal ici et avons d'excellents nouveaux amis ». Mais il évoquera bientôt « le film d'horreur que j'ai vu ici »[438]. La froide bâtisse en ciment, cernée de fils de fer et de miradors, rend improbable toute évasion. Les conditions de subsistance : les matelas pourris, la paille infestée de poux et de punaises, la promiscuité, la nourriture à peine suffisante, sont insoutenables. Max Jacob y est mort. En été, la chaleur est accablante. Les visites sont impossibles. Fondane ne perd pas espoir. Dans une lettre à Geneviève, il réclame ses sandales et *La Conscience malheureuse...*

Une autre démarche échouera. Des contacts pris avec F. Hammel, responsable d'une organisation juive de sauvetage, pour faire sortir Fondane de Drancy n'aboutissent pas[439]. Les seules possibilités de contact restent quelques colis et les lettres qui parviennent aux prisonniers. Enfin, les démarches de Cioran et de Lupasco aboutissent à une autorisation pour Fondane de quitter le camp. Un repas de fête aurait été préparé pour le retour des prisonniers. Mais ils n'arriveront pas. Seul Fondane a été autorisé à partir. Il a refusé de quitter le camp sans sa sœur Line.

Il fallait choisir entre une sœur et une femme. Mais accepter une libération signifiait aussi quitter les amis infortunés de Drancy, et symboliquement peut-être, le peuple juif conduit à l'abattoir. Toute son œuvre l'avait préparé à affronter le désastre. Dans un mot d'adieu envoyé clandestinement le 29 mai à sa femme, il écrit : « Mon petit, à peine ai-je pu te mettre un mot et en voilà un autre, sois courageuse. Tu sais, je te l'avais dit, il est dans la figure de notre destin des choses que l'on ne peut changer. Le voyageur n'a pas fini de voyager, ai-je écrit. Et bien j'avais raison, je continue... »[440] La lettre est accompagnée d'un « testament littéraire » dans lequel il donne ses indications pour la mise au point et la publication de ses manuscrits poétiques et philosophiques. Le 30 mai, Fondane est embarqué avec sa sœur dans le convoi 75.

Sont-ils ensemble dans un des lourds wagons qui s'ébranlent vers une destination inconnue? De toute façon, le voyage les conduit vers l'enfer : Auschwitz, Haute Silésie.

Le voyage se passe en trois jours, « presque sans perte, dans des conditions atmosphériques relativement favorables »[441]. Le printemps adoucit toute l'Europe. Dans le même convoi se trouve les parents de l'historien Pierre Vidal-Naquet : Lucien et Marguerite. Les wagons à bestiaux sont suivis de trois convois dits sanitaires où quelques médecins s'occupent des malades et des vieillards jetés sur des matelas, qui seront de toute façon exécutés dès l'arrivée. Les wagons arrivent le 2 juin à Auschwitz : « À l'ouverture des wagons, nous fûmes sortis sur le quai de la façon la plus brutale par des S.S. et par des détenus en rayé et poussés à coups de canne vers l'extrémité du quai. Les hommes furent séparés des femmes et des enfants et des scènes déchirantes eurent lieu » se souvient Marc Klein. Si Line et Benjamin étaient ensemble, ils furent probablement séparés à ce moment. Une sélection arbitraire s'ensuit qui sépare les malheureux voués à une mort immédiate des autres jugés aptes au travail.

Le philosophe de l'individualité existentielle est numéroté et après quelques semaines de « quarantaine », affecté au commando Huta, « un des pires d'Auschwitz » se souvient Lazar Moscovici[442] parce qu'il est voué aux travaux de terrassement[443]. Il se souvient encore du poète, objet de dérision et des moquerie des capos qui le brutalisaient parce qu'il ne comprenait pas le polono-allemand de ses contremaîtres. Malade et affaibli, il est affecté vers le début du mois de septembre à l'hôpital où travaille le docteur Lazar Moscovici :

> Je me précipitai à son lit où je trouvais un grand homme sec, amaigri, vieilli, mais avec un regard vif, des yeux bleus profonds, entourés de gros sourcils grisonnant, un visage ascétique avec des pommettes proéminentes, une voix chaude, prenante comme celle des vieux conteurs de Roumanie qui, les soirs d'hiver, devant des brasiers

enflammés font pénétrer les enfants dans les merveilles des contes de fées et de dragons.[444]

Les médecins, compagnons du docteur Lazar Moscovici, décident de garder Fondane le plus longtemps possible dans leur pavillon et de reculer sa sortie en commando qui équivaudrait à une condamnation à mort.

Il pleuvait…

Fondane se rétablit alors peu à peu, durant le mois de septembre 1944. Il récite le soir son poème *Ulysse* « qui devait être l'élégie du peuple juif et symboliser son propre sort. Avec quelle tendresse nous parlait-il de sa femme Geneviève, de son « chez-soi » de Paris, de ses livres et peintures, de ses beaux tapis roumains, de ce cadre que l'on devinait, cette atmosphère de chaleur et d'entente, de fraternité et d'humanité »[445]. Fondane continue d'écrire des poèmes sur du papier d'emballage et se promène à travers les rangées de lits, rendant visite à ses amis français hospitalisés « une couverture jetée sur son dos par dessus une mauvaise chemise (il n'avait pas réussi à se procurer un caleçon). Il restait cependant très digne, racontant ses souvenirs littéraires, discutant de la situation internationale, exactement comme s'il se fut trouvé à Paris, dans un salon, au milieu de ses amis » se souvient André Montagne[446].

Le docteur Lazar Moscovici, craignant que les malades de l'infirmerie ne soient ramassés pour une exécution inévitable, fait sortir Fondane pour rejoindre son commando au bloc 9 en attendant de pouvoir revenir à l'infirmerie. Mais les Russes ne sont plus qu'à une centaine de kilomètres du camp et le 29 septembre les S.S. notent les numéros de tous ceux qui seront incapables de parcourir une longue distance à pied et les rassemblent au bloc n° 10, antichambre des exécutions finales[447]. Fondane remet un dernier poème qui est confié à un prisonnier qui disparaîtra avec lui. Le lendemain 2 octobre, il fait partie des sept cents prisonniers condamnés que l'on charge sur des camions sous une pluie glaciale : « Je revois encore Fondane sortir du Block, passer très droit devant les S.S., fermant le col de sa veste pour se protéger du froid et de la pluie, et monter dans le camion » se souvient André Montagne[448]. Jadis, il y a alors bien longtemps, Fondane avait écrit sur la pièce *Intérieur* de Maeterlinck : « Il y a des moments dans la vie ou l'on marche au bord de l'abîme. On tient la mort par le bras, si fort que le cri même serait dissonant. L'homme réel perd ses gestes et sa logique. Les mots ont tous fui, comme des pigeons effrayés, du pigeonnier de l'esprit. L'homme se tait. Qui peut dire alors l'éloquence du silence ? »[449]

Conclusion

Un visage d'homme

Du monde rythmé par les forces angoissantes de la terre moldave de *Paysages* aux fleuves de *L'Exode*, la poésie de Benjamin Fondane a dramatisé la lutte de l'homme avec le monde. La traversée existentielle qui structure les grands poèmes *Ulysse*, *Titanic*, *L'Exode* et *Le Mal des fantômes* interroge fiévreusement sa destination dans un monde désenchanté où Dieu ne répond plus. Chacun des ouvrages qui constituent cette œuvre, qu'ils soient poétiques ou philosophiques, constitue à la fois une attestation existentielle et une subversion culturelle. Chaque fois, il s'agit de libérer une existence de ses masques et de ses aliénations. Le long détour philosophique emprunté par Fondane le ramène finalement à la poésie. Car cette révolte conduit en définitive vers un inconnu religieux situé au-delà des limites assignées par la raison à l'espérance humaine.

Arrêté et déporté, le poète a fini par vivre la mystérieuse errance des émigrants, leur solitude, leur désespoir et leur mémoire égarée dans le tourbillon anonyme des grandes villes. Confronté à l'humiliation, au mépris, à la déhumanisation, il a fini par vivre jusqu'au bout la négation éthique et le naufrage de la raison du siècle des Lumières qui hantent toute son œuvre. De *Rimbaud le voyou* au *Lundi existentiel*, il n'a pas cessé d'opposer à l'histoire l'attestation d'un visage d'homme dans un chant brisé : « Je serai un bouquet d'orties sous vos pieds ». Cette injonction socratique, qui oppose à la brutalité de l'histoire l'ironie durable de l'intelligence, rappelle que le philosophe avait constamment exigé que l'on descende des catégories de sa pensée dans les catégories de sa propre vie. C'est en tant qu'elle affronte la rationalité glacée qui va déchirer les idéaux culturels de l'Europe et aboutir à Auschwitz que cette œuvre doit être comprise.

Comment chanter sur une terre étrangère ? Comment chanter dans le malheur ? Le *Faux Traité d'esthétique* a répondu en attaquant le formalisme et le lyrisme, sources d'un leurre ontologique créé par les pièges de l'idéalisme, pour réclamer un anti-poème, lieu d'affrontement du désir avec la finitude humaine. Cette esthétique brisée refuse donc la perfection pour humaniser plus profondément le poème. Elle illustre d'emblée l'esprit de la poésie existentielle. Si la révolte de Fondane s'inscrit dans le désenchantement du monde et si sa transgression de la finitude la conduit au point vertigineux où l'abolition des catégories logiques fusionne avec le religieux, c'est pour mieux affirmer les droits métaphysique de la subjectivité humiliée.

« Comment t'eussé-je édifier une sagesse, une connaissance, une métaphysique – tant que la mort est là et que nous ne sommes pas des Dieux ? » s'était exclamé le poète dans *La Conscience malheureuse*[450]. Dans sa radicalité, cette œuvre trace un itinéraire sans exemple dans le paysage culturel européen. Certes, elle revendique une filiation existentielle : mais Tertullien, Pascal, Dostoïevski,

Kierkegaard et Nietzsche ont-ils vraiment partagé cette colère contre la mort au nom de toutes les injustices du monde ?

Car c'est la révolte contre la finitude qui unifie les expressions poétiques, esthétiques, philosophiques, cinématographiques et théâtrales de cette œuvre. C'est elle qui prolonge son exigence d'exister face aux oppressions de l'histoire. La poésie, en concentrant toute la force de l'espoir existentiel, en constitue sans doute l'achèvement. C'est « couvert de poèmes », pour reprendre l'image du poème « Épitaphe », que Fondane arrive jusqu'à nous. Mais si la poésie participe d'une mystérieuse valorisation du monde, si elle est une « affirmation de réalité », elle établit aussi entre les hommes un partage de l'espoir : « La poésie cherche des amis, non du public », écrit-il dans sa postface à *L'Exode* en ajoutant pour le lecteur confident : « la poésie sera pour quelques-uns – ou ne sera pas du tout ». C'est peut-être en s'adressant aux « hommes des antipodes », ses lecteurs futurs, que le poète atteint à sa vraie victoire. La poésie modifie, agit et transforme mystérieusement le monde. Même espoir lorsque *Baudelaire et l'expérience du gouffre* s'achève sur l'évocation du visage du prophète, encore brillant d'être entré en contact avec l'*apeiron*, l'infini, que le poète invoque : « Va et parle avec Lui, à notre place, de peur que nous mourrions. »

C'est pourquoi, à l'injonction de la Préface en prose, nul ne répondra mieux que Paul Éluard qui publia le 8 septembre 1945, en hommage aux poètes assassinés, son poème « Éternité de ceux que je n'ai pas revus » : Visages clairs souvenirs sombres/Puis comme un grand coup sur les yeux/ Visages de papier brûlé/Dans la mémoire rien que cendres/La rose froide de l'oubli/Pourtant Desnos pourtant Péri/Crémieux Fondane... ». Et Éluard ajoutait : « Tous à l'image de l'homme/ tous nous rendant la vie possible »[451].

Notes

Introduction

1. Fotiade, *Conceptions of the absurd*, 1-12.

I. Jeunesse

2. Pour ces détails biographiques, nous suivons Volovici et Zăstroiu : *Iudaism şi elenism*, Editura Hasefer, Bucarest, 1999.
3. Volovici : « La collaboration de Fondane à la presse juive roumaine », in *Rencontres autour de Benjamin Fondane*, 185-191.
4. Zăstroiu, « Les années de formation de B. Fundoianu », 13-14, et « Les significations d'une biographie », 211-214.
5. Zăstroiu, « Les années de formation de B. Fundoianu », 12-14.
6. Zăstroiu, « Les Cahiers d'un *inactuel*, B. Fundoianu journaliste », 4.
7. Fundoianu, « Plăsmuiri în noapte... » , in *Iudaism şi elenism*, 22-23.
8. Fundoianu, « Metempsihoză », in *Iudaism şi elenism*, 24-25.
9. Fundoianu, « Metempsihoză », in *Iudaism şi elenism*, 24-25.
10. Fondane, « Feuillets », *Le Voyageur n'a pas fini de voyager*, 16-17.
11. Oişteanu, « Benjamin Fondane, coordonnées judaïques », 178-191.
12. Fondane, « Coïncidences », *Paysages*, *Le Mal des fantômes*, 78.
13. Martin, « Les Paysages de Benjamin Fondane », 58-59.
14. Fondane, « Hertza V », *Paysages*, *Le Mal des fantômes*, 32.
15. Martin, « Les Paysages de Benjamin Fondane », 56.
16. Crohmălniceanu, « Fondane expressionniste », 20-26.
17. Fondane, « Mélodie d'autrefois », *Paysages*, *Le Mal des fantômes*, 45.
18. Fundoianu, « Cimetière », Trad. Odile Serre, *C.B.F.* 2, Automne 1998, 60.
19. Fundoianu, « Rodion », Scena, II, 1918, nr. 273, 12 oct. 1918, p. 2. in Fundoianu, *Ludaism şi elenism*, 30-33.
20. Oişteanu, « Benjamin Fondane, coordonnées judaïques », 182.
21. Fundoianu, « Judaïsme et hellénisme », II, « À propos du livre de Martin Buber », *Măntuirea*, n° 172, 1919, 1, *C.B.F.* 2, Automne 1998.
22. Fundoianu, « Paroles à propos d'un ami », *Lumea Evree*, I, 19, 1 nov. 1919. Trad. Marlena Braester, in *C.B.F.* 2, Automne 1998, 58-59.
23. Fondane, « Léon Chestov, à la recherche du judaïsme perdu », 328.

II. L'île

24. Pană, *Născut în 02*, 112.
25. Rosen, « Un grain de souvenir »,14.
26. Freedman, « L'état des lieux de la bibliographie », 208.
27. Fondane, *Images et Livres de France*, 198.
28. Ibid., 125.
29. Fondane, « Une conférence sur Paul Claudel », *Images et Livres de*

France, 162.
30. Ibid.
31. Fondane, « Une conférence sur Paul Claudel », *Images et Livres de France*, 162.
32. Julius Bab, « Dybuk », *Die Welt am Montag*, 31 octobre 1921, cité par Bechtel, *La Renaissance culturelle juive,*170.
33. Joseph Roth, « Das Moskauer Jüdische Theater », in *Das Moskauer Jüdische Academische Theater*, Berlin, Die Schiede, 1928, 12-17. Cité par Bechtel, *La Renaissance culturelle juive,* 169-170.
34. Pană, *Născut în'02*, 148.
35. Alexandru Kirițescu, « Marea şi mica batalie teătrălă », *Lupta*, nr. 390, 3 avril 1923. Claude-Emile Rosen, « Un grain de souvenir », 16.
36. Pană, *Născut în'02*, 150-151.
37. Ibid, 150.
38. *Rampa*, avril 1929, cité par Pană, *Născut în'02*, 151-152.
39. Fondoianu, « Scenografia grupărilor de avangardă », *Studii şi cercetări de istoria artei*, Editura Academiei Romane, tom. 42, 1995, 60-61.
40. Lettre de Fondane à Antonin Artaud, *Le Voyageur n'a pas fini de voyager*, 61.
41. Rosen, « Un grain de souvenir », 15.

III. Ce soir je te traverse en étranger, Auteuil…

42. Fundoianu, *Poezii*, I, 116-120.
43. Ibid, 104.
44. Ibid, 106.
45. Fondane, « Mots sauvages », « Paysages », *Le Mal des fantômes,*19-23.
46. Ibid, 21.
47. Ibid, 19
48. Fundoianu, *Privelişti şi inedite*, 262.
49. Archives de la Société Benjamin Fondane.

IV. Funambule des avant-gardes

50. Fondane, « Signification de Dada », Carassou et Răileanu, *Fondane et l'avant-garde*, 76-82.
51. Ibid, 82.
52. Ibid.
53. Geo Bogza, « Exasperarea creatoare », *Unu*, 33, (1931), cité par Valentin F. Mihăescu, « Surréalisme, contextes et interprétations », *Revue Roumaine*, 10-11-12 (1981) 87.
54. Ilarie Voronca, « Gramatică », *Punct*, 6-7, 3-I. 1925.
55. Fondane, *Trois scenarii – Ciné-poèmes*, 15-47.
56. Fondane, « La *Jeanne d'Arc* de Joseph Delteil », 37.
57. Fondane, « Louis Aragon ou *Le Paysan de Paris* », 39.
58. Fondane, « Paul Éluard : *Capitale de la douleur* », 44-45.
59. Fondane, « Pierre Reverdy », 58-61.

60. Fondane, « Poésie pure de Paul Valéry à Tristan Tzara », 64.
61. *Ulysse* (fragment), *Unu*, n° 28, août (1930), *Poezii*, I, 98.

V. Le plus grand poète écrit en cinéma

62. Fondane « Le grand ballet de la poésie française », 56.
63. Mitry, *Le Cinéma expérimental*, 96.
64. Présentation d'*Entr'acte* par Francis Picabia et René Clair, *La Danse*, novembre-décembre (1924).
65. Fondane, « Du muet au parlant : grandeur et décadence du cinéma », *Bifur*, 5, 30 avril (1930) in *Écrits pour le cinéma*, 75.
66. In *Cinéma, Cahiers du mois*, n° 16-17, Paris, octobre (1925).
67. A. Artaud, « Note sur *Monkey Business* des Marx Brothers », *La Nouvelle Revue Française*, n° 220 (1932).
68. Fondane, *Écrits pour le cinéma*, 14-47.
69. Ibid, 65.
70. In *Cinéma, Cahiers du mois*, 16-17, Paris (octobre 1925). Cité par Barthélémy Amengual, *René Clair*, Cinéma d'aujourd'hui, Paris, Seghers, 116-117.
71. Fondane, « Le cinéma dans l'impasse », *Sur*, 1, (été 1931) in *Écrits pour le cinéma*, 88.
72. Fondane, *Écrits pour le cinéma*, 85.
73. Cité par René Clair, *Cinéma d'hier, Cinéma d'aujourd'hui*, 190-193.
74. Clair, René, *Cinéma d'hier, Cinéma d'aujourd'hui*, Paris, Idées, *NRF*, Gallimard, 1970, 190-193.
75. André Breton, « Réponse à une enquête sur le cinéma parlant », *Œuvres complètes*, III, Paris, La Pléiade, Gallimard, 1999, 1099.
76. Virmaux, « Écrits et travaux de cinéma », *Europe*, 164-165.
77. « Présentation de *Rapt* » par Ramuz le 5 novembre 1934, in *Bulletin de la Fondation Ramuz* (2002) 15-21.
78. Nous suivons Virmaux : « Rapt » (1933-34), 24-40.

VI. Sur les rives de l'Ilissus

79. Fondane, Lettre à Chestov du 17 janvier 1927, *Rencontres avec Léon Chestov*,175-176.
80. Fondane, *Rencontres avec Léon Chestov*, 43.
81. Ibid, 25.
82. Ibid, 24.
83. Léon Chestov, *Le Pouvoir des clefs*, XVII, 219.
84. Fondane, *Rencontres avec Léon Chestov*, 37.
85. Ibid, 176.

VII. Nuages d'Amérique

86. Ocampo, « Benjamin Fondane », *Non Lieu*, 50.

87. Ocampo, *Autobiografia*, VI.
88. Fondane, *Ulysse, Le Mal des fantômes*, 104. En fait, il s'agit d'une nouvelle version du poème « Notes de voyage », publié dans *Unu*, III, 24 avril (1930), 4. Rééd. *Poezii*, I, 130-133.
89. Fondane, *Ulysse, Le Mal des fantômes*, 103.
90. Fondane, « Un nouveau visage de Dieu, Léon Chestov mystique russe », 110-120.
91. Ibid, 114.
92. Ibid, 113.
93. « *El cinema en el atolladero* », n° 1 (1931) ; « *Martín Heidegger ante la sombra de Dostoïewsky* », n° 5 (1932) ; « *La conciencia desventurada (Bergson, Freud y los dioses)* », n° 15 ; « *Prefacio para el presente* » n° 21 (1936) ; « *El poeta y la esquizofrenia - la conciencia vergonzosa* », n° 38 ; « *Nietzsche y los problemas "repugnantes"* », n° 42 ; « *Lévy-Brühl o el metafisico apesar suyo* » (1939) n° 42 ; « *En las riberas del Iliso* » (juin 1940) ; « *Kafka y la rationalidad absoluta* », n° 157, (1947).
94. Fondane, *Écrits pour le cinéma*, 127-128.
95. Fondane, « À Victoria Ocampo », *Revue Argentine*, août-sept. (1934) 29-30.

VIII. Je porte plainte en escroquerie contre André Breton

96. Fondane, « Les surréalistes et la révolution », 46-52.
97. Ibid, 49.
98. Ibid, 52.
99. Béhar-Carassou, *Dada, histoire d'une subversion*, 64.
100. Lettre de Fondane à Artaud, in *Le Voyageur n'a pas fini de voyager*, 60.
101. Fondane, « Il faut laisser faire le parquet… », in Carassou-Răileanu, *Fondane et l'avant-garde*, 71-75.
102. A. Breton, « Misère de la poésie », *Œuvres complètes*, t. II, Paris : La Pléiade, Gallimard, 1992, 8-9.
103. Freedman, « La collaboration de Fondane aux revues », 16.
104. Fondane, « Autour de *Rimbaud le voyou* », in Carassou, *Le Voyageur n'a pas fini de voyager*, 107.

IX. La tempête Arthur Rimbaud

105. Archives de la Société Benjamin Fondane.
106. *Le Grand Jeu*, n° 2, 9.
107. Rolland de Renéville, *Rimbaud le voyant*, 65.
108. Fondane, *Rimbaud le voyou*, [toutes nos références se rapportent à l'édition Plasma] 45.
109. Fondane, Note 1, *Rimbaud le voyou*, 46.
110. Ibid.
111. Ibid.
112. I. Rimbaud, « Rimbaud mystique », *Le Mercure de France*, Paris, juin (1914) 699 et suiv.

113. Fondane, *Rimbaud le voyou*, note G. 169.
114. Fondane, *Rimbaud le voyou*, 22.
115. Fondane, *FauxTraité*, [Toutes nos références se rapportent à l'édition Paris-Méditerranée] 38.
116. Fondane, *Rimbaud le voyou*, 29.
117. Ibid, 106.
118. Fondane, *Rimbaud le voyou*, 171.
119. Gascoyne, *Rencontres avec Benjamin Fondane*, 8.
120. Fondane, *Rimbaud le voyou*, note 1, 44.
121. Fondane, *Rimbaud le voyou*, Plasma, 46.
122. Ibid, 46.
123. Ibid, 61.
124. Breton, *Les Vases communiquants*, *Œuvres complètes*, t. II, 115.
125. Fondane, *Rimbaud le voyou*, Plasma, 44.
126. Breton, *les Vases communiquants*, I, *Œuvres complètes*, t. II, 194.
127. Ibid, t. II, 184.
128. Fondane, *Rimbaud le voyou*, 137.
129. Ibid, 137-138.
130. Fondane, chapitres inédits, VI, *Rimbaud le voyou*, 187.

X. Dans le château poétique de Joë Bousquet

131. Cité par Daniel Fabre, Préface, *Chantiers*, Paris, Carcassonne-Paris, Garae Hésiode, reprint J.-M. Place, 1987, XLII.
132. Bousquet, *Correspondance de Joë Bousquet avec Carlo Suarès*, 64.
133. L'ouvrage sera republié par Carlo Suarès en 1955 avec le dialogue de Daumal avec Bousquet, augmenté de ses réflexions sous le titre : *Critique de la raison impure. Paralipomènes de la « Comédie psychologique ». Textes inédits. Composés sous forme de dialogues avec J. Bousquet et René Daumal*, Bruxelles-Paris, Stock, 1955.
134. Bousquet, lettres à Jean Mistler de février 1932 et du 3 novembre 1933, *Lettres à Stéphane et à Jean*, 38 ; 89.
135. Bousquet, Le *Rimbaud le voyou* de Benjamin Fondane, 257.
136. Ibid, 259.
137. Ibid, 259.
138. Bousquet, « Lettre à Fondane », 19 décembre 1933, *Le Voyageur n'a pas fini de voyager*, 91.
139. Fondane, « *Autour de Rimbaud le voyou* », *Le Voyageur n'a pas fini de voyager*, 106.
140. Bousquet, « Lettre à Fondane », 19 décembre 1933, *Le Voyageur n'a pas fini de voyager*, 90-93.
141. Bousquet, Le *Rimbaud le voyou* de Benjamin Fondane, 259.
142. Bousquet, « Le cabinet de lecture », « Chroniques », *Cahiers du Sud*, 271 (1945) 397.
143. Fondane, « Le mal des fantômes », *Le Mal des fantômes*, XV, 180.
144. Bousquet, « Lettre à Fondane », 19 décembre 1933, *Le Voyageur n'a pas fini de voyager*, 92.

XI. le je errant

145. Fondane, *Ulysse, Le Mal des fantômes*, 91.
146. Ibid, 92.
147. Ibid, 113.
148. Ibid, 111.
149. Cf. Kober, « La vie-fantôme ».
150. Fondane, *Faux Traité d'esthétique*, 137.
151. Ibid, 129.
152. Fondane, « Chanson de l'émigrant », *Le Mal des fantômes*, 115.
153. Boitani, « Ulysse et l'Exode », 42.
154. Fondane, *Ulysse, Le Mal des fantômes,* 145.
155. Ibid, 127.
156. Ibid, 120.
157. Ibid, 109.
158. Ibid, 111.
159. Ibid, 109.
160. Ibid, 124.
161. Ibid, 113.
162. Ibid, 140.
163. Ibid, 133.

XII. La subversion de l'Odyssée

164. Fondane, *Ulysse, Le Mal des fantômes,* 125.
165. Ibid, 103.
166. Ibid, 125.
167. Ibid, 146.
168. Ibid, 146.
169. « *How dull it is to pause, to make an end, /To rust unburnished, not to shine in use!* », Tennyson, *Ulysses*, vers 22-23.
170. Fondane, *Ulysse, Le Mal des fantômes,* 121.
171. Voir Palmier, « La Ville expressionniste, de Verhaeren à Brecht », *L'Expressionnisme et les arts*, I, 314-356.
172. Fondane, *Ulysse, Le Mal des fantômes,* 115.
173. Voir : *Le juif errant, un témoin du temps*, Musée d'art et d'Histoire du judaïsme, Paris, Éd. Adam Biro, 2001.
174. Fondane, *Le Mal des fantômes,* 358.
175. Marc Chagall, « Lettre à Fondane », *Le Voyageur n'a pas fini de voyager,* 81.
176. Dumont, « Un inédit de Benjamin Fondane », *Évidences*, 78, juin-juillet (1959).
177. Fondane, *Ulysse, Le Mal des fantômes,* 113.
178. Ibid, 114.
179. Ibid, 149.
180. Tennyson, « Ulysses » : « To follow knowledge like a sinking star,/Beyond the utmost bound of human thought », « Ulysses », vers 31-32.

181. Tennyson, « Ulysses » : « *... but strong in will/To strive, to seek, to find, and not to yield* ».
182. Par exemple, dans *The rime of the ancien mariner*: « *And now the STORM-BLAST came...* ».

XIII. Dans le débat existentiel

183. Les articles ayant fourni ses chapitres s'échelonnent entre 1929 et 1935 dans *Les Cahiers du Sud*: « Martin Heidegger sur la route de Kierkegaard et de Dostoïevski », 141 (1932); « Léon Chestov, Kierkegaard et le serpent » 164 (1934); « La conscience malheureuse » 171 (1935). Dans *Europe*: « Edmond Husserl et l'œuf de Colomb du réel », juin (1929); « Un philosophe tragique : Léon Chestov », janvier (1929). Dans *Sur :* « Nietzsche y los problemas repugnantes »; « Léon Chestov, témoin à charge », *Cahiers de l'Étoile*, t. II. (1929) « Gide suivant Montaigne » prolonge un article du *Cahier Bleu* intitulé « La «ligne générale» de Gide », *Cahier bleu*, 14-15 (10 mai 1934).
184. É. Roudinesco, *Histoire de la psychananalyse, La Bataille de cent ans*, t. II. 1925-1985, Paris, Le Seuil, 151-152.
185. Fondane, *La Conscience malheureuse*, XII.
186. Ibid, 47.
187. Wahl, *Le Malheur de la conscience dans la philosophie de Hegel*, 128-129.
188. Pour ces citations : Wahl, *Le Malheur de la conscience dans la philosophie de Hegel*, 27-29.
189. Fondane, *La Conscience malheureuse*, 50.
190. Ibid, 154.
191. Ibid, 165.
192. Ibid, 165.
193. Lettre de Fondane à sa sœur Rodica, 18 janvier 1924, in Volovici, « Le Paradis perdu, Correspondance familiale », 11.
194. Fondane, *La Conscience malheureuse,* 72.
195. Ibid, 73.
196. Gide, « Suivant Montaigne », *Œuvres complètes*, t. 15. Paris,Gallimard, *NRF*, 46.
197. Fondane, *La Conscience malheureuse*, 92.
198. Ibid, 123.
199. Ibid, 134.
200. Ce tiré-à-part porte les références suivantes : Marseille, les *Cahiers du Sud* (1932) in-8, 24 pages.
201. Archives de la Société Benjamin Fondane.
202. Fondane, *Le Lundi existentiel*, 39.
203. Fondane, « Sur « *Qu'est-ce que la métaphysique ?* », *Le Lundi existentiel*, 152.
204. Fondane, *La Conscience malheureuse*, 295.
205. Fondane, *Le Lundi existentiel*, 31.
206. Fondane, *La Conscience malheureuse*, 117.

207. Ibid, 107.
208. Fondane, « Edmond Husserl et l'œuf de Colomb du réel », 343.
209. Fondane, *La Conscience malheureuse*, 116.
210. Ibid, 118.
211. Pour une analyse plus complète : Salazar-Ferrer, « Fondane et Nietzsche, une alliance paradoxale ».
212. Fondane, *La Conscience malheureuse*, 219.
213. Ibid, 17.
214. Ibid, 238.
215. Ibid, 225.
216. Ibid, 242.
217. Ibid, 251.
218. Fondane, « Héraclite le pauvre », 768.

XIV. Un film absurde sur une chose absurde

219. Fondane, Lettre à sa femme du 29 mai 1936, *Le Voyageur n'a pas fini de voyager*, 132.
220. Fondane, Lettre à sa sœur Line du 19 mai 1936, *Écrits pour le cinéma*, 137.
221. Fondane, Lettre à sa femme et à sa sœur du 27 mai 1936, *Écrits pour le cinéma*, 137.
222. Ocampo, Lettre à Fondane, 10 avril 1936, *Écrits pour le cinéma*, 134.
223. Fondane, Lettre à sa sœur et à sa femme, juillet 1936, *Écrits pour le cinéma*, 145.
224. Fondane, Lettre à sa femme et à sa sœur, 15 juillet 36, *Écrits pour le cinéma*, 144.
225. Lettre de Gloria Alcorta à Monique Jutrin, *Cahiers Benjamin Fondane*, 1-Automne 97, 53.
226. Nous suivons Alain Virmaux : « Un article pugnace », 85.
227. Fondane, Lettre à sa sœur, 19 mai 1936, *Écrits pour le cinéma*, 136-137.
228. Fondane, Lettre à sa femme et à sa sœur, 31 septembre 1936, *Écrits pour le cinéma*, 151.
229. Fondane, Lettre à sa femme et à sa sœur, 20 août 1936, *Écrits pour le cinéma*, 147.
230. Correspondance avec l'auteur.
231. Nous suivons les hypothèses avancées par David Vergara et Hector Cohen.
232. Fondane, lettre à Fredi Guthmann, 31 mars 1939, *C.B.F.* 1-Automne (1997) 25.
233. Gaucher, *Océan, reprends-moi,*148.
234. Escomel, « Benjamin Fondane et Georgette Gaucher : « des liens au-dessus du temps », 33.
235. Gaucher, *Océan, reprends-moi,*144.
236. Gaucher, *Océan, reprends-moi,*139.
237. Gaucher, *Esprit*, 5 (1945) cité dans : Escomel, « Benjamin Fondane et Georgette Gaucher : des liens au-dessus du temps », 48.

238. Soler : « Sur cinq lettres inédites », 19-25.
239. Ibid, 25.

XV. Un faux traité d'esthétique

240. Caillois, *Procès intellectuel de l'art,*11.
241. Caillois, 41.
242. Fondane, *Faux Traité d'esthétique*, 61.
243. Ibid.
244. Ibid, 46.
245. Cassou, *Une Vie pour la liberté*, 65.
246. Cassou, *Pour la poésie*, 298.
247. Ibid, 300.
248. Ibid, 304.
249. Fondane, *Faux Traité*, 87.
250. Ibid, 83.
251. Cassou, *Pour la poésie*, 303.
252. Ibid, 303.
253. Ibid, 303.
254. Valéry, *Fragments de la mémoire d'un poème*, in Noulet, *Paul Valéry,* XXXIII.
255. Ibid, XXVI.
256. Fondane, *Faux Traité d'esthétique*, 68-69.
257. Fondane, *Faux Traité*, 67. Extrait de : Valéry, *Fragments de la mémoire d'un poème,* XVII.
258. Fondane, *Faux Traité*, 74.
259. Salazar-Ferrer, « Benjamin Fondane le révolté », 60-62.
260. Fondane, *Faux Traité*, 120.
261. Ibid, 118.
262. Ibid, 121.
263. Ibid, 64.
264. Fondane, « Le romantisme allemand ».
265. Albert Béguin, *L'Âme romantique et le rêve*, t. II, 421.
266. Fondane, « Le romantisme allemand ».
267. Fondane, *Faux Traité*, 142-143.

XVI. Primitivismes

268. Fondane, *Baudelaire et l'expérience du gouffre*, 168.
269. Fondane, *Faux Traité d'esthétique*, 134.
270. Fondane, *Chagall*, 266-268.
271. Fondane, *Constantin Brancusi*, 21
272. Ibid, 27
273. Ibid, 16.
274. Cf. J. Clifford, « 1933, février, Négrophilie », in *De la littérature française*, Paris, Bordas, 1993, 844-850.
275. A. Breton, « Interview de Jean Duché », 5 octobre 1946, *Œuvres*

complètes, Paris, La Pléiade, Gallimard, t. III, 594.
276. Fondane, « L'Exode », *Le Mal des fantômes*, 291.
277. Cf. Guedj, « La lecture de l'œuvre de Lévy-Bruhl par Fondane : accord ou désaccord ? », 56-71.
278. Fondane, *La Conscience malheureuse*, 33.
279. Fondane, « Lévy-Bruhl et la métaphysique », II, 32.
280. Ibid, 35.
281. Fondane, « Lévy-Bruhl et la métaphysique », II, 41.
282. Ibid, 52.

XVII. Du bruit et de la fureur

283. Nous suivons Michel Winock : « Vigilance antifasciste », in *Le Siècle des intellectuels*, 244-253.
284. Fondane, « Appel aux étudiants », trad. Ramona Fotiade, *Viața studentească*, 15 décembre (1934).
285. Fondane, *Faux Traité d'esthétique*, 39.
286. *Benjamin Fondane et les Cahiers du Sud*, 74-75.
287. Victor Serge, « Lettre à Fondane », *Le Voyageur n'a pas fini de voyager*, 82-83.
288. Fondane, *L'Écrivain devant la révolution*, 57-59.
289. Ibid, 65.
290. Fondane, *La Conscience malheureuse,* XVI.
291. Fondane, *L'Écrivain devant la révolution*, 74.
292. Ibid, 81.
293. Ibid, 87.
294. Ibid, 87.
295. Fondane, « La "ligne générale" de Gide », 63.
296. A. Gide, *Journal 1889-1939*, Paris : Gallimard, édit. établie, présentée et annotée par E. Marty, 1066. Fondane a lu probablement ces extraits dans la *NRF*. t. CXXVII (1932), 369.
297. Nous suivons Guiraud, *La Vie intellectuelle et artistique à Marseille*, 94-95.
298. Paire, *Chronique des Cahiers du Sud,* 250-251.
299. Paire, *Chronique des Cahiers du Sud 1914-1966,* 251.
300. Guiraud, *La Vie intellectuelle et artistique à Marseille*, 118-119.
301. Maritain, « Qu'est-ce que l'homme ? », 61.
302. Pour ces citations : Fondane, « L'homme devant L'Histoire », *Le Lundi existentiel*, 130-148.
303. Fondane, « L'homme devant L'Histoire », *Le Lundi existentiel*, 140.
304. Ibid, 130.
305. Ibid,143.
306. Geneviève Fondane à Ballard, 21.03. 47, *Benjamin Fondane et les Cahiers du Sud*, 294.
307. Fondane, « L'homme devant l'Histoire », *Le Lundi existentiel,*146.
308. Ibid,145.
309. Ibid,148.

XVIII. L'attestation d'un visage

310. Fondane, *Le Mal des fantômes*, 323.
311. Fondane, « Super Flumina », « Fondane parmi nous », *Cahiers du Sud* n° 282 (1947) 200-205; « L'Exode », *Aspects du génie d'Israël,* Éditions des *Cahiers du Sud* (1950) 229- 231 ; *L'Exode*, Ambly : La fenêtre ardente, 1965; rééd. : *Le Mal des fantômes*, Paris, Plasma, 1980, 189-253; rééd. : *Le Mal des fantômes* précédé de *Paysages*, Paris Méditerranée, 260-323.
312. Fondane, « L'Exode », *Le Mal des fantômes*, 293.
313. Ibid, 289.
314. Il s'agit des psaumes n° 9,10, 25, 34, 111, 112, 119, 145.
315. Fondane, « L'Exode », *Le Mal des fantômes*, 265.
316. Ibid, 321.
317. Ibid, 323.
318. Ibid, 299.
319. Ibid, 281.
320. Ibid, 291.
321. Ibid, 283.
322. Ibid, 290.
323. Ibid, 291.
324. Ibid, 295.
325. Ibid, 292.
326. Ibid, 292.
327. Ibid, 306.
328. Ibid, 305.
329. Ibid, 310.
330. Ibid, 263.
331. Ibid, 261.
332. Ibid, 262.
333. Ibid, 262.
334. Ibid, 261.
335. Ibid, 263.

XIX. Dans Paris occupé

336. Soler, « Sur cinq lettres inédites de Benjamin Fondane à Fredi Guthmann », 25.
337. Salazar-Ferrer, « Benjamin Fondane et Jacques Maritain », 157.
338. Nous suivons Jean Michel Fourcade, « Jacques Maritain et l'Europe en exil (1940-1945) », *Cahiers Jacques Maritain*, 28, 12.
339. R. Caillois, Lettre à Jacques Maritain, 22 août 1941, aimablement communiquée par René Mougel, Directeur du Cercle d'Études Jacques et Raïssa Maritain de Kolbsheim.
340. Fondane, « *Baudelaire and the experience of the abyss* », *Partisan Review*, 410.
341. Lescure, *Poésie et liberté,* 65.
342. Ibid, 103.

343. Corti, *Souvenirs désordonnés*, 34.
344. Fondane, « Testament littéraire », 1944, *B.S.E.B.F.* 2, automne (1994) 9.
345. Fondane, « Bachelard apprivoise le rêve », *Le Lundi existentiel*, 194.
346. Fondane, « Sur *Dialectique de la durée* », *Le Lundi existentiel*, 194.
347. Lescure, *Poésie et liberté,* 102.
348. Fondane, « Bachelard apprivoise le rêve », *Le Lundi existentiel*, 191.
349. Ibid, 204.
350. Bachelard, *L'Air et les songes*,112.
351. Bachelard, Lettre à Fondane, *Approches*, Haïfa, 1985.
352. Fondane, *L'Être et la connaissance*, 41.
353. Ibid, 36.
354. Ibid, 46.
355. Ibid, 57.
356. Ibid, 94.
357. Ibid, 92.
358. Lupasco, « Benjamin Fondane, le philosophe et l'ami », 186.
359. H. Amouroux, *La Vie des Français sous l'Occupation*, chap. XIV, Arthème Fayard, 1961.
360. Lescure, *Fondane, le gouffre et le mur*, 72.
361. Fouchet, *Un jour, je m'en souviens,* 98.
362. Fondane, « Enquête sur la guerre et la poésie », *Fontaine*, vol. II (1940) in Salazar-Ferrer, « Fondane et la politique de la revue *Fontaine* », 38-55.
363. Ibid, 50.
364. Ibid, 50.
365. Fondane, « Au temps du poème », *Poésie 44*, 18, mars-avril (1944) 40. Rééd. : *Le Mal des fantômes*, 352.
366. Dumont, « Un inédit de Benjamin Fondane ».
367. Fondane, *Fontaine*, 7, janvier-février (1940). Rééd. partielle : *Le Mal des fantômes*, 286-287.
368. Lescure, *Poésie et liberté,* 117.
369. Fondane, *Le Lundi existentiel,* 43.
370. Lescure, *Fondane, le gouffre et le mur*, 56-57.
371. Fouchet, *Un jour, je m'en souviens,* 91.
372. Fondane, *Ulysse*, *Le Mal des fantômes*, 92.
373. Lescure, *Fondane, le gouffre et le mur*, 27.
374. Fondane, *Deux carnets de Guerre*, Archives de la Société Fondane.
375. Fondane, « Refus du poème », *Le Mal des fantômes*, 355-356.

XX. Dans l'ombre de Baudelaire

376. Eliot, « Baudelaire », *Selected Essays 1917-1932*, 428.
377. Fondane, *Baudelaire et l'expérience du gouffre*, [Toutes nos références sont à l'édition de 1971], 126.
378. Fondane, *Baudelaire et l'expérience du gouffre*, 103.
379. Ibid, 229.
380. Fondane*, Le Lundi existentiel*, 67.

381. Ibid, 28.
382. Fondane, *Baudelaire et l'expérience du gouffre*, 35.
383. Ibid, 254.
384. Ibid, 105.
385. Ibid, 331.
386. Ibid, 326.
387. Fondane, *Baudelaire et l'expérience du gouffre*, 176.
388. Ibid, 176.
389. Ibid, 178.
390. Ibid, 179.
391. Ibid, 219.
392. Ibid, 188.
393. Ibid, 244.
394. Ibid, 243.
395. Ibid, 243.
396. Ibid, 178.
397. Ibid, 222.
398. Fondane, *Baudelaire et l'expérience du gouffre*, 224.

XXI. Le lundi existentiel

399. Fondane, *Carnets de guerre*, 21, Archives Monique Jutrin.
400. Fondane, *Le Lundi existentiel,* 67
401. Wahl, *Petite histoire de l'Existentialisme*, 130.
402. Fondane, *Le Lundi existentiel,* 59.
403. Fondane, *Baudelaire et l'expérience du gouffre*, 324.
404. Fondane, *Le Lundi existentiel,* 57.
405. Gaucher, *Le Désenchantement du monde*, 154.
406. Fondane, *Le Lundi existentiel,* 13.
407. Ibid, 13.
408. Ibid, 68.
409. Ibid, 67.
410. Salazar-Ferrer, « Fondane et Camus », 29-47.
411. Fondane, Lettre à Albert Camus, Septembre (1943) Archives Camus, I. M. E. C, Paris.
412. Camus, *Le Mythe de Sisyphe*, *Essais*, 123.
413. Ibid, 128.
414. Ibid, 124.
415. Ibid, 197.
416. Fondane, *Le Lundi existentiel,* 37.
417. Fondane, *Le Mal des fantômes*, 92.
418. Fondane, *Le Lundi existentiel,* 58
419. Camus, « L'espoir et l'absurde dans l'œuvre de Kafka », *Essais*, 209.
420. Camus, *Le Mythe de Sisyphe*, *Essais*, 209.
421. Salazar-Ferrer, « La fragilité du juste », 139.
422. Fondane, *Le Lundi existentiel*, 61.

423. Camus, Brouillon de *L'Homme révolté* in *Essais*, 1662.
424. Fondane, *Ulysse*, *Le Mal des fantômes*, 158.
425. Fondane, *Le Lundi existentiel,* 56.

XXII. Demain lui aussi est un jour

426. Fondane, Lettre à G. Ribemont-Dessaignes, *Le Voyageur n'a pas fini de voyager*, 186.
427. H. Michel, *Paris allemand*, Paris, Albin Michel, 1981, 312.
428. Fondane, *Baudelaire et l'expérience du gouffre*, XXVIII, 317.
429. De Schloezer, « Fondane ou l'exigence de l'absolu », 182.
430. Lupasco, « Benjamin Fondane, le philosophe et l'ami », 187.
431. Diner, « Mon Fondane à moi », 16.
432. Cioran, « 6 Rue Rollin », 53.
433. Freedman, « Entretien avec Albert Marie-Olive », 15.
434. Lupasco, « Benjamin Fondane, le philosophe et l'ami », 183.
435. Geneviève Fondane à Ballard, 21.03.1947, *Benjamin Fondane et les Cahiers du Sud*, 294.
436. Freedman, « Les fiches d'internement de Fondane », 4-6.
437. Jean Paulhan, Lettre à Boris de Schloezer, 16 avril 1944, Archives Boris de Schloezer, Bibliothèque Municipale de Monaco.
438. Fondane, Lettre à Geneviève, 29 mai 1944, « Lettres de Drancy », 7.
439. Ibid, 19.
440. Ibid, 7.
441. Klein, *De l'Université aux camps de concentration*, 429-455.
442. Moscovici, « Fondane à Auschwitz »,193.
443. Montagne, « Les derniers jours de Benjamin Fondane », 65.
444. Moscovici, « Fondane à Auschwitz », 193.
445. Ibid, 194.
446. Montagne, « Les derniers jours de Benjamin Fondane », 65.
447. Montagne, « Les derniers jours de Benjamin Fondane », *Non Lieu,* 66.
448. Ibid, 66.
449. Fondane, « Maeterlinck », *Images et Livres de France*, 136.

Conclusion : Un visage d'homme

450. Fondane, *Rencontres avec Léon Chestov*, 37.
451. Paul Éluard, « Éternité de ceux que je n'ai revus », *Les Lettres françaises*, 8 septembre 1945.

Repères chronologiques

Nous remercions Madame Jutrin, professeur à l'Université de Tel-Aviv et rédactrice en chef des Cahiers Benjamin Fondane, de nous avoir permis de reproduire la chronologie bio-bibliographique du site de la Société d'Études Benjamin Fondane : http://www.fondane.org.

1898 : Naissance de Benjamin Wechsler à Jassy (Moldavie) le 14 novembre. Fils d'Isaac Wechsler et d'Adela Schwarzfeld. Benjamin est le cadet de la famille ; il a une sœur aînée : Lina, et une sœur puînée : Rodica. Les parents d'Isaac Wechsler sont originaires de Hertza, bourgade située dans le nord de la Moldavie. Adela Schwarzfeld appartenait à une éminente famille d'intellectuels juifs. Son père, Benjamin Schwarzfeld, originaire de Galicie, pédagogue et hébraïsant, créa la première école juive à Jassy. Les frères d'Adela : Elias, Moses et Wilhelm étaient des érudits. Elias Schwarzfeld écrivit une *Histoire des Juifs de Roumanie.*

1904-1913 : Études primaires et secondaires à Jassy : à l'école « Trei Ierarhi » puis au lycée « Alexandru cel Bun » et enfin au « Liceul National ».

1912 : Encore lycéen, il publie dans la revue *Valuri* (Jassy) sous le pseudonyme de B. Fundoianu.

1914-16 : Collabore aux revues *Absolutio, Revista noastră, Zări senine, Versuri şi proză, Revista critică...*

1916-18 : Il collabore à *Rampa* et publie dans *Chemarea.* Il traduit des poèmes yiddish et ses propres « sonnets bibliques » dans les revues juives *Hatikvah, Lumea Evree, Bar-Kochba, Hasmonaea.*

1917 : Février : son père meurt victime du typhus exanthématique à l'âge de 52 ans. Année d'intense création poétique (cycle « Hertza »). Il fait la connaissance du poète symboliste Ion Minulescu qui l'estime et l'encourage. Gala Galaction, patronne ses débuts dans la presse littéraire.

1918 : Publie un drame métaphysique à thème biblique : *Tăgăduința lui Petru* (*Le Reniement de Pierre*) aux éditions Chemarea (Jassy) avec une vignette de Ross.

1919 : Quitte Jassy pour s'installer à Bucarest. Passe le baccalauréat au lycée « Matei Basarab » (Bucarest) et s'inscrit à la faculté de Droit à Jassy. Il abandonne ses études au bout de trois ans. Correcteur auprès du périodique sioniste *Mântuirea*, dirigé par A. L. Zissu ; il collabore aux revues *Umanitatea, Rampa, Adevărul literar şi artistic, Contimporanul, Sburătorul literar.* Il est très actif dans les groupes d'avant-garde de Bucarest, entouré de Ion Vinea, Stefan Roll, Ilarie Voronca, Saşa Pană, F. Brunea-Fox, Marcel Iancu, M. H. Maxy, Iosif Ross.

1921 : Publie *Images et Livres de France* consacré à la littérature française contemporaine. Sa préface, où il affirme la dépendance de la littérature roumaine à l'égard de la littérature française, suscite de vives critiques.

1922 : Fonde le théâtre « Insula » (« L'île »), inspiré par le théâtre de Jacques Copeau, avec sa sœur aînée, Line, qui est actrice, et son beau-frère, Armand Pascal, metteur en scène. Il écrit une version roumaine du *Festin de Balthazar*, et probablement aussi de *Philoctète.*

1923 : Fermeture d'« Insula » à la suite de difficultés financières et de réactions antisémites.

Collaboration à la revue d'avant-garde *Contimporanul* dirigée par Ion Vinea et Marcel Iancu.

Publie une série d'articles sur *Les Révélations de la mort* de Léon Chestov dans *Adevărul literar şi artistic* (5 août-9 septembre)

Décembre : départ pour Paris. Habite dans l'appartement de Rémy de Gourmont, rue des Saints-Pères, où il remplit l'office de gardien et de bibliothécaire.

1924 : Printemps : rencontre de Léon Chestov chez Jules de Gaultier.

Arrivée à Paris de sa sœur Line et de son beau-frère Armand Pascal, qui travaille avec Gaston Baty. Domicile : 15, rue Jacob.

1925 : Mars : création de la revue d'avant-garde *Integral*, dirigée par F. Brunea-Fox à Bucarest. Fondane et Voronca assument la rédaction parisienne de la revue. Fondane y publie de nombreux articles (sur Clair, J. Cocteau, J. Delteil, J. Copeau) en français. Il publie aussi des articles en roumain (signés Fundoianu) ainsi que des poèmes roumains écrits avant 1923.

Mai : « Exercice de français », premier poème connu en langue française, dans *Contimporanul.*

Octobre : une note publiée dans *Integral* annonce qu'il vient de finir un essai : *Faux Traité d'esthétique.* Cette première version ne sera jamais publiée. Domicile : 19 rue Monge.

1926 : Grâce à l'entremise de son ami Ilarie Voronca, Fondane est engagé dans la compagnie d'assurances « L'Abeille » où il fait la connaissance de Geneviève Tissier, sa future femme.

Collabore à *Integral* où il publie un article sur Ilarie Voronca en décembre.

1927 : Collaboration à *Integral* : textes français et roumains.

Avril : Interview de Tzara par Fondane et Voronca.

Juin-Juillet : n° spécial d'*Integral* sur la poésie française : éditorial de Fondane ; textes de Max Jacob, Tzara, G. Ribemont-Dessaignes, J. Delteil, P. Reverdy, P. Dermée...

Trois poèmes en langue française : « S.O.S. », « À Madame Sonia Delaunay » et « Scènes de la vie des Lapons » (fragment d'un manuscrit intitulé : « Projet Ulysse 1927 »).

1928 : Fondane se rapproche du groupe *Discontinuité*, animé par Claude Sernet et Arthur Adamov, et publie dans la revue du même nom son poème « Le regard de l'absent ». Collabore à la nouvelle revue *Unu* (Bucarest), dirigée par Saşa Pană.

Avril : sortie de son premier livre en français : *Trois scenarii. Cinépoèmes* (Bruxelles, Documents de l'esprit nouveau), illustré d'une photo de Man Ray.

Traduction et préface de *La Confession d'un candélabre* de L. Zissu, contes hassidiques (Paris, Picart).

1929 : Janvier : « Un philosophe tragique : Léon Chestov » dans *Europe.*

Mars : il rencontre E. Husserl chez Chestov.

Mars : décès de son beau-frère Armand Pascal.

Juin : « Edmond Husserl et l'œuf de Colomb du réel » dans *Europe.*

Juillet : départ pour l'Argentine, où il est invité par Victoria Ocampo à présenter des films d'avant-garde et à faire des conférences à l'Université de Buenos-Aires.

Septembre : conférence à la Faculté des Lettres de Buenos-Aires : « Léon Chestov et la lutte contre les évidences ». « *Presentación de films puros* » dans *Sintesis III.*

« Constantin Brancusi » dans les *Cahiers de l'Étoile.*

Octobre : retour à Paris.

1930 : Février : termine la rédaction de *Rimbaud le voyou*, première version dont le manuscrit sera refusé par Gallimard.

Unu n° 22 : « Poésie pure : de P. Valéry à T. Tzara ». Publication de *Privelisti* (*Paysages*) à Bucarest : poèmes écrits entre1917 et 1923. Fait la connaissance d'Antonin Artaud.

Mars : deux poèmes publiés dans *Chantiers* N° 8, revue de Bousquet et Nelli.

Printemps : entre aux studios Paramount à Joinville-le-Pont comme assistant metteur en scène et scénariste.

Avril : *Unu* N° 24 : fragments d'*Ulysse.*

Mai : « Marc Chagall » (en roumain) dans la revue *Adam.* Fragments d'*Ulysse* dans *Commerce.* Collaboration aux *Cahiers de l'Étoile.*

1931 : Juillet : Fondane épouse Geneviève Tissier le 28 juillet. Témoins : Léon Chestov et Constantin Brancusi. Collaboration à *Unu,* où il publie des fragments d'*Ulysse.* Collaboration à *Sur*, revue fondée par Victoria Ocampo.

Fin de l'année : Gallimard refuse de publier *Rimbaud le voyou.* Il s'agit d'une première version qui sera remaniée ensuite. Prend contact avec les *Cahiers du Sud*, par l'intermédiaire de J. Bousquet.

1932 : Collabore au *Journal des Poètes,* que L.P. Flouquet vient de fonder à Bruxelles en 1931. En mars, Fondane y publie une anthologie de poésie roumaine ainsi que des fragments d'*Ulysse*. Commence à collaborer aux *Cahiers du Sud* avec un article sur Heidegger : « Sur la route de Dostoïevski : Martin Heidegger » en juin (le même texte paraîtra en espagnol dans *Sur*).

Travaille au *Festin de Balthazar*, dont la première version en langue roumaine remonte à 1922. Il est probable qu'il travaille aussi à *Philoctète* ainsi qu'à une première version du poème qui deviendra *L'Exode.*

Le 15 avril : emménage 6 rue Rollin

1933 : Publication de *Rimbaud le voyou* chez Denoël.

Publication d'*Ulysse* aux *Cahiers du Journal des Poètes* (Bruxelles)

Collaboration aux *Cahiers du Sud* : deux articles sur Kierkegaard, un extrait de *Rimbaud le voyou*, des textes sur le *Gogol* de Boris de Schloezer, sur *L'Ulysse dans la Cité* de Voronca ; collabore au *Cahier bleu :* « À propos de l'Église de M. Céline » et « Lever de rideau » ; aux *Cahiers jaunes* : « Cinéma 33 » ; et à *Documents 33* (Bruxelles) : un fragment de *Rimbaud le voyou* et « Réponse à une enquête sur le cinéma soviétique ».

Février : commence à noter la teneur de ses conversations avec Chestov. Ces notes formeront plus tard l'essentiel des *Rencontres avec Léon Chestov.*

Été : assiste au tournage du film *Rapt* en Suisse avec Dimitri Kirsanoff en tant que scénariste du roman de Ramuz : *La séparation des races.*

Collaboration aux *Cahiers du Sud* (« Chestov, Kierkegaard et le serpent », « Une politique de l'esprit : le premier congrès des écrivains de l'URSS ») ; au *Cahier bleu* (textes sur Gide et Poe) aux *Cahiers juifs* (« Chagall » et « Proverbes ») ; à *Viața Studențească*, revue d'étudiants roumains publiée à Paris (« Appel aux étudiants »)

1934 : Printemps : rencontre de Martin Buber chez Chestov.

1935 : Polémique avec Jean Wahl dans les *Cahiers du Sud* à propos de Kierkegaard, à la suite de l'article « Héraclite le Pauvre-Nécessité de Kierkegaard ».

Juin : assiste probablement au Congrès des Écrivains pour la Défense de la Culture. Propose son « Discours non prononcé » à Ballard, qui refuse de le publier. Publie dans les *Cahiers du Sud* son premier article sur Bachelard.

1936 : Collaboration aux *Cahiers du Sud*, à *Sur,* à *Schweitzer*

Annalen, à *La Revue juive de Genève.*

Fin avril : second voyage en Argentine pour le tournage de *Tararira.* Rencontre de Georgette Gaucher au cours du voyage aller. Retour en octobre : rencontre des Maritain et d'Ungaretti sur le *Florida* lors du voyage de retour.

Juin-juillet : sortie en librairie de *La Conscience malheureuse* chez Denoël et Steele.

Visite de sa mère, avec sa sœur Rodica et son beau-frère Paul Daniel.

1937 : Publication de *Titanic* (poème) aux *Cahiers du Journal des Poètes* (Bruxelles).

Collabore aux *Cahiers du Sud,* à *Sur,* au *Courrier des poètes* (Bruxelles); publie un article dans *La Revue de Philosophie :* « À propos du livre de Léon Chestov : *Kierkegaard et la philosophie existentielle* ».

Collaboration suivie à la revue *Le Rouge et le Noir* (Bruxelles) : sept articles (rubrique intitulée « La philosophie vivante ») et un fragment de *Titanic.*

1938 : Publication du *Faux Traité d'esthétique* chez Denoël.

Novembre : mort de Léon Chestov.

Publie son premier article dans *La Revue philosophique :* « Léon Chestov et la lutte contre les évidences ». Continue à collaborer aux *Cahiers du Sud* et à *Sur.* Collabore à d'autres revues : *Cahiers blancs* (Bruxelles) et *Messages.*

Obtient la nationalité française à l'aide d'une souscription organisée par Ballard et les *Cahiers du Sud*).

Passe l'été à La Varenne Saint-Hilaire, près de Paris.

1939 : Confie à Victoria Ocampo un exemplaire du manuscrit des *Rencontres avec Léon Chestov.*

Cahiers du Sud : ses chroniques sont publiées sous la rubrique : « La philosophie vivante ».

Participe au débat créé autour du texte de J. Bénet , « Avec des cartes truquées : "L'homme devant l'Histoire ou le bruit et la fureur" ».

1940 : Mobilisé au 216e régiment d'infanterie à Sainte-Assise, près de Fontainebleau. Fait prisonnier il s'évade. Repris, il est libéré pour des raisons de santé, opéré d'un ulcère à l'estomac, hospitalisé au Val-de-Grâce.

Publications dans les *Cahiers du Sud* de « Au seuil de l'Inde » ; dans *La Revue philosophique* (« Lévy-Bruhl et la métaphysique de la connaissance »), dans *Fontaine*, dans *Sur.*

1941 : Regagne son domicile rue Rollin.

Commence à réécrire *Ulysse.*

Hiver 41-42 : commence à écrire *Baudelaire et l'expérience du gouffre,* qui restera inachevé.

1942 : Collabore à *Messages,* la revue de Jean Lescure, où il publie des fragments de la deuxième version d'*Ulysse.* Fréquente Lescure, Lupasco, Cioran, assiste à certains cours de Bachelard en Sorbonne.

Octobre : ses amis argentins tentent vainement de le faire venir en Argentine.

1943 : Publie un fragment de son *Baudelaire* dans les *Cahiers du Sud*, un autre fragment dans *Domaine français*, publication de Lescure et Lachenal.

Chroniques sur Jules de Gaultier et sur Lupasco dans les *Cahiers du Sud.*

Travaille à son poème : *Le Mal des fantômes* et à *L'Exode.*

1944 : Son dernier texte philosophique : « Le Lundi existentiel et le Dimanche de l'Histoire » est remis aux éditions Gallimard qui le publieront dans *L'Existence (*1945*).*

Le 7 mars, il est arrêté par la police française, en même temps que sa sœur Line. Ils sont internés à Drancy avant d'être déportés à Auschwitz le 30 mai.

Le 2 ou le 3 octobre, Fondane est assassiné dans la chambre à gaz d'Auschwitz-Birkenau.

Cahiers du Sud : un article sur Bachelard, des fragments du « Mal des fantômes ». Sous le pseudonyme d'Isaac Laquedem, son poème « Journées de juin » paraît dans *L'Honneur des poètes II* édité par Paul Éluard. *Poésie 44* contient : « Au temps du poème ».

1947 : *Baudelaire et l'expérience du gouffre* paraît chez Seghers avec une préface de J. Cassou.

Hommage à Fondane dans les *Cahiers du Sud.* Un projet de

publication des *Œuvres complètes* aux Éditions de Minuit est abandonné suite au départ de Jean Lescure.

1978 : *Non Lieu* : numéro d'hommage à Benjamin Fondane.

1979 : En France Michel Carassou commence à rééditer les principaux ouvrages de Fondane.

En Roumanie Mircea Martin et Paul Daniel publient les poèmes et les essais.

1993 : Fondation de la Société d'études B. Fondane en Israël.

1994 : Colloque international Fundoianu-Fondane à l'Université de Jassy, à l'occasion du cinquantenaire de sa mort.

1997 : Fondation de la Société d'études B. Fondane en France.

1998 : Manifestations pour le centenaire de la naissance de B. Fondane : numéro d'*Europe* consacré à Fondane, colloques à Royaumont, à Haifa et à Jassy.

1999 : Colloque à l'Université de Cosenza (dir. Gisèle Vanhese) : « Autour de Baudelaire et l'expérience du gouffre ».

14 nov. 1999 : dévoilement d'une plaque commémorative sur la façade du 6 rue Rollin.

2000 : (octobre) Colloque Chestov-Fondane : « L'expérience du tragique ». Maison des Sciences de l'Homme (Paris).

Bibliographie

Pour une bibliographie plus détaillée des œuvres de Benjamin Fondane, on pourra consulter les mises à jour régulières établies dans les *Cahiers Benjamin Fondane.* On pourra se référer en particulier à la bibliographie sélective des écrits relatifs au judaïsme établie par Éric Freedman (n° 2, Automne 1998, 64-68) et la liste des publications dans les périodiques français et belges (1928-1944) établie par Éric Freedman (n° 6, 2003, 19-23).

Ouvrages de Benjamin Fondane (Fundoianu) en roumain

• *Tăgăduința lui Petru*, Jassy : Chemarea, 1918 (avec une vignette de I. Ross).

• *Imagini şi cărți din Franța* (avec des illustrations d'André Rouveyre) Bucarest : Socec,1922.

• *Privelişti*, poèmes 1917-1923 (avec un portrait de Constantin Brancuşi), Bucarest : Cultura Natională, 1930 ; rééd. *Privelişti şi inedite*, introduction par Paul Daniel, Bucarest : Editura Cartea Romanească, 1974.

• *Poezii,* Anthologie, traductions de Virgil Teodorescu, avec une préface de D. Petrescu (portrait de C. Brâncuşi), Editura pentru Literatură, Bucarest : 1965.

• *Poezii*, 2 volumes, Préface de Dumitru Micu, Bucarest : Editura Minerva, Bucureşti, 1983.

• *Versuri*, Editura Cartier, 1999.

• *Iudaism si elenism,* [Fundoianu], introduction et notes de Leon Volovici et Remus Zăstroiu, Bucarest : Editura Hasefer, 1999.

• *Privelişti şi inedite,* introduction et notes de Paul Daniel, Bucarest : Editura Cartea Românească, 1974.

• *Poezii,* notes et variantes de Paul Daniel et de Gheorghe Zarafu, introduction de Mircea Martin, postface de Paul Daniel, Bucarest : Editura Minerva,1978.

• *Imagini şi cărți, Tagăduința lui Petru. Literatura biblică cu o lămurire despre simbolism. Despre literatură. Despre teatru. Diverse. Rimbaud golanul. Fals tratat de estetică,* édité par Vasile Teodorescu, introduction de Mircea Martin, traduit par Sorin Mărculescu, Editura Minerva, Bucureşti, 1980.

• *Poezii,* Colecția Biblioteca Pentru Toți, Préface de Dumitru Micu, Tableau chronologique de Paul Daniel et de Gheorghe Zarafu, Bucarest : Editura Minerva, 1983.

• *Conştiinţa nefericită. Eseuri,* (*La Conscience malheureuse*), trad. par Andreea Vlădescu, Bucarest : Editura Humanitas, 1993.

Ouvrages de Benjamin Fondane en français

• *Trois scenarii : ciné-poèmes*, Bruxelles : Documents internationaux de l'esprit nouveau, 1928 (avec un portrait de Fondane par Man Ray).

• *Constantin Brancusi, Cahiers de l'Étoile*, II, 11, septembre 1929. Rééd. Fata Morgana (avec un portrait de Fondane par Constantin Brancusi), 1995.

• *La Confession d'un candélabre* de L.Zissu, traduit du roumain et précédé d'une préface par B. Fondane, Paris : Picart, 1928.

• *Ulysse*, Cahiers du Journal des Poètes, Bruxelles : 1933.

• *Rimbaud le voyou*, Paris : Denoël, 1933. Rééd. Paris : Plasma, 1979, avec une préface de Michel Carassou et la préface de la seconde édition par B. Fondane. Rééd. Complexe, 1989.

• *Titanic, Cahiers du Journal des Poètes*, n° 35-5 juin, Bruxelles : 1937. rééd. *Le Mal des fantômes*, 1980 et 1996.

• *Faux Traité d'esthétique, Essai sur la crise de réalité*, Paris : Denoël, 1938. Rééd. Paris : Plasma, 1980. Paris : Paris Méditerranée, 1998.

• *Baudelaire et l'expérience du gouffre*, Paris : Seghers, 1947. Préface de Jean Cassou. Rééd. Paris : Seghers, 1971. Avec une nouvelle préface de Jean Cassou. [Toutes nos références sont à l'édition de 1971]. Rééd. avec une préface de Patrice Beray, Paris : Complexe, 1994.

• *La Conscience malheureuse*, Paris : Denoël et Steele, 1936. Rééd. Paris : Plasma, 1979.

• *Le Mal des fantômes précédé de Paysages*, Paris : Plasma, 1980. Paris : Paris Méditerranée, 1996.

• *Rencontres avec Léon Chestov, Sur les rives de l'Ilissus*, Paris : Plasma, 1982.

• *Le Festin de Balthazar, auto-sacramental*, texte établi par Éric Freedman, Saint-Nazaire : Arcane 17, 1985.

• *Écrits pour le cinéma; le muet et le parlant*, Textes réunis et présentés par Michel Carassou, Paris : Plasma, 1984.

• *L'Écrivain devant la révolution, Discours non prononcé au congrès international des écrivains de Paris* (1935), Préface de Louis Janover, Paris : Paris Méditerranée, 1997.

• *Le Lundi existentiel et le Dimanche de l'Histoire, suivi de la philosophie vivante,* Monaco : Éditions du Rocher, 1990.

• *Au seuil de l'Inde*, Fata Morgana, 1990.

• *L'Être et la connaissance, Essai sur Lupasco*, Paris : Paris Méditerranée, 1998.

• *Images et Livres de France*, traduit du roumain par Odile Serre, Préface de Monique Jutrin, Paris : Paris Méditerranée, 2002.

Textes de Fondane dans les revues françaises cités dans cet ouvrage

• « À propos de *Lautréamont* de Bachelard », *Cahiers du Sud*, XIX (1940) 527-532.

• « À Victoria Ocampo », *Revue Argentine*, août-sept. (1934) 29-30.

• « Bachelard apprivoise le rêve », *Cahiers du Sud*, XXI (1944) 62-72, rééd. : *Le Lundi existentiel*, 184-205.

• « *Baudelaire and the experience of the abyss* », *Partisan Review*, vol.10, 5, Sept-oct. (1943).

• « Descartes ou la prudence », *Le Rouge et le Noir*, Bruxelles, 8 septembre (1937).

• « Le Lundi existentiel et le Dimanche de l'Histoire », in *L'Existence*, ouvrage collectif dirigé par Jean Grenier, Paris : Gallimard, 1945, 25-53. Rééd. in *Le Lundi existentiel et le Dimanche de l'Histoire, suivi de la philosophie vivante,* Monaco : Éditions du Rocher, 1990.

• « Husserl et l'œuf de Colomb du réel », *Europe*, 20 (1929) 331-44.

• « Héraclite le pauvre », *Cahiers du Sud*, 177, nov. (1935) XIII, 757-770.

• « Importance de Baudelaire », *Domaine Français*, août (1943).

• « *La Jeanne d'Arc* de Joseph Delteil », *Integral*, n° 6-7, octobre (1925) in Carassou, *Fondane et l'avant-garde*, 37.

• « Léon Chestov, à la recherche du judaïsme perdu », *Revue juive de Genève*, IV (1936) 326-328.

• « L'homme devant l'histoire ou du bruit et de la fureur », *Cahiers du Sud*, XVIII (1939) rééd. in Fondane, B., *Le Lundi existentiel ou le Dimanche de l'Histoire*, *suivi de la philosophie vivante*, 123-148.

• « La ligne "générale" de Gide, Papiers », *Le Cahier bleu*, 14-15, 10 mai (1934) 356-360, rééd. *C.B.F.*, 4, 2001, 59-63.

• « Lévy-Bruhl ou le métaphysicien malgré lui », *Le Rouge et le Noir*, Bruxelles, 21 septembre (1937).

• « Le grand ballet de la poésie française », *Integral*, 13-14, Juin-Juillet 1927, in *Benjamin Fondane et l'avant-garde*, 53-57.

• « Lévy-Bruhl et la métaphysique de la connaissance », *La Revue philosophique*, vol. CXXIX (1940) 289-316 et CXX (1940) 29-54.

• « Les surréalistes et la révolution », *Integral*, 12, avril (1927) ; rééd. Carassou et Raileanu, *Fondane et l'avant-garde*, 46-52.

• « Le romantisme allemand », *Le Rouge et le Noir*, Bruxelles, 13 octobre (1937).

• « Louis Aragon ou *Le Paysan de Paris* » (*Integral*, n° 10, janvier 1927), in Carassou, *Fondane et l'avant-garde*, 39.

• « *Martin Heidegger ante la sombra de Dostoïevski* », *Sur*, Verano (1932) Ano II, 151-169.

• « Marc Chagall », *Cahiers juifs* (Paris) 1-9, avril-mai (1934) 266-272.

• « Sur la route de Dostoïevski : Martin Heidegger », *Cahiers du Sud*, 141 (1932) 378-392.

• « Paul Éluard : *Capitale de la douleur* », *Integral*, n° 11, mars (1927) in Carassou, *Fondane et l'avant-garde*, 44-45.

• « Poésie pure de Paul Valéry à Tristan Tzara », *Unu*, n° 22, février (1930) in Carassou, *Fondane et l'avant-garde*, 62-67.

• « Pierre Reverdy », *Integral*, n° 10, janvier (1927) in Carassou, *Fondane et l'avant-garde*, 58-61.

• « Présentation de films purs » (« Presentación de filmo puros ») *Síntesis*, 3, septembre (1929).

• « Un nouveau visage de Dieu, Léon Chestov mystique russe », *Europe*, « Benjamin Fondane », 827 (1998) 110-120.

• « Sur *Qu'est-ce que la métaphysique ?* » de Heidegger, *Cahiers du Sud*, (1939) XVIII, 603-606. Rééd. Fondane, B., *Le Lundi existentiel et le Dimanche de l'Histoire, suivi de la philosophie vivante*, Monaco : Éditions du Rocher, 1990, 148-157.

• « Sur Dialectique de la durée », de Gaston Bachelard, *Cahiers du Sud*, XVIII (1938), rééd. : *Le Lundi existentiel*, 77-83.

Correspondances publiées en français

• « Lettres de Drancy », *B.S.E.F.B.*, 2, Automne 1994.

• *Correspondance Fondane-Maritain*, Paris : Paris Méditerranée, 1997.

• *Benjamin Fondane et les Cahiers du Sud, Correspondance,* Bucarest : Éditions de la Fondation Culturelle Roumaine, 1998.

Anthologies de textes et de documents en francais

• *Le Voyageur n'a pas fini de voyager*, Textes et documents réunis et présentés par Patrice Beray et Michel Carassou, Paris : Paris Méditerrannée – L'Éther vague-Patrice Thierry, 1996.

• *Fondane-Fundoianu et l'avant-garde*, Carassou, Michel et Răileanu, Petre, Paris : Fondation culturelle roumaine, Paris Méditerranée, 1999.

• *Non Lieu,* « Benjamin Fondane », Carassou, Michel (éd.), Paris : Au temps du poème, 1978.

Études critiques et témoignages cités dans cet ouvrage

• *Bulletin de la Société d'Études Benjamin Fondane* [*B.S.E.B.F.*], Kfar-Saba, 1994-1996.

• *Cahiers Benjamin Fondane,* [*C.B.F.*] Kfar-Saba, 1997-2003.

Volumes collectifs et numéros spéciaux de revues

• *Cahiers du Sud*, « Fondane parmi nous », textes de B. de Schloezer, S. Lupasco, Y. Delétang-Tardif, Jean Lescure, n° 382 (1947) 178-219.

• *Europe*, « Benjamin Fondane », 827 (1998) 3-174.

• *Rencontres autour de Benjamin Fondane, poète et philosophe*, Actes du Colloque de Royaumont, 24,25 et 26 avril 1998, édité par Monique Jutrin, Paris : Parole et silence, 2002, 211-214.

Études et témoignages

• Boitani, Piero, « Ulysse et l'Exode », *C.B.F.*, 4, (2000-2001) 42-43.

• Carassou, Michel, « Benjamin Fondane et la conscience honteuse du surréalisme », Mélusine 3 (1983) 181-89.

• Cioran, E. M., « 6 Rue Rollin », in *Benjamin Fondane*, volume dirigé par Michel Carassou, Paris : Non Lieu, Au temps du poème (1978) 52-55. Rééd. in *Exercices d'admiration*, Paris : Gallimard, 1986.

• Cassou, Jean, *Une vie pour la liberté*, Paris : Robert Laffont, 1981.

• Corti, José, *Souvenirs désordonnés*, Paris : Corti, 1992.

• Crohmălniceanu, Ovid S., « Fondane expressionniste », in Carassou, Michel, (éd.) *Benjamin Fondane*, Paris, Non Lieu, 1978, 20-26.

• De Schloezer, Boris, « Fondane ou l'exigence de l'absolu », *Cahiers du Sud*, 282 (1947) 179-182.

• Diner, Simon, « Mon Fondane à moi », Témoignage recueilli par Monique Jutrin, *B.S.E.F.B.* 6, Automne (1996) 16-17.

• Dumont, Francis, « Un inédit de Benjamin Fondane », *Évidences*, 78, Juin-juillet (1959).

• Eliot, T. S., « Baudelaire », *Selected Essays 1917-1932*, London : Faber and Faber, 1932.

• Escomel, Gloria, « Benjamin Fondane et Georgette Gaucher : « des liens au-dessus du temps », *Cahiers Benjamin Fondane* 1-Automne (1997).

• Éluard, Paul, « Éternité de ceux que je n'ai pas revus », *Les Lettres françaises*, 8 septembre (1945).

• Farina, Gabriella, *Benjamin Fondane e le gouffre*, Roma : Artemide Editioni, 2003.

• Finkenthal, Michaël, « Le dialogue manqué, Benjamin Fondane et

Jean Wahl », suivi de « La correspondance Wahl-Fondane », *Europe*, « Benjamin Fondane », 827 (1998) 128-142.

• Fotiade, Ramona, *Conceptions of the absurd, From surrealism to the existential thought of Chestov and Fondane*, Oxford : Legenda, European Humanities Research Centre, University of Oxford, 2001.

• Fouchet, Max-Pol, *Un jour, je m'en souviens. Mémoire parlée*, Paris : Mercure de France, 1968.

• Freedman, Éric, « L'état des lieux de la bibliographie », *Rencontres autour de Benjamin Fondane, Benjamin Fondane poète et philosophe*, édité par Monique Jutrin, Paris : Parole et silence, 2002, 211-214.

• « Entretien avec Albert Marie-Olive », *Bulletin BSEFB*, 6, Automne (1996) 6-15.

• « Les fiches d'internement de Fondane », *Bulletin B.S.E.F.B.* 6, Automne (1996) 2-6.

• « La collaboration de Fondane aux revues », *C.B.F.*, 6, 2003, 13-23.

• Gascoyne, David, *Rencontres avec Benjamin Fondane*, Paris : Non Lieu, Arcane 17, 1984.

• Grün, Ecaterina, *Benjamin Fondane et la philosophie*, Timişoara : Editura Orizonturi Universitare, 2001.

• *L'image récurrente de la route chez trois écrivains roumains d'expression française : Tristan Tzara, Benjamin Fondane et Ilarie Voronca*, Timişoara : Editura Orizonturi Universitare, 2002.

• Guedj, Dominique, « La lecture de l'œuvre de Lévy-Bruhl par Fondane : accord ou désaccord ? », *C.B.F.*, 6, (2003) 56-71.

• Jutrin, Monique, *Benjamin Fondane ou le périple d'Ulysse*, Paris : A.-G. Nizet, 1989.

• Klein, Marc, *De l'Université aux camps de concentration*, Paris : Les Belles lettres, 1954.

• Kober, Marc : « La vie-fantôme », *Europe*, 827, mars (1998) 68-70.

• Montagne, André, « Les derniers jours de Benjamin Fondane, Mort d'un des nôtres » (*Les Lettres Françaises*, 26 avril 1946), Non Lieu, « Benjamin Fondane », 1978, 65-66.

• Lescure, Jean, *Fondane, le gouffre et le mur*, Marchainville : Éditions Proverbe, 1999.

• *Poésie et liberté, Histoire de Messages*, Paris : éditions de l'IMEC, 1998.

• Lupasco, Stéphane, « Benjamin Fondane, le philosophe et l'ami », *Cahiers du Sud*, 282, (1947) 183-187.

• Martin, Mircea, *Introducere in opera lui B. Fundoianu*, Bucarest : Minerva, 1984.

• « Les Paysages de Benjamin Fondane », *Europe*, 827, (1998) 53-62.

• Moscovici, Lazar, « Fondane à Auschwitz », *Le Voyageur n'a pas fini de voyager*, Paris : Paris Méditerrannée – L'Éther vague-Patrice Thierry, 1996, 193-195.

• Nicolescu, Basarab, « Fondane, Lupasco et la multiple splendeur de l'être », *Rencontres autour de Benjamin Fondane, poète et philosophe*, Paris : Parole et silence, 2002, 49-59.

• Oişteanu, Andrei, « Benjamin Fondane, coordonnées judaïques, *Eurésis*, 1999-2000, Bucarest, 178-191.

• Ocampo, « Benjamin Fondane », *Non Lieu,* « Benjamin Fondane », Carassou, Michel (éd.), Paris : Au temps du poème, 1978, 48-51.

• *Autobiografia*, VI, Buenos Aires : Ed. Revista Sur, 1984.

• Pană, Şasa *Născut în 02, Memorii, File de jurnal, evocări*, Bucureşti : Editura Minerva, 1973.

• Palmier, J. M., *L'Expressionnisme et les arts*, 2 vol., Paris : Payot, 1979.

• Rosen, Claude-Émile, « Un grain de souvenir », in *Benjamin Fondane*, Paris : Non Lieu, 1978, 14-19.

• Olivier Salazar-Ferrer, « Benjamin Fondane le révolté », *Agone*,10 (1993) 45-69.

• « Fondane et Camus », in *Rencontres autour de Benjamin Fondane, Poète et philosophe*, édité par Monique Jutrin, Éditions Parole et silence, 2002, 29-47.

• « Benjamin Fondane et la politique de la revue *Fontaine* », *Cahiers Benjamin Fondane*, 6-2003.

• « Benjamin Fondane et Jacques Maritain, un dialogue retrouvé », *Eurésis*, Bucarest, (1999-2000) 154-168.

• « Métamorphoses du mythe dans l'œuvre de Benjamin Fondane », in *Les Mythes des avant-gardes*, études rassemblées par Véronique Léonard-Roques et Jean Christophe Valtat, Université Blaise Pascal, Clermont-Ferrand, Presses Universitaires Blaise Pascal, 2003, 411-424.

• « La mythologisation du moi dans la poésie de Benjamin Fondane », *Dalhousie French Studies*, 67 (2004).

• « La Fragilité du juste. Droit et révolte chez Albert Camus », *Europe*, n° 876 (avril 2002) 134-146.

• « Fondane et Nietzsche, une alliance paradoxale », in *Chestov et Fondane, le paradigme du tragique*, Peter Lang, 2005.

• « Benjamin Fondane lecteur de Nietzsche, lecture d'une lecture », *C.B.F.,* 4 (2000-2001).

• « Benjamin Fondane dans le château poétique de Joë Bousquet », *Septimanie* 8, octobre (2001) 6-9.

• « L'Œuvre de Fondane dans la critique anglo-saxonne et américaine », *Cahiers Benjamin Fondane* n° 3-automne 1999.

• Soler, Louis, « Sur cinq lettres inédites de Benjamin Fondane à Fredi Guthmann », *Cahiers Benjamin Fondane* 1-Automne (1997) 19-29.

• *Trois centenaires :* Marcel Raymond, Tudor Vianu, Benjamin

Fondane, *Eurésis, Cahiers roumains d'études littéraires*, Bucarest, Éditions Univers, 1999-2000, 118-248.

• Van Sevenant, Ann, *Il filosofo dei poeti : l'estetica di Benjamin Fondane*, Milan : Mimésis, 1994.

• Virmaux, Alain, « Un article pugnace », *Cahiers Benjamin Fondane*, 2-Automne (1998) 81-86.

• « Écrits et travaux de cinéma, Notes sur une évolution en risque d'être méjugée », *Europe*,« Benjamin Fondane », 827 (1998) 161-169.

• « Rapt (1933-34) », *C.B.F.*, 3, Automne 1999, « Fondane cinéaste », 24-40.

• Volovici, Léon, « Le Paradis perdu, Correspondance familiale », *Cahiers Benjamin Fondane* 2-Automne (1998) 3-15.

• « La collaboration de Fondane à la presse juive roumaine », in Zăstroiu, « Les Cahiers d'un *inactuel*, B. Fundoianu journaliste », *C.B.F.*, 6 (2003).

• Zăstroiu, Remus, « Les années de formation de B. Fundoianu », *C.B.F.*, 2, (Automne 1998) 13-14.

• « Les significations d'une biographie », *Rencontres autour de Benjamin Fondane, poète et philosophe,* Parole et silence, 2002, 211-214.

Ouvrages généraux

• Max Horkheimer, Théodor W. Adorno, *La dialectique de la Raison : fragments philosophiques;* trad. Éliane Kaufholz, Paris : Gallimard,1983.

• Bechtel, Delphine, *La Renaissance culturelle juive, Europe centrale et orientale, 1898-1930*, Paris : Belin, 2001.

• Béguin, Albert, *L'Âme romantique et le rêve*, Marseille : Éditions des Cahiers du Sud, 1937.

• Bespaloff, Rachel, « Lettre sur Heidegger à Daniel Halévy », *Revue Philosophique de la France et de l'étranger*, Novembre-Décembre 1933, Rééd. *Conférence*, 6 (1998).

• Blin, Georges, « Lettres baudelairiennes », *Fontaine*, 31 (1943).

• Bousquet, Joë, *Correspondance de Joë Bousquet avec Carlo Suarès*, Mortemart : Rougerie, 1973.

• *Lettres à Stéphane et à Jean*, Paris : Albin Michel, 1975.

• « Le *Rimbaud le voyou* de Benjamin Fondane », *Cahiers de l'Herne*, Arthur

• Rimbaud, 1993, 257-260.

• Breton, *Œuvres complètes*, t. II., Paris : La Pléiade, Gallimard, 1992.

• « Misère de la poésie », *Œuvres complètes*, t. II, Paris : La Pléiade, Gallimard, 1992, 8-9.

• *Bulletin de la Fondation Ramuz*, Pully (Suisse) : Fondation C.F. Ramuz (2002) 15-21.

• Camus, Albert, « L'espoir et l'absurde dans l'œuvre de Kafka », in *Essais*, Paris : La Pléiade, Gallimard, 1965.

• *Essais*, Paris : Gallimard, 1965.

• Caillois, Roger, « Le procès intellectuel de l'art, Exposé de motifs », *Cahiers du Sud*, Marseille (1935). Deuxième édition augmentée d'un avertissement de l'auteur, 1936.

• Cassou, Jean, *Pour la poésie*, Paris : R.-A.Corrêa, 1935.

• *La nuit de Gethsémani : Essai sur la philosophie de Pascal*, Les Cahiers verts, Paris : Grasset, 1923.

• *L'idée de Bien chez Tolstoï et chez Nietzsche*, Paris : Éditions du Siècle, 1925.

• *Les révélations de la mort : Dostoievski – Tolstoï*, Paris : Plon, 1923.

• *Memento Mori (À propos de la théorie de la connaissance d'E. Husserl*, Revue philosophique de la France et de l'étranger 51, 1-2, Janvier-Février (1926) 5-62.

• *Athènes et Jérusalem*, Paris : Flammarion, 1967.

• *L'Homme pris au piège : Pouchkine, Tolstoï, Tchekhov*, Paris : Union Générale d'Éditions, 1966.

• *Le Pouvoir des clefs, Potestas Clavium*, Paris : 1967.

• « Qu'est-ce que la vérité? (Ontologie et éthique) », Revue philosophique de la France et de l'étranger 51, 1-2, jan.fév. (1927) 36-74.

• Béhar, Henri-Carassou, Michel, *Dada, Histoire d'une subversion*, Paris : Fayard,1990.

• Eliot, T. S., *Selected Essays 1917-1932*, London : Faber and Faber, 1932.

• Étiemble, René, *Rimbaud, le mythe*, Paris : Gallimard, 1952; *Rimbaud, la Genèse du mythe*, Paris : Gallimard, 1954.

• Fourcade, Jean Michel, « Jacques Maritain et l'Europe en exil (1940-1945) », *Cahiers Jacques Maritain*, n° 28, juin (1994) 5-38.

• Freud, S., *Malaise dans la civilisation* (*Das Unbehagen in der Kultu, 1930). Revue Française de psychanalyse*, VII, 4 (1934) 692.

• Gaucher, Marcel, *Le Désenchantement du monde*, Paris : Gallimard, 1985.

• *Le Grand Jeu*, Paris : reprint. Éd. Jean Michel Place, 1977.

• Guiraud, J.M., *La Vie intellectuelle et artistique à Marseille à l'époque de Vichy et sous l'Occupation*, 1940-1944, C.R.D.P. Marseille : 1987.

• Guthmann, Fredi, *Le Grand matin définitif*, Édition rassemblée et préfacée par Louis Soler, Noces, Paroles d'aube, 1998.

• Hering, Jean, « *Sub specie aeterni* », *Revue d'histoire et de philosophie religieuse*, Juillet-Août (1927).

• Huxley, Aldous, *Do what you will, Twelves Essays*, London, Chatto and Windus, 1956.

• Laforgue, René, *L'Échec de Baudelaire*, Paris : Denoël et Steele, 1931.

• Maritain, J., « Qu'est-ce que l'homme ? », *Les Œuvres nouvelles*, Éditions de la Maison Française, New York, 1943.

• Mitry, Jean, *Le Cinéma expérimental*, Paris : Seghers,1974.

• Noulet, E., *Paul Valéry. Suivi de : Fragments de la mémoire d'un poème*, par Paul Valéry, Paris : B. Grasset, 1938.

• Noulet, E., *Paul Valéry. Suivi de : Fragments de la mémoire d'un poème*, par Paul Valéry, Paris : B. Grasset, 1938.

• Paire, Alain, *Chronique des Cahiers du Sud 1914-1966,* Paris : Éditions de l'I.M.E.C, 1993.

• Clair, René, *Cinéma d'hier, Cinéma d'aujourd'hui*, Paris : Idées, NRF, Gallimard, 1970.

• Seillères, E., *Baudelaire*, Paris : Armand Colin, 1931.

• Wahl, J., *Le Malheur de la conscience dans la philosophie de Hegel*, Paris : P.U. F., 2e édition, 1929.

• Paire, A., *Chronique des Cahiers du Sud 1914-1966,* Paris : Éditions de l'Imec, 1993.

• Van Itterbeek, E., *Le « Baudelaire » de Benjamin Fondane*, Editura Universității « Lucian Blaga », Sibiu- Éditions Les Sept Dormants, Leuven : 2003.

• Winock, Michel, *Le Siècle des intellectuels*, Paris : Le Seuil, 1997.

• *Revue roumaine*, « L'avant garde roumaine », XXXVe année, 10-11-12, Bucarest (1981).

• Wahl, Jean, *Petite histoire de l'existentialisme, suivi de Kafka et Kierkegaard. Commentaires,* Limoges : L'Imprimerie Nouvelle pour Club Maintenant, 1947.

Index des noms

Nous remercions Monique Jutrin de nous avoir communiqué les documents photographiques n° 4 et n°12. La photographie n° 4 provient d'un album photographique offert par Madame Aguadich à la Société Benjamin Fondane. Nous remercions Michel Carassou pour nous avoir aimablement communiqué les documents n° 1, 3, 6, 11 et pour son autorisation à reproduire l'ensemble de ces documents. Nous remercions le professeur Gonzalo Aguilar pour la découverte des photographies inédites du film « Tararira » ici présentes n° 7, 8 et 9 et enfin David Vergara pour nous avoir communiqué la photographie inédite n°10.

Table des documents

Table des matières

Achevé d'imprimer en mars 2004
sur les presses de la Nouvelle Imprimerie Laballery
58500 Clamecy
Dépôt légal : mars 2004
Numéro d'impression : 403055

Imprimé en France